读史衡世·名相篇

再续大明二百年 于谦

孙晟 ◎ 著

华中科技大学出版社
http://press.hust.edu.cn
中国·武汉

图书在版编目（CIP）数据

再续大明二百年：于谦/孙晟著. -- 武汉：华中科技大学出版社，2023.7

ISBN 978-7-5680-9726-0

Ⅰ.①再… Ⅱ.①孙… Ⅲ.①于谦（1398-1457）—传记 Ⅳ.① K827=48

中国国家版本馆 CIP 数据核字（2023）第 118298 号

再续大明二百年：于谦　　　　　　　　　　　　　　　　　　　孙晟　著
Zaixu Daming Erbainian: Yu Qian

策划编辑：亢博剑

责任编辑：朱　霞

责任校对：朱　霞

封面设计：VIOLET

版式设计：王江风

出版发行：华中科技大学出版社（中国·武汉）　　电话：（027）81321913
　　　　　武汉市东湖新技术开发区华工科技园　　邮编：430223

印　　刷：天津中印联印务有限公司

开　　本：880mm×1230mm　1/32

印　　张：9.5

字　　数：210 千字

版　　次：2023 年 7 月第 1 版第 1 次印刷

定　　价：49.80 元

本书若有印装质量问题，请向出版社营销中心调换
全国免费服务热线：400-6679-118　竭诚为您服务
版权所有　侵权必究

前言

救时宰相,碧血千秋!

于谦,字廷益,今浙江杭州钱塘人。大明"赠特进光禄大夫、柱国、太傅、少保兼兵部尚书,谥忠肃",时人赞其"公、忠、能"。所谓"公",于谦拥有一颗公正之心,他年近而立之年出仕,巡抚晋豫十七年,公正无私,深得百姓拥护;所谓"忠",于谦忠诚于国家和百姓,而非一姓之君王;所谓"能",于谦遭逢"土木之变",仍能挽狂澜于既倒,扶大厦之将倾,故谓之"救时宰相"。

于谦,洪武三十一年(公元1398年)戊寅四月二十七日生于杭州一官宦世家,属虎。出生前,先人梦其为南宋宰相文天祥转世。年少时,展露才华,被视为"异日宰相"。入学后,能文善对,过目不忘,出口成章,尤善《易经》。十五岁投身科举,中秀才;二十三岁乡试第六,中举人;二十四岁会试第一,夺会元;同年殿试赐同进士出身,取三甲九十二名。

宣德元年(公元1426年),于谦从征平定汉王朱高煦之叛,奉旨斥贼,大义凛然、吐字清晰、声音洪亮。朱高煦伏地战栗，口称死罪。宣宗大喜过望，将于谦提拔为"从二品兵部侍郎衔，巡抚山西、河南等地方，兼提督雁门，兼管河道提督军务"，成为大明帝国的一位封疆大吏。此后十七年间，于谦风餐露宿、披星戴月来往于山西、河南。开仓赈灾、新修水利、整顿军屯、清理冤狱、排查盗匪、疏浚运河，为大明一朝封疆大吏之楷模，备受两省官民爱戴，亦获内阁"三杨"青睐，深得宣宗皇帝赏识。

可惜，宣宗早逝，英宗昏聩，偏信王振，于谦被诬陷下狱，几乎不免于难。幸得两省官民及亲王力保，方得开释，回京任职兵部侍郎。

大明正统十四年（公元1449年）夏，蒙古瓦剌大举南侵。英宗轻敌冒进于前，临敌失机于后，致使数十万大军于土木堡溃败，几十年汇聚之英才将星、精兵器械、粮草辎重，一朝丧尽。天子北狩，群龙无首，大明帝国几陷万劫不复之境。

朝议之中，有人倡议南迁，于谦坚决反对：言南迁者，可斩也。京师天下根本，一动则大事去矣，独不见宋南渡事乎！大明朝廷遂以此定下死战决心。之后,于谦力促景泰帝登基御宇,平息"左顺门事变",请命诛杀奸党,京城人心始定。

景泰帝临朝,升于谦为兵部尚书,主持北京保卫战。此后,于谦殚精竭虑、日夜筹谋,一面调军勤王、通州运粮、稳定宣府、大同等军事重镇,一面重组京军、赶制器械、修缮关城,一面提拔名将,清理内部,稳定军心。

大明正统十四年(公元1449年)十月十三日庚申,于谦亲率二十万明军与强敌浴血厮杀,明军重振军威,力挫敌酋,斩首过万,取得北京保卫战的决定性胜利。五十年的寒窗苦读、官场历练都在这一天化作手中令旗,指引全军,一举破敌,不愧"救时宰相"之誉。

此战之后,于谦官拜少保,执政掌军,与景泰帝君臣相知,携手共治天下。一时间大明帝国政治清明,军事重整,颇有中兴气象。

可惜,英宗回銮,风波不断。先有礼仪之争,后有夺嫡之辩,文官武将站队倾轧,朝局又趋混乱。于谦眼见朝局动荡,便投身军旅，改造团营，重修关城，用间敌国。终使蒙古瓦剌首领也先因内讧身死，瓦剌举族西迁，大明北方边患骤减。

此时边患消除，又逢贤妻过世，于谦遂起急流勇退之念。然树欲静而风不止，景泰帝也遭逢后死子亡，唯寄希望于谦能托身后之事，故不允其乞骸骨之念，多方强留。于谦也感念宣宗、代宗知遇之恩，遂以身许国，担当伊尹、霍光重任。

景泰八年（公元1457年）正月，群小并起，英宗夺门，景泰帝被废，于谦被捕。无耻小人，以"意欲"二字诬陷于谦谋反；昏君英宗，为一己之私擅戮于谦于市，遂成千古奇冤。

后经成化、弘治、万历三朝，于谦平反昭雪，加封得谥，祭祀于西湖之畔，永伴于武穆身旁，西湖遂有岳于双少保。《明史》赞其："身系安危，志存宗社，厥功伟矣"，"忠心义烈，与日月争光"。

景泰一朝有于谦这一"救时宰相"，即得碧血千秋、永垂史册。

目录

第一章 早年时光

第一节 世宦之家麒麟儿 …… 001

第二节 乡里奇才终及第 …… 006

第三节 脱颖而出斥逆贼 …… 014

第四节 初露锋芒帝储才 …… 020

第二章 巡抚晋豫

第一节 赈水灾安定民心 …… 025

第二节 筑堤防安军济民 …… 031

第三节 疏运河清理冤狱 …… 038

第四节 才能现内阁雅重 …… 042

第三章 土木国殇

第一节 瓦剌兴边关告急 049
第二节 排众议英宗亲征 056
第三节 阻亲征犯颜急谏 062
第四节 蠢王振利令智昏 066
第五节 遭国殇土木之变 074

第四章 救时宰相

第一节 帝北狩明宫大乱 081
第二节 左顺门朝堂惊变 084
第三节 临大难郕王继位 091
第四节 失先机瓦剌北返 098
第五节 备大战于谦集兵 102

第五节　改军制重组团营	167
第四节　辩礼仪争执再起	162
第三节　滑杨善巧舌如簧	154
第二节　拒和议于谦用计	149
第一节　正朝纲景泰御宇	142

第六章　朝中柱石

第五节　驱强敌众人受赏	134
第四节　哀明军全线反击	128
第三节　战北京双方死斗	121
第二节　展斗志背城列阵	113
第一节　露破绽紫荆失守	107

第五章　保卫北京

第八章 祸起夺门

第一节 阴徐珵密谋于室 … 208

第二节 争大位英宗复辟 … 216

第三节 困西宫景泰归天 … 225

第四节 忠于谦无辜受审 … 233

第七章 夺嫡之争

第一节 帝位稳夺嫡再起

第二节 斗群臣景泰行贿

第三节 太子夭朝局陡变

第四节 也先死于谦欲退 … 200

第五节 帝不豫于谦秉政 … 194

… 174
… 180
… 188

第九章 少保蒙难

第一节 黑云压城城欲摧
第二节 有贞败天理昭昭
第三节 石亨亡全族覆灭
第四节 曹钦反天雷滚滚
第五节 英宗悔边患累累

241
248
256
260
267

第十章 热血千秋

第一节 葬西湖热血千秋
第二节 广加恩后嗣绵延
第三节 继奉祀万古流芳
第四节 内阁强盛世隐忧

272
277
281
285

第一章 早年时光

明洪武三十一年（公元1398年），大明帝国开国皇帝朱元璋去世前两个月，未来力挽狂澜、扶社稷于将倾的名臣于谦诞生。于谦，字廷益，浙江钱塘人。他家世代官宦，自己少有才名，后永乐年间高中进士，历事五朝，成为国家栋梁。

宣德元年（公元1426年），汉王朱高煦谋反被擒，于谦奉旨斥贼，声色震厉，崭露头角，之后连升数级，成为山西、河南一代巡抚。

第一节 世宦之家麒麟儿

于谦祖籍河南考城（今河南兰考），于氏家族发迹于女真完颜氏创立的金朝。当时金朝经熙宗完颜亶一系列汉化改革，其科举选官制度和宋朝比较贴近，所以于氏家族和当时中原的绝大部分汉人一样，开始接受并融入金朝政权中。他们一直生活在老家河南一带，并逐渐繁荣发展起来。

公元1211年，蒙古和金朝主力在野狐岭展开战略决战，此战由于金军主将完颜承裕无能，导致金军主力四十余万几乎被成吉思汗十万蒙古骑兵全歼。此战，金军的上百万匹军马尽数被蒙古军掠走，金军过去引以为豪的重甲骑兵丧失了基础，从此一蹶不振。

公元1214年，金宣宗完颜珣丧失抵抗的勇气，放弃中都（今北京），南迁至南京（今开封）。于谦家族的世居之地兰考，也沦为蒙金之间反复拉锯的战场。由于年代久远，于谦先祖姓名在家谱中散失不存，只留下了他们的官位。于谦七世祖在金朝出仕，担任河南尹，死后追赠汾州节度使；六世祖任延津令，进阶奉朝请大夫；五世祖任沁水县令，死后追赠定远大将军。于谦这三位先祖所处正是成吉思汗大举南侵、金朝风雨飘摇的年代，他们官位虽不高，却都死在抵抗蒙古大军南下的战争中，因此获得了较高的赠官、封诰。①

公元1234年，金朝在蒙古铁骑的不断冲击下终于灭亡。于谦四世祖于伯仪被迫带着家族，和金朝官员一起随蒙古征服者举家迁往"云中"。②

---

① 《于谦集·先忠肃公年谱》。
② 《于谦集·先忠肃公年谱》。

第一章 早年时光

"云中"本来是秦汉时郡名,但在漫长的历史演进过程中,"云中"具体的地理位置发生了很大变化。秦汉时,"云中"在今天内蒙古呼和浩特一带,宋金时"云中"指今天山西大同一带。这是一个距离于谦祖籍地很远的苦寒之地,这趟旅程对于谦家族而言必定充满艰辛。

随着公元1279年南宋政权彻底被元朝攻灭,元朝的统治范围进一步扩大,这就需要更多能够管理新领地的官吏。于谦四世祖于伯仪被选中,派往苏州当官。于氏家族也就随于伯仪一起举家迁往苏州。

此后几十年间,于氏家族在苏州生根发芽,开枝散叶。由于于伯仪的关系,他的儿子、于谦的三世祖于夔也在元廷为官。[1] 元朝官制和中原王朝迥异,几乎没有科举制度的影子,多数官职是世袭而来的。这就造成一个现象,家族中只要有一个人当官,那么其他人也会不断地被推荐当官,不犯错误的话,官位会越来越高。

从于谦曾祖父于九思开始,于家的官运更加兴隆:于九思最初担任广东道宣慰使。宣慰使这个官职是唐代初设,原本属于临时官职,到元代有了实权,负责镇抚较为偏远的地区,是镇抚一方的重要官员。从史料来看,于九思在广东道宣慰使的位子上干得不错,后来被调任杭州路总管(从三品)[2],正式成为一方封

---

[1] 《于谦集·先忠肃公年谱》。

[2] 《于谦集·先忠肃公年谱》。

疆大吏。

因为为官之地杭州与苏州距离不远，于九思遂把于氏家族迁到这里。于氏家族就此定居在杭州钱塘太平里。后来于九思看到大元帝国气数已尽，便辞官回家，在杭州钱塘重建家族祠堂，于氏家族就在杭州钱塘落地生根，杭州钱塘也就成了于谦的出生地。到了于谦祖父于文时，大元已经被朱元璋的大明朝取而代之。朝代的变迁并没有中断于氏家族出仕为官的信念。于文在洪武年间出仕，不过官职不高，只做到工部主事。

此时的大明朝堂也不平静。建国不久，以刘基、宋濂为首的浙东"文官党"和以李善长、胡惟庸为首的淮西"勋贵派"展开了激烈争斗。最后刘基在忧惧惶恐中去世；宋濂多亏马皇后求情才免于一死，告老还乡；胡惟庸被告谋反全家被杀；李善长也在多年后被族灭。洪武年间，朱元璋身边的京官不好当。有些京城官员每天上朝之前甚至都要跟家人洒泪告别，唯恐说错一句话，就会被朱元璋杖毙。

于文想必是厌倦了血腥的官场，所以他并没有在工部主事位置停留很久，就辞职回乡，想要安稳度日。而于谦的父亲于彦昭甚至没有考取功名，他隐居乡里，娶了于谦母亲刘夫人，安安稳稳守着杭州祖业过日子。

不过于家毕竟是世代为官的百年大族，于文、于彦昭父子继承了中国士大夫阶层"先天下之忧而忧，后天下之乐而乐"的传统，虽已远离朝堂，但仍牵挂着家国大事，依然重视自我修养。所以身处江湖之远的于文和于彦昭仍然勤学经史子集，日夜读书不辍,父子经常在家里品评历史人物。在历代名臣中,最受二人推崇的是宋末政治家、爱国诗人文天祥,杭州是文天祥长期任职之地,关于他的故事广为流传,因仰慕文天祥的气节,父子二人还在家中供奉了文天祥的画像。

洪武三十一年(公元1398年)四月前后,于彦昭夫人刘氏即将临盆。于文日夜在文天祥像前虔诚祈祷,就在于谦降生前的几天,于文突然梦到文天祥身穿红色官服(绯袍),头戴金色官帽(金幞)来到家中,对他说:"吾感汝父子侍奉之诚,顷即为汝之嗣矣。"①也就是文天祥托梦于文,说自己为于家父子的虔诚膜拜所感动,准备转世成为于家子嗣。

这种说法在史籍中并不少见,于谦是文天祥投胎转世的故事能流传下来,其实是源于后世之人对于谦一生功绩的认可,他和文天祥一样具有刚毅不屈的性格,都曾挽救国家于危难,甚至二人有着如出一辙的悲惨结局,所以世人喜欢把这两位大忠之人联系到一起,也就有了这种说法。

洪武三十一年(公元1398年)戊寅四月二十七日,刘夫人为于家诞下一子。这个虎年出生的小孩也就是日后大明帝国少保、兵部尚书、太子太傅于谦。于文认为梦已应验,立即将梦中文天祥所说的话告诉儿子于彦昭。当时于彦昭害怕给新生儿取的名字太贵重,折了小孩的福,没有立即给于谦取名。直到这个虎年出生的儿子三岁时,于彦昭才给他取名为"谦",以表示对文

---

① 《于谦集·先忠肃公年谱》。

天祥的谦敬和感谢之意。①

第二节 乡里奇才终及第

于谦出生在杭州钱塘于氏家族这样的百年官宦世家中,他走上传统社会知识分子科举入仕这条道路是最正常不过的选择。

五岁前,于谦就被家里人和邻居认为"生而颖异,相貌丰伟"②,于谦从小就是个相貌与众不同又颇有灵气的孩子,乡亲都很喜欢他,认为他日后定有一番作为。于谦也确有读书天赋。永乐元年(公元1403年),也就是他六岁时,就开始接受启蒙教育,为系统学习儒学经典打基础。这一年,明太宗文皇帝朱棣刚刚从他的侄儿建文帝朱允炆手里夺过江山,还对以方孝孺为首的"文官党"大肆屠杀。同时,朱棣开始设立内阁,帮助自己处理各种繁杂政务。解缙、杨士奇等一大批日后大明的风云人物也自此走上历史舞台。

不过,这个时候于谦才刚刚开始接触儒学经典,学着对对联。对对联本是宋明时代兴起的一种文人骚客间相互消遣的文字游戏。它起源于诗词创作,要求也和格律诗类似,不仅要有一定的韵脚,上下联之间的文字还要在字数上和内涵上有一定的

---

① 《于谦集·先忠肃公年谱》载,三岁取名曰谦,以志梦中逊谢之意。
② 《于谦集·先忠肃公年谱》。

对仗。

　　于谦有很多出彩的对联流传下来。比如，上联"癸辛街"，这是当时杭州城里知名的街道，取名用了天干地支中的"癸辛"，下联也就必须用天干地支取名的地名，于谦对出的下联是"子午谷"。这是当年诸葛亮出兵伐魏，魏延提出奇袭长安的地方。"子午"也取自天干地支，"谷"和"街"也对得很工整，对于一个六岁的孩子来说，这个对联已经算是对得十分工整。①

　　当然还有更好的，比如上联"今朝同上凤凰台"，于谦下联对"他年独占麒麟阁"。"凤凰台""麒麟阁"都可以代指当时的朝廷中枢内阁，这个对子已经不是单纯的取乐游戏，而是体现了于谦的政治抱负。六岁的于谦便有了进入凤凰台、麒麟阁，建立一番功业的宏图大志。②

　　七岁时，家里人请来了当时著名相面大师蓝谷和尚为于谦相面。蓝谷和尚见到于谦后，就立即表现出一副十分惊奇的模样，并给了于谦一个非常高的评价——"异日救时宰相也。"③

　　这个评价对于一个七岁的孩子来说，是有些不可思议的。

　　宰相是一人之下、万人之上的国家柱石。但凡能凭自己的能力做到宰相这个位子的人都堪称人中龙凤，如伊尹、管仲、寇准，都曾凭一己之力力挽狂澜，助皇帝成就一番事业，挽救国家

---

① 《于谦集·先忠肃公年谱》。
② 《于谦集·先忠肃公年谱》。
③ 《于谦集·先忠肃公年谱》。

于危急。即便是蔡京、秦桧之流，虽然是臭名昭著的奸相，但是依然具有极强的政治手腕。而宰相这个群体中，只有极少一部分能被称为"救时宰相"。因为要成为"救时宰相"，不仅需要自身水平达标，还要身在一个"被需要"的时代，这就不是个人可以左右的了。所谓"救时宰相"，必须生在艰难时代，进而挽救时代危机，重整衰败帝国，是宰相中能流芳千古的杰出者。文天祥就是这样一个"救时宰相"，可惜他拯救大宋王朝的事业最终宣告失败，但他甘为自己的理想奋斗到底，矢志不渝的精神永存于世。

受祖父和父亲影响，又生在杭州，于谦从小便耳闻文天祥的事迹，他十分仰慕文天祥的精神。蓝谷和尚的这番话无疑为于谦选定了自己奋斗终身的目标，他要以文天祥为师，成为和文天祥一样正直清廉、救国救民的国家栋梁。既然决定要和文天祥一样做"救时宰相"，那么刻苦攻读，参加科考，就成了于谦的必然选择。但科举这条路并不好走，特别是在当时科举发达的江南一带。

现在一般认为，中国的科举制度最早是由隋文帝杨坚制定并开始实施的。但隋朝科举只是把察举制中的项目以考试的方式具体化，隋朝的官员任命还是世族、地主贵族说了算。到了唐代，科举基本还是要看出身，武则天时代虽然引入了"糊名法"，但字迹很难掩盖，世家子弟自小就在专人的辅导下练习写字，到应试时，一手蝇头小楷已写得十分熟练，非常容易辨识，始终掌握着科举的主动权。唐末的牛李党争更是科举寒门与世家豪族之间长达半个世纪的较量。直至黄巢起义，扫荡天下，门阀世族家谱尽毁，历经五代十国时期至宋代，科举制度才逐渐走向成熟，最终成为国家选举人才的重要手段。中国知识分子"朝为田舍郎，暮登天子堂"的梦想，在两宋文人身上才开始得以实现。

元代科举没落，于皇庆二年（公元1313年）才确立制度，此时距忽必烈灭亡南宋已过去30多年，其制度大抵沿袭宋代，分乡试、会试、殿试。发榜时，蒙古人、色目人为一榜，称"右榜"；汉人、南人为一榜，称"左榜"。元代科举内容以四书、五经为主，四书以朱熹《四书章句集注》为准。蒙古人、色目人不考五经。明洪武三年，诏定科举法，应试文仿宋"经义"，后多以朱熹的《四书章句集注》为标准。成化年间，经多名大臣提倡，逐渐形成比较严格固定的八股文格式，八股文的格律形式就此形成。八股文作为固定应试文体，把中国古代科举制度推向极盛时期，科举制度才变成我们今天熟悉的模样。

明代由国家举行的科举考试分为三场，第一场名乡试，每隔三年一次，各省于省会自行举行，考中者为举人，具有为官资格；第二场名会试，在乡试后第二年二月于礼部贡院举行；第三场叫殿试，由皇帝亲自主持，考中者成为进士，由中央调配为官，同时分为一甲（状元、榜眼、探花）三人，二甲、三甲各若干人，其中优秀的人才便可留在皇帝身边为官了。也有人认为明代科举考试有四场，第一场是在乡试之前，还要通过学校或地方政府考试获得乡试资格，成为生员，俗称秀才。虽然秀才科考不算是国家级别的正式考试，但想要考中可不容易。每年每县的名额很少，一旦中了便可免税、免役，成为特权阶层，所以即便是秀才身份也让所有读书人趋之若鹜。

于谦要面对的就是这样的人生。

八岁的于谦已经把"四书"读完，可以和老师就其中的问题进行深入交流，钱塘乡里的所有老师都把他当成"神童"[1]。十岁，于谦开始在对联的基础上学习诗词和古文写作，这是科举考试必备的技能。当时可以教授此技能的人不多，但于家世代官宦，对此等学问不曾荒废，而且人脉深广，在祖父、父亲和他们的亲朋故旧帮助下，本就聪颖的于谦学问长进颇快。

十二岁，于谦就开始积极准备科举考试。他喜欢在僻静的地方学习，于是家里人就把他安排到慧安寺里静心攻读备考。慧安寺也叫惠安寺，在今天浙江绍兴。这座寺庙始建于南北朝时期，宋元之后一直是江南佛教重地。明代读书人继承了宋代文人"茶禅一味"的喜好，也喜欢栖身于名山古刹间，读书修身。

于谦这趟读书修行的旅途，留下了一段颇具神话色彩的故事：他还没来，慧安寺的住持就在梦中接到佛门伽蓝（护院法神）的告知："明日有丞相至，当起迎之。"[2]第二天，平日来客不断的慧安寺只有年纪轻轻的于谦进寺学习修行。晚上，住持将自己的梦告诉庙里的其他僧人，并嘱咐他们小心伺候："此公

---

[1]《于谦集·先忠肃公年谱》。

[2]《于谦集·先忠肃公年谱》。

异日大贵之兆。"①

之后三年，于谦专心研习科举八股文。由于记忆力惊人，他对于当时备受推崇的名士解缙等人所撰的八股范文，可以一字不差地背诵。他对于诸葛亮的《出师表》、文天祥的《正气歌》更是十分推崇喜爱。十五岁那年，于谦顺利通过考试，正式成为钱塘县的一名生员，有了参加乡试的资格。

只是他的科举之路并未一直顺风顺水下去。两年后，十七岁的于谦第一次参加乡试并未中第。这对他来说是一个很大的打击。于是，于谦谢绝一切迎来送往，专心读书，再次备考。二十岁时，于谦再次参加科举考试，功夫不负有心人，这次于谦以优异的成绩考取了县学廪生。廪生即廪膳生员，由国家提供学生的生活费，按照洪武初年的规定，"令师生廪食月米六斗。后复令日米一升，鱼肉盐醢之类皆官给之。十五年，令廪馔月米一石。"各级学府都有名额限制，明朝规定："在京府学生员六十人，在外府学四十人，州学三十人，县学二十人，日给廪膳。"洪武以后，各地学校生员的廪膳数目不尽相同，如正统时，四川的生员月支米一石，而云南的生员月仅有米三斗，后增为六斗。②

明代的廪膳生员如果多次参加乡试不中，可以根据食廪的年头依次贡入太学，以后他们既可以继续参加顺天、应天府乡试，走科举之路，也可以经过拔历，听选于吏部，最后谋得一

---

① 《于谦集·先忠肃公年谱》。
② 《明英宗实录》卷27正统二年二月丙戌、卷28正统二年三月癸卯。

官半职。

接着,于谦又迎来了另一桩喜事。他已经到了成家的岁数,于谦家人为他迎娶了翰林学士董镛之女为妻。史载这位董夫人"柔惠静嘉,孝友敦睦"①,是一位难得的贤内助,这年于谦二十一岁。

也就在这一年除夕,于谦根据熟知的《易经》给自己算了一卦,测出了自己未来"做尚书、做丞相、天杀之"的卜辞。也就是自己将来虽然位极人臣,但是会遭无妄之灾而死,于谦不以为意,说出了这样一段话:"吾一腔热血,不知沥于何地?"既然一腔热血可以报效国家,死何足惜?

永乐十八年(公元1420年),二十三岁的于谦再次参加乡试。这次考的重点是于谦在五经之中最熟悉的《易经》。结果于谦不负众望,考了南方九省第六名,成了一名举人。②

于谦中举之后没有丝毫的得意,反而把自己关在家里,继续谢绝一切迎来送往,认认真真地备考。他怎么会仅仅满足于中一个举人呢?他瞄准的是明年的会试和殿试。

第二年秋天,于谦安顿好怀孕的妻子后赴京赶考。这一年主持会试的是大明的内阁名臣——杨士奇。

杨士奇本名寓,士奇是他的字。他自小家境贫寒,少年老成,性格持重,由于才学出众,在大户人家做坐馆先生,后来他

---

① 《于谦集·先忠肃公年谱》。
② 《于谦集·先忠肃公年谱》。

第一章 早年时光

来到江夏,开了一间私塾,边教书边攻读。建文帝朱允炆登基后,召集翰林文臣修撰《明太祖实录》,在当时的翰林院编修王叔英的推荐下,杨士奇得以进入翰林院成为编纂官。明成祖朱棣夺位成功后,依旧任用他,改任翰林院编修,没多久又提升为侍读。杨士奇是有大智慧之人,他历经五朝,辅佐四帝,见证了明朝近五十年的兴衰。即使身居高位,他依然"俭约一如布衣时",几十年的主政生涯中从不接收贿赂,甚至多次要求减少一部分俸禄。杨士奇之所以能够长期主政,与他的能力和作风有着重要关系,他常说:"天下万世之事,当以天下万世之心处置,如有一毫出于私意,不论厚薄皆当获罪神明。"就是这样一个有才学又十分公正的人,作为会试主考,把二十四岁的于谦选为第一名,并且对于谦极为欣赏,视为国士。①杨士奇把于谦这位小友当成了自己的忘年交,却引起了朱棣的反感。到了最后一关殿试,选人任用的权力归皇帝朱棣,这下于谦就没那么好运了。会试头名被称为"会元",在大明帝国近三百年历史中"会元"在殿试中的名次一般不会太差,即使不在一甲也不会跌出二甲。

可是,朱棣当时对太子朱高炽身边的文官们多有不满,而杨士奇已尽心尽力辅佐太子多年。出自江南水乡的于谦此时还不能理解塞上的金戈铁马,他只感觉到朝廷的税吏不断在自己的家乡江浙催收租税导致民怨沸腾,在岳父的辖区山东更是官逼民反,本次殿试,作为会元的他要用自己的策论文章让天子知道这一

---

① 《于谦集·先忠肃公年谱》载:主考春坊杨公士奇、侍读周公述,皆以国士待之。

切。于是，于谦在殿试策论时，将自己在浙江、山东的所见所闻一一描述，又对朱棣频繁用兵的政策多有批评，这就犯了忌讳。生于战火的这位大明朝的太宗文皇帝压根没看中杨士奇选出来的会元。最终，会试第一名的于谦成为殿试三甲九十二名。尽管如此，他却是永乐十九年（公元1421年）这批进士中最出名的一个，当年的状元曾鹤龄早已泯然众人中，甚至在《明史》中都没有留下一部属于自己的列传。

永乐十九年，对于谦而言喜事还不仅仅只是自己考中了进士，更值得高兴的是，他的长子也在这一年诞生。几年后，为了纪念自己终于得偿所愿，接受皇帝正式封官赏赐，于谦为这个孩子取名"冕"，纪念自己在这一年加冕为官。①

这一年，对于谦来说还算顺遂，从此他的人生开始走上快车道。

第三节 脱颖而出斥逆贼

因为殿试仅列三甲，于谦在永乐朝和洪熙朝都没有被重用。真正发掘、重用于谦的是明宣宗朱瞻基。而朱瞻基之所以认识于谦，还是因为一场"骂"，这与一场夺嫡之争有关。

宣德元年（公元1426年），大明帝国发生了一件大事：明

---

① 《于谦集·先忠肃公年谱》。

太宗文皇帝朱棣次子汉王朱高煦谋反。

　　事情起因还要从靖难之役说起。靖难之役时，朱棣与盛庸在东昌大战，被南军击溃，主将张玉战死，形势万分危急时，正是朱高煦带领部队击退了追击的南军，救了孤身出逃的朱棣一命！①等到灵璧决战，依然由朱高煦指挥最精锐的蒙古雇佣骑兵出战。朱高煦不负众望，再次瓦解了南军的攻势，赢得了决定性胜利。②可以说，朱高煦在靖难之役立下头功。③

　　有了靖难之役中的功劳，加上朱棣的另眼相看，让朱高煦有了争做太子的资本。他也迎来了离皇位最近的一次机会。朱棣曾对朱高煦说了一句有歧义的话："勉之！世子多疾。"④意思是：一定要努力，你的兄长多有疾病。

　　听这话的人可以根据自己的想法有不同的理解。站在朱高煦的角度完全可以理解为：太子身体不好，自己随时有机会上位。但是从朱棣的角度却可以解释为：既然你兄长身体状况堪忧，你更应该多多协助。两种解释都通，第一种是朱高煦用来激励自己夺权，第二种是朱棣用来勉励儿子努力。

　　不管怎么说，朱高煦开始认为自己有争太子位的希望，这火苗正是朱棣给撩拨起来的。但是废立太子的事情，朱棣即使是皇帝也不能一个人说了算。朱棣继位之后，就太子人选问题开始积

---

① 《明史·诸王列传》载：成祖只身走，适高煦引师至，击退南军。

② 《明史·诸王列传》载：高煦麾蕃骑力战，南军遂却。

③ 《明史·诸王列传》载：成祖屡濒于危而转败为功者，高煦力为多。

④ 《明史纪事本末·燕王起兵》。

极征求臣下的意见。臣子们分为两队，文官支持性情淳厚的朱高炽，武将支持意气风发的朱高煦。

第一次公开讨论太子一事是在永乐元年（公元1403年）九月。武将这边地位最高的淇国公丘福明确表示支持朱高煦，理由很简单：数次救驾，戍边有功，多年一起征战，更加看好朱高煦。这基本就代表了全体武将和朱棣旧臣的态度。

于是朱棣又询问文官之首解缙的意见。解缙的理由很老套也很有力——"立嫡以长"。①这个说法虽然没有问题，但是在朱棣面前总有点讽刺的味道——"立嫡以长"那就不就等于说自己夺权不合法吗？解缙很聪明地又补了一句："观圣孙。"②这意思是说朱高煦的儿子们不如朱高炽的儿子朱瞻基，他是出于对后世的考虑而提出的"立嫡以长"。

解缙的话多少打动了朱棣。因为和朱棣讲"立嫡以长"的道理，没什么意义，甚至会招来反感，而强调立谁更能确保日后大明江山稳定，才是关键所在。

而且朱高煦虽然在靖难之役中有功，但朱高炽也有大功。北平城下郑家坝一战，朱高炽指挥一万人马顶住了李景隆五十万大军的攻势。靖难之役双方反复拉锯的过程中，朱高炽一直在后方，为朱棣守住了北平根据地，还充分保障了朱棣的后勤运输线。就连朱高煦，也是朱高炽派的援兵。所以当解缙

---

① 《明史纪事本末·太子监国》。
② 《明史纪事本末·太子监国》。

把朱瞻基这个砝码放了上去，就成功地让朱棣心里的天平倒向了朱高炽。

再加上一个至关重要人物的表态，天平彻底向朱高炽倾斜。这个人就是靖难第一功臣姚广孝。一手策划靖难之役的姚广孝在胜利后推掉所有封赏，穿起僧衣，重新当了和尚，不再上朝。但是姚广孝已经用行动表明了态度：朱棣出兵靖难，姚广孝表示愿"辅世子居守"①；朱棣南京称帝，姚广孝再次表示愿意陪皇长孙朱瞻基出阁就学读书。②这就是支持朱高炽的态度。

姚广孝的表态很高明，他只是表明了态度，却胜过别人千言万语。永乐二年（公元1404年），朱高炽被正式封为皇太子，朱高煦被封到云南任藩王。

但是朱高煦拒绝就藩。朱棣为了安慰朱高煦，又把他从云南转封到青州。朱高煦依然拒绝，找了各种理由留在了京城。③之后，朱棣心思变了，他开始怀疑朱高煦存有异心，对自己的安排不满，甚至会威胁到自己的统治。永乐十四年（公元1416年）十月，朱棣亲自下令，法办朱高煦。④出人意料的是，太子朱高

---

① 《明史·姚广孝传》。
② 《明史·姚广孝传》载：皇长孙出阁就学，广孝侍说书。
③ 《明史·诸王列传》载：又托故欲留侍，前后殆非实意，兹命更不可辞。
④ 《明史·诸王列传》载：尽得其不法数十事，切责之，褫冠服，囚系西华门内，将废为庶人。

炽站出来涕泣力救①，为朱高煦求情。最终朱棣只把朱高煦的卫队削弱，将他赶回封地。

后来朱高炽继承大统，朱高煦对此非常不满意，于是他开始积蓄力量，策划谋反。洪熙元年（公元1425年）五月，继位不到一年的明仁宗朱高炽突然驾崩。朱高炽死在北京，当时的皇太子朱瞻基身在南京。但他依然先朱高煦一步到达北京城，继位登基。八月，明宣宗朱瞻基刚登基，朱高煦便扯旗造反。

朱高煦的底牌是军队对朱瞻基没有感情，为此他甚至派人前往北京跟大明军队最高指挥官英国公张辅秘密联络。可是张辅并不想参与造反之事，他抓了来人，送到朱瞻基面前。

朱高煦的部队集结完毕，但他却对先取南京还是直捣北京犹豫不决。一番思考后，他决定全军集结乐安州，等待朱瞻基派兵来攻，然后逐步将对方部队收编过来，壮大自己的力量，最后进攻北京。

刚刚登基的朱瞻基得知朱高煦谋反，立即召开御前会议，商讨到底派哪位将领率兵出征平叛。在内阁大臣杨荣的提醒下，为了防止军队出现向朱高煦倒戈的事情，朱瞻基决定亲征。在张辅、杨荣的辅助下，朱瞻基为亲征做了详细的部署：一边强化北面居庸关的兵力和守备，强化京城防御；一边征调南方军队固守南京、徐州，坚决堵住朱高煦南下之路。同时，在德州、济南集结大军，以阳武侯薛禄、清平伯吴成为先锋，杀向乐安州。

---

① 《明史·诸王列传》。

朱高煦并未听从手下出兵南京、割据一方的建议，最终还是决定固守乐安州，这个决定可以说是画地为牢。朱瞻基顺利完成了对乐安州的合围，朱高煦彻底丧胆，决定向侄子投降，换取自己和家人活命的机会。

朱瞻基对朱高煦的处理毫不留情。首先就是要当众责骂这个叛臣，命于谦数落朱高煦的累累罪行。

于谦对朱高煦的批评毫不留情。他指责朱高煦早年在太祖朱元璋驾前"言动轻佻"，屡犯宫禁，"行止无赖"。成年后在朱棣身边征战虽有功劳，但"恃功骄恣，多有不法"，屡次被仁宗朱高炽维护方得保全。靖难功成之后，朱高煦目无王法，擅自建立天策卫，屡屡自比唐太宗，勾连罪臣淇国公丘福、驸马王宁，阴谋夺嫡；还涉及陷害太子宫诸位朝廷栋梁大臣，"时媒蘖东宫事，譖解缙至死，黄淮等皆系狱"。

不等朱高煦辩驳，于谦接着指出：朱高煦种种不法行为，为太宗皇帝朱棣察觉，遂安排其就藩青州，可朱高煦虚与委蛇，不肯奉诏，又私自蓄养武士，偷偷留存盔甲，擅自杀害三千营将官徐野驴，终究引起众怒，太宗皇帝"几欲杀之"。有赖仁宗皇帝仁慈，数次"涕泣力救"方才最终化解，遂转封就藩乐安州。然而朱高煦知恩不报，反怀怨念，妄蓄异志，趁仁宗皇帝国丧之际，遣其亲信枚青等潜至京师，约旧功臣为内应，企图谋朝篡位。幸得英国公揭发，才未得逞。然而朱高煦竟然狗急跳墙，于乐安州扯旗造反。如今天子亲征，天兵已到，幸朱高煦天良未泯，祖宗恩威犹在，下马臣服。天子顾虑亲情，不忍屠戮血亲，故恩旨赦其死罪，"废高煦父子为庶人，筑室西安门内锢之"。①

于谦这一骂，不但帮宣宗朱瞻基出了憋在心里多年的一口恶气，也让当时在场的所有人都领略到了他身上的凛然正气。在这样的场合下，此时陪在朱瞻基身边的杨荣，立即向明宣宗推荐于谦，认为此人可大用，朱瞻基也想起当年杨士奇选于谦为会元时，曾向父亲和自己推荐过这位杭州的青年才俊，且于谦休兵养民的想法颇受父亲仁宗皇帝的青睐。宣宗遂亲自召见于谦问起朝廷当务之急，于谦再次以当年殿试策论之事建议宣宗皇帝收敛好战之心，继续执行仁宗与民休息的国策。宣宗皇帝对这位"吐音鸿畅"的小官刮目相看，暗自记下准备回京后重用。在于谦的凌厉骂声中，朱高煦伏地战栗，口称死罪。②这一幕同时也宣告了永乐年间的夺嫡之争至此告一段落。

于谦由于这次平叛中的表现，仕途迈上了新台阶。

第四节　初露锋芒帝储才

永乐、洪熙年间，于谦虽然有进士出身，却没有被授予任何官职，这一蹉跎就是好几年时间，直到宣德元年（公元1426

---

① 《明史·诸王列传·朱高煦列传》。

② 《明史·于谦列传》载：扈跸乐安，高煦出降，帝命谦口数其罪。谦正词崭崭，声色震厉。高煦伏地战栗，称万死。帝大悦。

年）才被正式授予御史一职。这次陪伴明宣宗朱瞻基征讨叛逆朱高煦，于谦一骂成名！加上之前朱瞻基就对于氏家族有所耳闻，于谦终于得以在官场上崭露头角。此时，于谦还未满三十岁。

明宣宗朱瞻基也是一代明君，他继位之初，身边都是陪伴他祖父、父亲征战天下的张辅、朱能等心腹肱骨，这些人自靖难之役后大多因功封公、封侯，经过这几十年的休养生息，在明军中形成了一股独立的势力——"勋贵派"。宣宗在辈分上要低这些人一辈，他为了更好地掌握朝局，开始大量任用原来自己父亲在东宫的属官，可是这些人太老，仁宗在位时间太短，宣宗还没有时间建立自己的班底，如今于谦借此次征讨叛逆脱颖而出，自然得到了他的青睐。

明宣宗看到于谦身上的刚正、忠勇，从之前的事情中也可看到此人少年老成，才学匪浅，是个可堪重用之人。为了历练一下这个人才，朱瞻基派于谦以御史身份巡按江西。

于谦在江西任职三年，重点解决了三件大事。

第一件事是清理江西刑狱。当时江西境内匪患猖獗，其中既有很多被污蔑为匪徒的普通老百姓，又有一些颇有背景的真正匪徒。真正匪徒又可以分为和官府势力勾结的匪徒、和盐商勾结的匪徒。这些都导致民匪难分，一片混乱，难以治理。

导致这种局面的主要原因是江西地处南北交通要道——广东、福建、安徽、南直隶、湖南几省交界。福建的茶商，广东、湖南的盐商等南来北往的货物都需要从江西经过。江西多山，这就给了当地土匪一个非常便利的藏身条件，一旦官府来剿杀，这些有着政治背景和商业背景的土匪就污蔑平民百姓为土匪，让老百姓当替罪羊。官府出于省事的目的，也懒得多问，只管抓人。这样一来，江西的监狱里人满为患。

宣德二年（公元1427年）于谦到任江西，立即着手处理匪患之事，他释放良民，处理冤狱。同时通过不断调查，于谦发现江西省的这些土匪要么和受封江西的宁王密切相关，要么和当地的盐商脱不开关系。于谦要清剿这些土匪，就必须从宁王府下手。

于是第二件事便是开始整治江西宁王府。

江西宁王府大有来头。首任宁王朱权是朱元璋第十七子，他原来的封地在长城以北的宣府、辽东一带，是大明帝国北方的屏障，一共有九十多座城塞。时人常把宁王朱权与燕王朱棣并称，有"燕王善战、宁王善谋"一说①。但宁王在靖难之役中并没有明确表态支持朝廷还是燕王，而是采取了一种坐山观虎斗的态度。

但后来宁王朱权被燕王朱棣用计骗走了麾下的精锐骑兵，被迫一起造反。朱棣曾经亲自对他承诺："事成，当中分天下。"②但大事既定之后，朱棣对此闭口不提，朱权自然也不敢提，于是他向朱棣请求把他封到南方。而朱棣拒绝了他请封苏州、杭州的请求，将他封到江西南昌，且一直对他防备甚严，后彻底收编了他的麾下部队。

---

① 《明史·诸王列传》。

② 《明史·诸王列传》。

宣德年间，宁王府势力已经成为江西一霸，府中的官属横行不法，根本就不把当地官员放在眼里。于谦来到江西了解了这些情况后，开始重点整治这帮仗势欺人的蛀虫。于谦开始鼓动民众积极举报，结果不出所料，一切都指向了宁王府。由于宁王依然有着一定的地位，于谦区区御史，奈何不得，于是他通过内阁杨士奇奏请朱瞻基，将这里的情况讲明后得到旨意，把宁王府里十几个为首的作歹之人关进班房，又顺藤摸瓜，将这帮依附于王府、仗势欺人的匪徒一网打尽。江西老百姓对于谦感恩戴德，甚至为他修建了生祠。

第三件事，于谦开始出兵彻底清剿各路土匪。

面对依附王府的土匪，于谦利用民间舆论的压力和朝廷的高压解决了问题，接下来于谦开始对付与盐商勾结的土匪。这群人皆是见钱眼开、见利忘义的无耻之徒，仗着背后的势力，常对别家的货物大肆抢劫。于谦亲自统帅锦衣卫，全力将其剿灭，同时着手恢复各地商路。

经过三年时间，在于谦多管齐下的治理下，整个江西原本混乱的局面得到了根本扭转，百姓又有了活下去的希望，吏治也逐渐清明。

宣宗朱瞻基再次看到了于谦身上的潜力，他确信自己没有看错人。于是他将于谦提拔为从二品兵部侍郎，前往河南、山西担任巡抚。

明代巡抚最早见于洪熙年间的南直隶地区，取"巡行天下，抚军安民"之意。当时属于临时性质的中央特派官员。真正意义上的巡抚,始于宣德五年(公元1430年)九月,于谦等六人以中央各部侍郎的职衔,巡抚经略各省,此后至明嘉靖年间逐步成为定制。巡抚虽不是地方正式的军政长官,但他们代表朝廷,直接对皇帝负责,节制地方上的行政、军事、司法事务。

于谦之所以能入选首批巡抚的名单,一来是他本身刚正不阿的品质,二来是他年富力强,适合担任这个职务,三来是皇帝朱瞻基和内阁辅臣杨士奇都非常认可他的能力,希望进一步历练他。

于是宣德五年,于谦受命前往河南、山西上任。这一年他三十三岁。

第二章 巡抚晋豫

宣德五年（公元1430年），三十三岁的于谦以兵部侍郎兼都御史头衔，巡抚山西、河南。于谦在这个位置上任职足足十七年，到正统十二年（公元1447年）五十岁时才正式奉调回京任兵部右侍郎。在任巡抚期间，于谦招抚流亡、疏浚运河、整理军务，成为大明一代能臣干吏。

第一节 赈水灾安定民心

为什么要派于谦这样的青年御史去各地巡抚呢？朱瞻基自有想法。明太祖废除了"行中书省"，将"行中书省"的权职一分为三：承宣布政使司主管行政，主官布政使；提刑按察使司主管刑狱，主官按察使；都指挥使司主管各省驻军，归五军都督府统领,主官都指挥使。①

承宣布政使司、提刑按察使司和都指挥使司合称"三司",看似分工明确,实则产生了一系列问题。

先说布政使。这个职位本来是继承元朝的行省平章政事一职,从理论上讲这个职位是掌一省之政,有义务每三年率领本省官员赴京(南京、北京)接受一次审查。但实际工作中,布政使的职权范畴和现在的财政厅、民政厅比较接近:负责统计本省的人口数量和耕地数量,给分封各地的朱姓诸王、官员、举人和当地驻军发放朝廷俸禄。同时负责征收本省赋税、兴修水利、邮传驿站、驻军屯田等工作,②并没有对下属官员的督查权,这就导致布政使被下属地方官轻视,毕竟只是公事上的往来,那公事公办便可。

地方官最怕的是本省按察使。这个职位是朱元璋专门设置用来监督地方官员的,对官员的升迁是有影响的。按察使的管理权限和布政使高度重合,地方刑狱、农田水利、军户屯田、招募新兵等又同时归按察使监督③。

这样一种设计,导致按察使在地方上比另外两司主官"有分量"。按察使司不需要具体管理政务,只需做好检举工作,而落

---

① 《明史·职官志》载:都司,掌一方之军政,各率其卫所以隶于五府,而听于兵部。

② 《明史·职官志》载:布政使……管粮储、屯田、清军、驿传、水利、抚民等事。

③ 《明史·职官志》载:按察使……兵备、提学、抚民、巡海、清军、驿传、水利、屯田、招练、监军,各专事置。

实具体工作的布政使司却不停被检举,这就导致两者间的矛盾必然激烈。

最后,都指挥使的情况更糟糕。

因为这个职位在明朝初年基本都被朱元璋朝"开国辅运"和朱棣朝"奉天靖难"的功臣子孙们世袭罔替,长期霸占。① 到了明宣宗时期情况更为严重,地方上的布政使和按察使根本不能对都指挥使进行有效指挥。加上明代初年军户和民户完全分开,导致许多军户成为这些功臣子弟们的私人奴隶,原本应该他们负担的屯田、治河等工作完全没有办法执行。

随着时代变迁,黄河、长江流域行省治理河道,产盐行省管理盐务,边疆行省防范北方蒙古入侵,沿海行省抵御倭寇、海盗,这一系列事情都需要布政使、按察使、都指挥使的职权共同行使,缺一不可,可朱元璋当初设计这项制度就是为了防止三司形成合力,而要彼此相互制衡。有个很好的例子就是宣德年间,大明各地水旱灾害频繁,一遇到要赈灾的事情,地方上三位长官往往相互推诿,各执一词,以至于出现了多起农民起义。

这就必须有一位可以凌驾于三人之上的高级官员出来统领大家一起办事。为了解决这些问题,明宣宗朱瞻基和内阁辅臣杨士奇一起商量具体办法。杨士奇向明宣宗朱瞻基提出了减轻赋税、

---

① 《明史·职官志》载:凡都司并流官,或得世官,岁抚。

减少官吏员额、治理各地冤狱和减少各地劳役的方法。①

这一系列提法虽然得到了皇帝认可,但是具体执行却必须先解决三司之间的矛盾。于是只能按照惯例从中央派出官员巡抚各地。这些工作早期由十三道御史负责,可御史属于京官,比较安逸。巡抚一职时间既长,所跨地域又广,级别还低,往往出力不讨好,无人愿意担任。

这次朱瞻基决定做出改变。具体措施是设立巡抚、提升品级、固定地域。让六部各拿出一个从二品右侍郎的名额,从京城都察院和其他衙门中选出六个低级别官员,分别担任固定地域的巡抚职务。

就是在这个大背景下,宣宗朱瞻基亲自写手谕给吏部,把于谦从十三道正七品监察御史,直接提拔为从二品兵部侍郎,巡抚山西地方兼提督雁门等关军务,同时巡抚河南等处地方兼管河道提督军务。②之所以提拔于谦任兵部侍郎,主要是为了方便他管理山西境内的边境重镇大同,同时也为了方便他以兵部名义调动驻军,修缮河南境内的运河河道。

一下子提升这么多的级别,难道不是应该每个京官都抢着去?其实恰恰相反,几乎没有人愿意去。巡抚各省是个辛苦差事,风餐露宿是常态,与其他官员明争暗斗是必然。大明的官员

---

① 《明史·杨士奇列传》载:帝以四方屡水旱,召士奇议下诏宽恤,免灾伤租税及官马亏额者。士奇因请并蠲逋赋薪刍钱,减官田额,理冤滞,汰工役,以广德意。

② 《明史·于谦列传》载:帝知谦可大任,会增设各部右侍郎为直省巡抚,乃手书谦名授吏部,超迁兵部右侍郎,巡抚河南、山西。

们推崇"论资排辈",慢慢熬资历,从七品御史之类的小官做起,终其一生熬到三品官员并不是难事。但是,如果整个官场风气再这样下去,敢于突破、想要做实事的官就没有了,而巡抚这个位子就是为那些愿意干实事、不安于现状的人设计的。

于谦就是那个时期想要报效国家、做出实事的人。当年会试于谦一举考中会元,深受杨士奇赏识,本来前途光明,但殿试突然就被贬到几乎落榜的三甲九十二名,他不甘心。如今,于谦在宣宗朝头号大事平定朱高煦叛乱过程中崭露头角。宣宗朱瞻基本来就对他印象不错,会试主考杨士奇又已经成为内阁第一人,加上自己锐意进取,于谦从一群平庸的官僚和进士中脱颖而出,成为大明一代巡抚。

于谦出任的山西、河南两省是这一批巡抚当中地域最大,也是最苦的一个。

山西,元朝治所在大同,明朝改到太原。下辖太原、平阳、汾州、潞安、大同五府、十九州、七十九县。土地方圆四千四百里,洪武年间编户五十九万五千四百四十四户,总人口四百〇七万二千一百二十七人。①

河南,治所在北宋故都汴梁,今天的开封。下辖开封、河南、归德、汝宁、南阳、怀庆、卫辉、彰德八府、十二州、九十六县。

---

① 《明史·地理志》载:山西行省,治太原,领府五,直隶州三,属州十六,县七十九。为里四千四百有奇。东至真定,与北直界。北至大同,外为边地。西南皆至河,与陕西、河南界。距南京二千四百里,京师千二百里。洪武二十六年编户五十九万五千四百四十四,口四百七万二千一百二十七。

土地方圆三千八百八十里,洪武年间编户三十一万五千六百一十七户,总人口一百九十一万二千五百四十二人。①

这就意味着于谦要管理的地方方圆近八千里,人口规模接近六百万。这在古时可不是一个简单的任务。于谦感动于宣宗朱瞻基和杨士奇的知遇之恩,抱着士为知己者死的决心,轻车简从,拜别自己的妻子儿女,毅然踏上了漫长的巡抚之路。②

从宣德五年（公元1430年）到正统十二年（公元1447年）,于谦巡抚地方长达十七年。宣德初年,巡抚制度刚刚诞生,和后世开府建牙、起居八座的封疆大吏不是一个概念。于谦的从二品兵部侍郎职衔实际上是个虚衔,他刚到时甚至都没有一个固定的居所,只能骑马来回奔波,不停往来于山西、河南。而他每天的工作其实是枯燥的,就是从当地的老百姓处了解民情,加以分析整理,然后将情况上奏给皇帝。③

宣德六年（公元1431年）,山西、河南地方发生饥荒。于谦立即将情况上奏朝廷,请求赈济流民,以免发生民变。当时于谦刚到地方不到一年,一来没有熟悉情况,二来前些年只是读书,根本没有实际处理过政务,这时也有些生疏。而宣宗皇帝朱

---

① 《明史·地理志》载：河南行省,治汴梁府八,直隶州一,属州十一,县九十六。为里三千八百八十有奇。洪武二十六年编户三十一万五千六百一十七,口一百九十一万二千五百四十二。

② 《于谦集·先忠肃公年谱》载：公感上知遇恩,单车赴任,旦夜经画,遍历所属地方。

③ 《明史·于谦列传》载：谦至官,轻骑遍历所部,延访父老,察时事所宜兴革,即俱疏言之。

瞻基给予了于谦大力的支持，他知道于谦新官上任，年纪不过三十多，既要解决好政务，还要与当地官员相处融洽，必然会遇到重重困难。于谦这边奏疏一到，宣宗就立即从自己的私产——内帑中拨出三十万两白银交给于谦用来赈灾。

于谦得了这笔赈灾款后十分感动，更加坚定了要报恩皇帝的念头，他不舍昼夜地及时发文，协调各个州府，并将原有储备军粮调出赈灾。山西、河南两地数百万百姓因为于谦的及时反馈、决策和朱瞻基对于谦的信任得以活命，对朝廷更是感恩戴德。[①]这一下，于谦在山西、河南人民心目中的威信自然就树立起来了。

第二节　筑堤防安军济民

赈灾之事在每个朝代都十分重要。在古时，生产力低下，普通民众面对灾荒的抵御能力很差，一旦出现水灾、旱灾、蝗灾，就只能离开故土出去逃荒。这个庞大的群体走投无路、食不果腹，极易产生民变。这一点大明帝国的开国皇帝朱元璋自己就深有体会。元至正四年（公元1344年），朱元璋十七岁，那年家乡安徽凤阳遭遇旱灾和蝗灾，家中父母和哥哥全部饿死。他被迫到皇觉寺剃度为僧，而后凭着和尚身份一路讨饭到合肥，才勉强

---

① 《于谦集·先忠肃公年谱》载：两省之民，赖公存活者数百万。

活命。①之后几年，各地流民越来越多，最终爆发了彻底摧毁元朝统治的红巾军大起义。

所以大明帝国建立之后，朱元璋就把很大一部分精力放在赈济灾民上，甚至到了晚年，他还在兴修水利，以备旱灾。②明太宗文皇帝朱棣虽然靠武力夺位，但也投入了很大精力解决流民问题，史称"水旱朝告夕振，无有壅蔽"。意思就是说一旦得到发生灾情的消息，便会立即派发钱粮，解决灾民的饥荒问题。③明代其他君主，基本上在史书里都有类似记载。

巡抚山西、河南的于谦，此后的几年间最重要的任务就是赈灾。一路行来，于谦也从原来出身江南世家、一心只读圣贤书的学子，变为了一个能充分了解民间疾苦的能员干吏。于谦留有一首题为《悯农》的词，其中有"夜归夫妇聊充饥，食罢相看泪如雨。泪如雨、将奈何，有口难论辛苦，嗟尔县官当抚摩"④两句，虽然辞藻缺乏一丝华丽之美，但却是自小锦衣玉食的于谦真正了解到民间疾苦而发出的心声。老百姓日夜劳作，才能勉强糊口，度日艰难。相比其他只知盘剥的官吏，于谦对百姓、农民的感情是纯朴的，他同情百姓，关心百姓，并决心为老百姓做些

---

① 《明史·太祖本纪》载：至正四年，旱蝗，大饥疫。太祖时年十七，父母兄相继殁，贫不克葬。里人刘继祖与之地，乃克葬，即凤阳陵也。太祖孤无所依，乃入皇觉寺为僧。逾月，游食合肥。

② 《明史·太祖本纪》载：晚岁忧民益切，尝以一岁开支河暨塘堰数万以利农桑、备旱潦。

③ 《明史·成祖本纪》载：即位以后，躬行节俭，水旱朝告夕振，无有壅蔽。

④ 《于谦集·先忠肃公年谱》。

什么。

宣德七年（公元1432年），灾情得到了一定程度缓解，已经有了一定经验的于谦为了那些填不饱肚子的老百姓，开始在辖区内各地着手备荒。他首先从当地收入上等和中等的人家着手，由官府出面购买他们存粮的一成到二成，储存起来备荒。同时，把自己辖区内河南怀庆、陕州已经存储了五年到七年的陈粮拿出来，降价卖给陕西、山西的饥民。除了储备粮食之外，于谦还重点储备了不少药材，以备不时之需。①

除此之外，河南地区最大的问题还是来自那条中华民族的母亲河——黄河。历朝历代，每次黄河大水都是中原王朝的一次大劫难，不仅会使灾区颗粒无收、横尸千里，甚至会导致一个政权的衰败。荒芜的场景、哀号的百姓，深深触动着于谦的神经，使他整治河道的决心无比坚定。于谦决定通过加固黄河大堤，彻底解决水灾问题。要治理黄河水患，加固河堤只是第一步，关键的还是要立下有效的管理机制，保证河堤随时处于良好的状态。于谦想出了一个很好的办法，沿黄河大堤每里指派一位亭长负责修缮、维护河堤，这样一来就明确了责任人。同时为了加固大堤，还要求他们在堤岸上种植榆树和柳树来保持水土，修建水井以便民使用。《明史·于谦列传》载：河南近河处，时有冲决。谦令厚筑堤障，计里置亭，亭有长，责以督率修缮。并令种树凿井，榆柳夹路，道无渴者。

---

① 《于谦集·先忠肃公年谱》。

于谦在任的十七年里，有记载的河南境内黄河溃决共三次，而开封附近未曾溃决一次。在此期间，河南粮食丰收，还可以救济山东、陕西的流民。于谦治理黄河成效颇丰，深得民心。当他蒙冤之时，山西、河南吏民为其上书求情；当他将要离任之时，百姓更是依依不舍，送别数十里。

赈济灾民、修筑堤坝这些事不过是于谦为民所做的一部分，他作为兵部侍郎巡抚山西、河南，还有一个重要的职责就是做好山西省所属大同镇的边境防御工作。

大同，因为其独特的地理位置——向东屏障京城、向西掩护河套、向南保护山西、向北讨伐漠北蒙古，成为连接整个大明北方防线的核心枢纽之一。太宗朱棣时代，大同成为大明帝国北方防线上最重要的九个据点之一。这九个据点被通称为"九边"。所谓"九边"是明朝北方最重要的九个边陲要点，①分别是辽东、蓟州、宣府、大同、榆林、宁夏、甘肃、太原、固原。这九个据点不是简单的九个城市，而是以城市为核心、具有极大战略纵深的国防守备区。②

这九个国防守备区不仅各自独立，相互之间也可以彼此支援。"九边"由此形成了守护整个明朝的一条关系国运的边防线。其中五个国防守备区与北平有关，另外四个则是以西安为核

---

① 《明史·地理志》载：皆分统卫所关堡，环列兵戎。纲维布置，可谓深且固矣。

② 《明史·地理志》载：其边陲要地称重镇者凡九：曰辽东，曰蓟州，曰宣府，曰大同，曰榆林，曰宁夏，曰甘肃，曰太原，曰固原。

心守备明朝西部边境。

明太祖朱元璋时代,明朝"九边"重点在西安、北平两个点,用力基本相同。等到明太宗朱棣迁都北京之后,防御重心立即变为蓟州、辽东、宣府、大同这四个点。

可到明宣宗朱瞻基和明英宗朱祁镇时代,情况又有了新的变化。因为长时间没有出现大规模战争,加上在整个山西省中,大同的地理位置相对孤立——被燕山山脉和太行山脉夹在中间的一个小盆地,从太原到大同的路途十分艰辛,偶尔还会遇到个别蒙古鞑靼部或瓦剌部的散兵游勇劫掠。所以在于谦之前,巡按山西的御史往往不愿意到大同去。

时间一长,大同一带的边军缺乏管制。于是,大同府一带世袭为官的"勋贵派"武将开始逐渐将大同军户变成了自己的佃农甚至农奴,属于朝廷的军屯田也变成了他们的私有财产。这个问题十分严重,原本用于生产军队粮食的土地变成了私田,原本用来保家卫国的军人变成了农民,如果真有战事,哪里还有战斗力?

于谦作为兵部侍郎巡抚山西,大同镇的问题自然是迫切需要治理的。其问题核心是"勋贵派"武将需要接受朝廷监察,不可再胡作非为下去。于是他立即上奏内阁和宣宗朱瞻基,要求山西巡按御史不再监察大同府,而是单独设立大同府御史,监察边关情况。朱瞻基自然明白大同的重要性和问题的严峻性,立即准奏,派出几个刚刚被选中的进士前往担任御史,立即出巡大同。这些靠中进士被封为御史的文官,个个都是十年寒窗熬出来的,面对这些世袭罔替的"勋贵派"武将，心中自然不满，而且武将的所作所为实在是有违国家法制，有违自己读的圣贤书。所以，到任不久，这些御史便开始弹劾"勋贵派"，不少横行一时的达官显贵纷纷下狱，剩下的立马变得服帖。

紧接着于谦推出第二步治理方案：把大同府之前被夺为私田的土地全部收回，按照明太祖朱元璋时代的法律，将这些地方全部改成官田，所得收入全部用于这些卫国戍边的将士，让他们重新成为一名真正的士兵，同时又抓紧对军士们的操练，提升了大同府的战斗力。

于谦的第一招是先治标，第二招就是后治本。双管齐下，解决了这个困扰宣宗朱瞻基，也是困扰大明多年的大问题。

一时之间，于谦在山西、河南一带威望大增，从民众到官员，从军士到将领，都对他心怀敬畏，甚至流传下来这样一个故事：有一次于谦出巡，夜晚经过太行山，山里的盗匪将其截住。结果双方在黑暗中刚打个照面，于谦用他特别的杭州口音怒斥盗匪，这帮人才发现对面的人是巡抚于谦，便立即散去，边跑还边在黑暗中解释："于大人，您大人大量，我们不知道是您啊！"①

这一段时间，于谦的巡抚工作特别繁忙，但他依然不改文人本色，登高必赋。宣德九年（公元1434年）冬天，于谦在太原北门城楼上写下一首诗：

---

① 《于谦集·先忠肃公年谱》载：公厉声斥责："如何为者？"群盗始觉悟："不止为我公也。"

塞北穷冬候，无风也自寒。

楼高窥朔漠，无事莫凭栏。①

从这首诗可以看出，于谦实际上并不是人们通常认知下的那种愤世嫉俗的形象，他心中充满了对改变现状的期待，又对贫苦百姓有着深深的悲悯之心。他没有让皇帝失望，巡抚晋豫的经历，让于谦逐渐成为一个深刻了解民间疾苦、能担起天下兴亡的大明擎天之柱。

也许是冥冥中自有天意，于谦在山西灵石县南焉乡高壁村的高壁山上祭拜了大汉朝开国军神韩信。当年吕后在未央宫中杀死韩信，将其首级派人送给远征代地的刘邦，结果使者在灵石一带碰到得胜班师的汉高祖。看到韩信的首级，刘邦感念他在楚汉相争时的功劳，遂将其首级埋在灵石县的高壁山上。

于谦在此地留下了一首《过韩信冢》：

蹑足危机肇子房，将军不解避锋芒。

成功自合归真主，守土何须乞假王。

汉祖规模应豁达，蒯生筹策岂忠良！

荒坟埋骨山腰路，驻马令人一叹伤。②

---

① 《于谦集》于谦研究会，杭州于谦祠编，魏得良点校，中国文史出版社，2000。

② 《于谦集》于谦研究会，杭州于谦祠编，魏得良点校，中国文史出版社，2000。

这首诗里，于谦没有去写韩信为创建大汉帝国立下的赫赫战功，反而对当年韩信在楚汉相争的危急关头，持兵自重，要挟刘邦封自己为假齐王的事情对韩信进行了批评。"子房"指的是张良张子房，韩信向刘邦求封时，他就在刘邦身边。张良用踩脚的办法（蹑足）提醒刘邦，结果刘邦才勉强答应了韩信的请求，却埋下了韩信身死的种子。于谦感叹韩信最后之所以被杀，还是自己心里动了谋反的念头——临终后悔没用蒯通（蒯生）的计谋三分天下。

《明史》里面反复暗示，于谦的性格导致了他的悲剧。其实这是一种把皇帝看得至高无上，想尽办法为皇帝辩护的说辞罢了。岳飞也是如此，只因对宋高宗赵构不满，因一句"官家不修德"的牢骚而被后世质疑忠诚。反倒是赵构和朱祁镇这两个千古昏君，一个成了"中兴之主"，一个变成了"历史仁君"，实在是让人唏嘘不已。

当然这都是后话，此时的于谦已经马不停蹄地转到河南，解决那里的另一个大问题——运河。

第三节　疏运河清理冤狱

大明建都北京后，最大的问题就是粮食。明太宗朱棣时代，随着大明帝国政治中心北移，官属、军队、皇室涌入北京。原本的边疆重镇北平改称北京，人口也大量迁入北京周边，这里不如江南地区富庶,如何让这些人吃饱饭,成为大明朝廷必须解决好的问题。当时中国北方的粮食产量远远不足以供给北京城的人口和驻军,为此必须找到办法把江南粮食转运到这里,保证军队和官员的需要,不至于过度盘剥百姓。这就需要疏浚大运河、打通南北交通命脉。

大运河是隋朝遗产,但是隋炀帝并没有把大运河从头挖到尾,他只是把之前历朝历代挖好的运河重新连接起来,形成今天京杭大运河的雏形。不过挖好河道还只是第一步,关键是每年都必须花费大量金钱和人力来维护运河,而且这只有大一统王朝能够做得好。在整个唐代,都是国家的经济命脉。五代十国时期,战乱频繁,大运河年久失修,出现淤塞,逐渐丧失了联通南北的功能。两宋时期,整个大运河只有南段被利用,最北端长期被控制在辽、金等少数民族政权手中,已经常年失修,河道淤积严重,不堪再用。

到了元末乱世,红巾军和元军围绕黄河和开封城反复厮杀多年,特别是于谦巡抚的河南卫州(今新乡)一带,运河河道甚至都已经不复存在。现在要重新疏浚大运河,最难的其实就是这一小段。

洪武年间,收复北平,北方驻军粮食需求巨大,运输只能依赖海运。[①]虽然可以解一时燃眉之急,但是运力有限,特别是海运无法借助人力,受气候影响大,当时海运一年只能供给北方七十万石粮食,不能完全满足北方需求。到了明太宗朱棣北伐蒙

---

① 《明史纪事本末·河槽转运》载:航海侯张赫、舳舻侯朱寿俱以海运功封,岁运粮七十万石,止给辽左一方。

古诸部时,为了增加北运粮食数量,遂决定清理淤积,迅速恢复运河。最终决定调用军队来解决问题,朱棣增设漕运总兵官,并将这个职务交给了靖难之役时帮他渡过长江的陈瑄。①

陈瑄到任后,一方面设立天津卫,确保海运通畅。②另一方面将南段运河的物资集中到阳武上岸,走陆路运输到卫辉,再从卫河经过白河运至通州储存。③经过他的努力,每年北京一带接受的运粮量增长到二百五十万石,但仍然满足不了北方日益庞大的人口对粮食的需要。

为了根本解决问题,大明派出工部尚书宋礼重新开通运河北段的会通河。④会通河是元朝开挖的一条运河,但是当时修会通河所引的几处水源地的水量并不大。史称这条运河"岸狭水浅,不任重载"⑤,不能通过大船,运力大打折扣。而且黄河的决口让会通河彻底淤塞,无法使用。

为了解决这个问题,宋礼一改过去清淤的方法,使用了老人白英构筑戴村坝蓄水清淤的策略,确保了运河水量。⑥之后又开

---

① 《明史·职官志》载:总督漕运总兵官一人。永乐二年,设总兵、副总兵,统领官军海运。后海运罢,专督漕运。
② 《明史纪事本末·河槽转运》载:建百万仓于直沽尹儿湾。城天津卫,籍兵万人戍守。
③ 《明史纪事本末·河槽转运》载:令江南粮一由海运;一由淮入黄河至阳武,陆运至卫辉,仍由卫河入白河至通州。是为海陆兼运。
④ 《明史·宋礼传》载:河至临清,引汶绝济,属之卫河,为转漕道,名曰"会通"。
⑤ 《明史·宋礼传》。
⑥ 《明史·河渠志》。

出几条新河道，同时增设水闸，最终重开会通河河道，让整个大运河北段被彻底打通。

贯通南北的大运河，打通了大明王朝的经济命脉，让大明帝国的心脏——北京获得了来自江南源源不断的输血。朱棣也终于有力量应对北方蒙古游牧骑兵发起的大规模进攻。

于谦在河南治理运河时，继承了宋礼的策略，加修蓄水坝，维护运河。① 同时他开始积极在运河一带存储粮食，以备不时之需。由于河道运输通畅，仓储稳定，加上内阁和宣宗朱瞻基不断减少赋税的政策支持，整个河南一带的粮食价格普遍下降。这样一来，整个河南、山西的老百姓基本上都能活下来，生产力逐渐上升，靠着老百姓养活的各地藩王也过得很滋润。河南一地的藩王和百姓都对于谦的评价很高，尤其是宣宗的亲弟弟襄王朱瞻墡，多次在哥哥面前称赞于谦是个能臣。

另一方面，于谦的实际职位还是监察御史，所以他的主要工作还是监察官员。他履行了自己的职责，不仅肃清吏治，还实事求是地保护了很多地方官员。比如山西的一位参议刘孔宗，因为自律廉洁，不愿与他人同流合污，引起了其他同僚的不满。山西省的一些贪官诬告他贪赃，而且还祸及家人，想要将他的全家发配边疆。这些贪官在山西一带的关系网盘根错节，势力不小。眼看刘孔宗在劫难逃，于谦知道了这个情况，立即亲自上书为刘辩白。虽说强龙不压地头蛇，但是这个说法在于谦这里行不通。

---

① 《于谦集·先忠肃公年谱》载：贮水次以备掩卷之势。

这帮贪官开始抱团,想要扳倒于谦,有人联合了京城里山西籍的"文官党"和一些之前被于谦整治过的"勋贵派",开始集体上书为自己辩驳,向于谦泼脏水。可是内阁批文直接照准了于谦的奏疏,刘孔宗无罪开释。这帮人才反应过来,原来于谦的身后是内阁元老杨士奇,甚至还有皇帝。

第四节　才能现内阁雅重

这帮山西地方官可能确实不知道,当年主张提拔于谦的就是本朝内阁的头号人物杨士奇。

内阁是大明帝国的"特产"。原本内阁只是指皇城中的皇家图书馆,由朱元璋首创。这里收藏全国的藏书、典籍,本来是皇帝自己读书学习的地方,只是皇帝经常会找几个心腹大臣前来陪伴。内阁大臣逐渐就与皇帝有了更多的接触机会,也就更具影响力,甚至在某些时候可以有部分决策权。

内阁真正成为一级行政机构,还是由明太宗文皇帝朱棣确立的。早在建文四年(公元1402年)八月,朱棣刚刚代替侄子朱允炆称帝时,就组建了大明首届内阁。朱棣亲选七人入阁:侍读解缙,编修黄淮,侍读胡广,修撰杨荣,编修杨士奇,翰林检讨金幼孜、胡俨。[1]最初的目的和朱元璋时代一样,即帮助皇帝查

---

[1] 《明史·成祖本纪》八月,侍读解缙、编修黄淮入直文渊阁。寻命侍读胡广,修撰杨荣,编修杨士奇,检讨金幼孜、胡俨同入直,并预机务。

找各类资料,负责将皇帝口述的诏书加工润色为正式诏书。后来大明帝国两京十三省的政务实在过于繁杂,有些政务又属于例行公事,所以皇帝逐渐把这些人当成自己的私人助理使用,工作性质类似于秘书。

明代学士品级是正五品,职责是"掌献替可否,奉陈规诲,点检题奏,票拟批答,以平允庶政"。①这七个人当时都是清一色的小官,且永乐年间的内阁"不置官属,不得专制诸司"。②所以严格来说,这时的内阁学士不是皇帝的秘书,真正的秘书是各部尚书。内阁学士应该是皇帝的顾问、老师和学友。

后杨士奇、杨荣、杨溥三人组成了"三杨内阁",内阁学士的含义开始不同。他们都是历经成祖(永乐)、仁宗(洪熙)、宣宗(宣德)、英宗(正统)四朝(公元1403~1449年)的宰辅重臣,在朝臣中德高望重、声誉卓越,是政坛上的风云人物。因居地、郡望不同,时人称杨士奇为"西杨",杨溥为"南杨",杨荣为"东杨"。在他们的合力辅佐下,明朝在洪武之后的半个世纪,出现了一个"天下清平,朝无失政,中外臣民翕然"的大好局面,因此,《明史》有"明称贤相,必首三杨"的说法,可见,三人确实是居功至伟。

三人皆于建文帝时期进入翰林院,前后侍奉过永乐、洪熙、宣德、正统四代皇帝,是名副其实的"四朝元老"。洪熙元年

---

① 《明史·职官志》。
② 《明史·职官志》。

（公元1424年），仁宗朱高炽嗣位，杨溥入内阁与杨荣、杨士奇等共典机务，开始了三杨共同辅政时期，仁宗勤于政事，修建弘文馆，与大臣们谈论经史，不知疲倦。三杨帮助仁宗制定国策，轻徭薄赋，与民休息，俨然一派和平景象，创下了明朝政治中的一段佳话。提拔、庇护于谦的正是这三个人。三位中的杨士奇前面已经提到，另外两位也值得一说。

三杨中的杨荣，本名杨子荣，建安人。在三人中最早得到朱棣信任。建文四年（公元1402年）六月，靖难北军攻入南京时，杨荣第一时间拦住准备入宫的朱棣。但他不是要为他保驾，而是为了提醒朱棣一句：继位之前要先去祭拜朱元璋。①这一句话点醒了朱棣，也让他认识了三十二岁的杨荣。不久朱棣把杨荣召入内阁，成为内阁七人中最年轻的一个。史称他"谋而能断"②，是继姚广孝之后，最被朱棣倚重的心腹智囊。

永乐四年（公元1406年），三十六岁的杨荣就穿上了二品朝服。杨荣虽是朱棣身边炙手可热的红人，但是他特别谨慎，没有卷入太子朱高炽和汉王朱高煦的夺嫡之争。朱瞻基登基后，杨荣的地位渐渐不如杨士奇，杨士奇已经任尚书的时候，他只是太常卿。虽屡次伴随皇帝征战，但地位已经远远不如永乐时代。

三杨中的最后一位杨溥，石首人，和杨荣是同科进士。永乐初年就被选在皇太子朱高炽身边为太子洗马。太子洗马是汉代就

---

① 《明史·杨荣传》载：殿下先谒陵乎，先即位乎？

② 《明史·杨荣传》。

有的官员名称，"洗马"原本应该写作"先马"，意思是给太子出行时的先导，也就是辅佐太子，教太子政事、文理的官员。

永乐十二年（公元1414年），朱棣第二次北征回京，太子朱高炽因迎驾来迟等事，被朱高煦参奏一本，朱棣听信了奏言，将东宫官属全部下狱，杨溥也未能幸免。朱高炽继位后，立即把杨溥放了出来，继续做官。但他真正入阁是到明英宗正统三年（公元1438年），比杨士奇、杨荣晚了三十多年。

这三个人有一个共同点，那就是特别欣赏于谦。只要是于谦递交上来的奏折，都立即上奏给皇帝阅览批示。①三杨这样做，就是准备日后让于谦入内阁，来接替自己的位子，因为自宣宗朱瞻基时代，于谦就是被当成宰相培养的。因为三杨中的杨士奇并非进士出身，当时的内阁也没有日后"非庶吉士"不得入阁的传统，反而更注重行政中的实际经验。太宗朝的名臣宋礼、夏原吉都是这样的人。宣宗朱瞻基也和杨士奇看法一样，坚持"宰相必起于州部"的理念，准备让于谦在基层再锻炼一段时间就调回北京任职。

可是事情的发展并没有按照三杨的想法运行下去。首先重用于谦的宣宗朱瞻基在位十年就撒手人寰，内阁还没来得及把于谦调回来。其次，继位的英宗朱祁镇年少轻狂，喜欢学习自己的曾祖父明太宗朱棣，想要和他一样横刀立马，横扫大漠。他不喜欢自小教他读书的杨士奇等人，反而看重身边的宦官王振，并按照

---

① 《明史·于谦传》载：初，三杨在政府，雅重谦。谦所奏，朝上夕报可，皆三杨主持。

王振的想法联络"勋贵派"武将朱能等人，利用兵权打压朝堂上以内阁为首的"文官党"——三杨一派，试图削弱内阁权力。三杨自顾不暇，且年龄已长，开始逐渐淡出历史舞台。

正统五年（公元1440年），杨荣卒，时年七十岁，赠太师，谥号"文敏"，三杨内阁的一角崩塌。①正统九年（公元1444年）三杨内阁的核心人物杨士奇也出事了。他儿子杨稷仗势杀人，当场被拿下大理寺问罪，朝里王振的同党趁机对他进行弹劾。杨士奇担忧过度，病卒，时年八十岁，赠太师，谥"文贞"。②正统十一年（公元1446年）七月，杨溥卒，时年七十五岁。

三杨人已不在，于谦在内阁彻底没了依仗。接替三杨的曹鼐等人均是英宗朱祁镇正统年间钦点的状元，于谦这个永乐年间的进士自然和他们格格不入，也就根本没有可能让于谦入阁秉政。而且曹鼐等人的理由也很正当，于谦当年殿试的时候不过是三甲，只能继续巡抚山西、河南。

于是于谦在巡抚的位置上一直干了十七年。其中，他三十八岁那年，次子夭折；四十八岁那年，夫人董氏病逝。③直至正统十二年（公元1447年），于谦八十岁的老父亲于彦昭在杭州老家病逝。于谦伤心欲绝，立即按照惯例上报吏部，要求守制回家丁忧。可英宗朱祁镇竟然未批准，后来御史还在王振的指示下上

---

① 《明史·杨荣传》。
② 《明史·杨士奇传》载：赠太师，谥文贞。
③ 《于谦集·先忠肃公年谱》。

书弹劾于谦,直接把他降职为大理寺卿。

干了十几年没有功劳也有苦劳,最后落得这样的下场,所有人都义愤难平。整个山西、河南官场十多年间受到于谦恩惠的官吏、百姓开始集体上书,要求为于谦平反;河南的襄王、周王也为这个十几年来帮自己尽心尽力照看家产的好官喊冤。

据说此时在狱中的于谦写下了最为人所熟知的那首《石灰吟》:

千锤万凿出深山,烈火焚烧若等闲。
粉骨碎身浑不怕,要留清白在人间。①

有人考证这首诗不符合格律诗的平仄韵脚,诗文虽好,却大概率不是于谦本人所做,更像市井说书人的唱词。该诗最早的出处来自万历年间钱塘文人孙商亮所著章回体小说《于少保萃忠全传》。这本明代章回体小说和其他同一时期专门描写怪力乱神的志怪、志人小说完全不同,是以于谦长子于冕的《先肃愍公行状》为蓝本,基本尊重历史事实的历史类小说,在当时算小说中的异类。也有传说此诗是于谦十七岁时所作,意在突出他少年英才。具体的创作时间甚至创作者都要画一个问号,但于谦毫无疑问是这种"石灰精神"的践行者。

虽然因为时代局限性,《于少保萃忠全传》中有不少于谦是

---

① 《于谦集·石灰吟》。

文天祥转世的描写，但其书中塑造的三个主要人物于谦、徐珵、石亨，都脱离了简单的脸谱化表达，从正反两个方面做了精彩的描写：于谦既突出了他公、忠、勤、能的优点，也没有掩饰他性格过于耿直、不善与人交往的缺点；徐珵虽然是卖友求荣、极度自私的全书第一反派，但是也描写了他治水的功绩和能力；石亨作为武将的战功和勇武，也没有被作者一笔抹杀。

可能正是因为这种过于史学化的描写，让这本书并不如《三国演义》《隋唐英雄传》《说岳全传》这样忠奸分明的小说受欢迎，但这并不影响作者对于谦的深厚感情。从书中很多细节描写可以看出，作者孙商亮对于谦感情真挚，充满崇敬，《石灰吟》这首诗也代表了当时绝大多数人对这位保家卫国的民族英雄的尊敬。

不久之后，王振在所有人的一致劝说下，同意把于谦调回北京继续担任兵部侍郎。只是当时谁也没想到，很快土木堡风云突变，北京城狼烟四起。

第三章 土木国殇

正统十四年（公元1449年），原本经历"仁宣之治"正当春秋鼎盛的大明帝国，因英宗朱祁镇轻敌冒进，宦官王振误国，数十万明军将士被瓦剌也先所部歼灭，史称"土木之变"。

如日中天的太平盛世，瞬间便有亡国之危。幸得于谦力挽狂澜，带领军民打赢北京保卫战，方得避免大明再遭"靖康之耻"。

第一节 瓦剌兴边关告急

大明正统十四年（公元1449年）初，任兵部侍郎的于谦向明英宗朱祁镇报告：对大明纳贡称臣的蒙古瓦剌部突然反叛，其首领也先（也称额森，本书统称也先）率十多万骑兵南下，向大明辽东、宣府、大同和甘州多地攻来，情况万分紧急。

明朝建立后，被驱逐到漠北的北元政权在朱元璋和朱棣的打击下，分裂成了鞑靼、瓦剌、兀良哈三部，其中鞑靼部为蒙古正统，占据蒙古高原西部；瓦剌部原为成吉思汗时代的"林中百姓"，他们常年生活在蒙古高原以西到叶尼塞河流域；兀良哈部则是成吉思汗时代的东道诸王，盘踞在今天我国东北一带。三部之间，时分时合，利则相聚，患则四散。明初，三部军事实力上鞑靼最强，兀良哈次之，瓦剌最弱，人数远不及其他两部。

随着历史车轮不断前进，三部实力此消彼长，形势发生了变化。洪武年间，大明第一代名将徐达、李文忠、冯胜、傅友德、蓝玉多次北征鞑靼、兀良哈。永乐年间，大明皇帝朱棣五次亲征，饮马斡难河，勒石擒胡山，打得鞑靼雪夜北奔、兀良哈跪地称臣。原本实力强大的两部损失惨重，只能求瓦剌来救命。恰好此时的瓦剌首领马哈木也有野心，三方一拍即合，瓦剌趁机东进。

永乐十二年（公元1414年）六月，瓦剌首领马哈木与永乐大帝朱棣在忽兰忽失温大战一场，史称"忽兰忽失温之战"①，又叫"三峡口之战"。马哈木统帅三万瓦剌骑兵与明军血战一天，关键时刻，幸亏朱棣麾下最为精锐的红甲宿卫重骑兵在他的孙子朱瞻基的带领下发起冲锋，才击退对手，艰难取胜。②三峡

---

① 今蒙古温都尔汗，作者注。
② 《明史纪事本末·亲征漠北》载：铁骑驰击，呼声动天地，马哈木特不能支，大军乘之，遂大溃走。

口之战,马哈木虽败,却在草原各部中打响了名头,成为蒙古三部公认的英雄。马哈木顺其自然地除掉了不敢迎战朱棣的傀儡鞑靼可汗本雅失里,抢走了"故元传国玺"①,有了号令全蒙古的能力。此后马哈木一面向大明称臣,"贡马谢罪"②,一面将精力集中到统合蒙古内部和积蓄实力上。在他的经营下,瓦剌韬光养晦,实力不断增强。

永乐十四年(公元1416年),马哈木去世,儿子脱欢继位。此后,瓦剌一边坐视鞑靼、兀良哈继续被大明不断打击削弱,一边积蓄实力,不停蚕食两部,静静等待时机。

八年后,机会来了。永乐二十二年(公元1424年)秋,大明太宗文皇帝朱棣③准备北征鞑靼,听到风声的鞑靼太师阿鲁台不敢抵抗,仓皇率部北逃,路上经历暴风雪,鞑靼人马多冻死,军队皆离散。④脱欢趁机出手杀掉阿鲁台,从名义上统一了草原各部。

随着朱棣去世,他的继承人仁宗朱高炽、宣宗朱瞻基没有继续他联合草原各部中弱小势力,扶植其向强大势力挑战的"羁縻战略",瓦剌也就趁着这十多年的战略机遇期,继续蚕食其他两

---

① 《明史·瓦剌列传》。

② 《明史·瓦剌列传》。

③ 朱棣庙号本为"明太宗",后在嘉靖年间改为"明成祖",本书统称为"明太宗",作者注。

④ 《明史纪事本末·亲征漠北》载:秋闻朝廷出兵,挟其属遁。及冬,大雪丈余,人畜多死,部曲离散。

部，全力东扩，实力不断壮大。

其间，脱欢继续讨好大明，争取发展时间。宣德初年，脱欢主动向明宣宗朱瞻基上书，报告消灭阿鲁台的情况，并"诚恳"地提出把从鞑靼夺回的传国玉玺献给大明以示臣服。①宣宗皇帝也借机对瓦剌予以册封，认可脱欢的地位，准许封贡贸易。结果，双方各取所需：瓦剌得到了发展壮大的时间，大明也赢得了十多年的太平。

宣德十年（公元1435年）朱瞻基去世，太子朱祁镇继位，改元正统。正统初年，脱欢仍然对大明毕恭毕敬：他按时朝贡，按规行礼，协助大明扫荡鞑靼。其实此时瓦剌对大明的威胁已经超过鞑靼，可大明内部虽然有人看到了危险，却没有采取进一步的措施。正统元年（公元1436年），大明帝国军事统帅成国公朱勇上书英宗朱祁镇：脱欢吞并鞑靼可汗朵儿只伯，实力越来越大，需要提防。这个判断非常正确，但朱勇却没有理由也没有勇气提出对瓦剌宣战，只是建言趁着草原各部争斗，多备粮食，加强守备，守好长城，仅此而已。②

此时支撑大明帝国的两根支柱是世袭武将组成的"勋贵派"和科举文官出身的"文官党"，他们左右着大明帝国的内外政策。而"勋贵派"里的武将们都不想和强大的瓦剌兵戈相向，只

---

① 《明史·瓦剌列传》载：王杀阿鲁台，见王克服世仇，甚善。顾王言玉玺，传世久远，殊不在此。王得之，王用之可也。

② 《明史·瓦剌列传》：今瓦剌脱欢以兵迫逐鞑靼朵儿只伯，恐吞并之，日益强大。乞敕各边广储积，以备不虞。

想继续攻打已经被削弱得不成样子的鞑靼、兀良哈诸部,"挑软柿子捏"以求战功。最终,朱勇带兵出征攻打已经被打残的鞑靼、兀良哈诸部,进一步把他们推进瓦剌的怀抱。

大明朝廷的另一根支柱,科举出身的"文官党"此时也面临青黄不接的问题。随着时间流逝,以杨士奇为首的"三杨内阁"逐渐淡出历史舞台,新入阁的曹鼐等人资历太浅,于谦虽然官居兵部侍郎,但对朝廷大政方针却并没有影响力。"文官党"的注意力基本上被国内纷繁复杂的各项政务和与"勋贵派"的斗争所吸引,并未投入太多的注意力到和外敌作战上。

原本朝廷上下对蒙古瓦剌部的政策就有问题,雪上加霜的是这时大明还出现了第一个专权的宦官——司礼监掌印太监王振。

王振,河北蔚州人(今蔚县),早年读书,中过秀才。明朝中秀才难度比较大,所以王振当年还是具有一定才学的。可王振接下来没有像其他秀才那样继续考举人、考进士,而是为了获得进宣宗朱瞻基创办的司礼监的资格,他选择入宫成为一名宦官,想通过这条"捷径"快速实现自己的"宏图大志"。

宦官多是出身贫苦,为生活所迫。而秀才身份的王振粗通经典、略晓文史,在这个群体中立即显得鹤立鸡群,朱瞻基甚至让他做了太子朱祁镇的老师,朱祁镇一生都对他十分尊敬——只称先生,不呼名字。

正统六年(公元1441年)十月,大明帝国举行三大殿落成典礼宴会,按惯例身为皇帝家仆的宦官是不可能有座位的。可王振自诩帝师,一看没有自己的位子,便十分不满地说:"周公辅成王，我独不可一坐乎？"①他自认辅佐朱祁镇可堪比周公辅佐成王，怎么能因为身份而没有位子呢！朱祁镇听到这话竟然深以为是，主动给他设了座，四朝元老杨士奇竟然也没有异议。

这一坐意味着王振已经进入大明权力的核心层。他的底气来自宣宗、英宗时代逐渐形成的内阁票拟和司礼监批红的制度。这种制度要求大明帝国的所有公务都由内阁诸大臣共同商议并提出解决方案，这个拟订方案的过程称为"票拟"；递交给内廷后，一些一般性公文就由司礼监秉笔太监统一按照程序给出意见，称为"批红"，最后由司礼监掌印太监盖章成为正式公文。

也就是说，内阁元老杨士奇的"票拟"必须要王振掌印的司礼监批红、盖章才能变成正式诏令。所以朝中无人愿意得罪他。

就在大明内部问题不断的时候，对大明保持克制的瓦剌首领脱欢去世②，他儿子也先上位，大明开始有麻烦了。

这个麻烦最早爆发在瓦剌与大明之间的"封贡贸易"上，并最终成为引发双方战争的导火线。所谓"封贡贸易"指的是：小国、附庸国以"贡"的名义给大明献上"贡品"，奉大明正朔，用大明年号；大明以"封"的名义给他们封号，给予使者财物赏赐。一般大明给的赏赐价值要远远大于这些附属国的"贡品"。结果是称臣的附庸势力得到了实惠，而大明得到了面子，皆大

---

① 《明史纪事本末·王振用事》。

② 按照谷应泰《明史纪事本末》的说法，脱欢死于正统八年（公元1443年），这里采用《明史·瓦剌传》的说法，为正统四年（公元1439年），作者注。

欢喜。

当使者能得赏赐,附庸国自然人人都愿意来,而大明帝国自然要对人数加以限制。原本脱欢时代瓦剌和大明帝国的朝贡贸易,使者不过五十人。①可也先一上台,使者就增加到二千人,大明的招待成本涨了四十倍,而且从也先继位开始,瓦剌年年都来大明纳贡,还有很多瓦剌人混进使团,到大明境内打家劫舍,浑水摸鱼,沿途骚扰百姓,大明上下怨声载道。②

正统八年(公元1443年),大明下令停止和瓦剌的"封贡贸易",同年七月,明英宗朱祁镇下令边境将领防范瓦剌,做好战争准备。③之后几年,双方在边境线上虽剑拔弩张,也没有爆发真正意义上的冲突。就这样一直耗到正统十一年(公元1446年),也先觉得再这样耗下去对自己不利,就借口讨伐兀良哈报效大明,希望恢复"封贡贸易"。一番讨价还价后,正统十四年(公元1449年)初,朱祁镇同意恢复中断六年的"封贡贸易"。

也先立即派来了三千人的"使团"队伍,要求大明按照人数予以"赏赐"。④朱祁镇对也先不老实的态度很不满意,通过司礼监王振下令礼部核实人数,削减封赏数量,按六百人的标准

---

① 《明史·瓦剌列传》。

② 《明史·瓦剌列传》载:使往来多行杀掠,又挟他部与俱,邀索中国难得之物。

③ 《明史·英宗前纪》载:敕边将备瓦剌也先。

④ 《明史·瓦剌列传》载:瓦剌使来,更增至三千人。

"赏赐"。①也先不高兴了,以此为借口,发兵攻打大明。正统十四年(公元1449年)七月,秋高马肥,蒙古瓦剌部首领太师也先率十余万蒙古骑兵南下,向大明帝国发起攻击。这是自洪武初年,北元王保保(扩廓帖木儿)围攻兰州之后近八十年来,蒙古对大明帝国发起的规模最大的一次战略进攻。

七月十一日凌晨,整个大明的北方边境线上"羽书踵至"。②刚刚从巡抚任上回京的大明兵部左侍郎于谦正在兵部职方司整理告急文书,准备朝会上向英宗朱祁镇报告。当时最坏的消息来自大同镇,大同参将吴浩战死猫儿庄③。大同、宣府、蓟州、辽东四镇是明朝保卫首都北京的重要据点,参将是明军正三品高级武官,大同镇这样级别的将领有十多个,情况还不算太糟。于谦和兵部属官商议后,觉得现在需要搞清楚瓦剌也先的主攻方向,并制定策略应战。

第二节 排众议英宗亲征

正统十四年(公元1449年)七月十一日的朝会上,大明兵部尚书邝埜和兵部左侍郎于谦开始汇报军情。

---

① 《明史·瓦剌列传》载:礼部按实予之,所请又仅得五之一。
② 《明史·瓦剌列传》。
③ 《明史·瓦剌列传》。

据兵部掌握的情报，瓦剌部统合鞑靼、兀良哈两部精锐，瓦剌太师也先拥立的蒙古共主、傀儡大汗脱脱不花率兀良哈部三万人进攻辽东；也先亲信阿剌知院所部三万人进攻宣府；也先本人率瓦剌本部九万精锐骑兵进攻大同，已经取得一些战果；别遣一支偏师约万人进攻甘州，牵制明军西部兵力。

听完邝埜和于谦的汇报，朱祁镇感到不可思议。因为之前二十多年时间里，大明朝堂一直认为草原骑兵根本没有对大明发动大规模攻势的能力，最多出现一些匪徒劫掠罢了。正统年间，明军几次出塞，都未见到大规模的蒙古骑兵，①怎么就突然冒出数量如此庞大的军队呢？

邝埜久任兵部尚书，对北边草原诸部的情况比较熟悉，他先介绍瓦剌太师也先祖孙三人近十年来统一蒙古的情况，然后对蒙古此次出兵的战略目的做了预判：也先对大明发动大规模战略攻势有对内、对外两个目的。

对内的目的是立威。这次大明拒绝瓦剌"封贡贸易"，给了他借口来发动一场对明战争，希望通过战争巩固自己在蒙古内部的地位。对外的目的就是劫掠。也先利用"封贡贸易"骗取大明财物的把戏被拆穿，就直接改成明抢。

也先此时有胆量组织如此大规模的军事入侵，在于他通过大量安插在大明朝廷和民间的间谍，获知了明军的底细。此时大明最高军事机关——五军都督府衙门里充斥着"勋贵派"的酒囊

---

① 《明史·杨洪列传》载：北未尝大举入寇，惟朵颜三卫众乘间扰边，多不过百骑，或数十骑。

饭袋。十年前的正统四年（公元1439年），就有御史上书弹劾这些"勋贵派"，称他们"逢迎赌博之相师，醉醺饱鲜之是尚，忽军旅之事而不修，玩祖父之功而不恤。万一有警，岂能运筹策奋，威武为朝廷建功立业乎？"①

世袭祖宗的功劳，却没有祖宗的本事，一旦边关有紧急军情，必定难当大任。所以昨天当大同方面兵败的消息传来北京，邝埜和于谦并不意外。

宣德年间，统领大明帝国军务、掌管五军都督府的是英国公张辅。张辅是"靖难"名将，他虽然是靖难之役大功臣张玉的长子，可他的爵位是自己真刀真枪挣来的，在军中威望甚高，史称"雄毅方严，治军整肃，屹如山岳"。②但宣宗朱瞻基对他比较忌讳，收了他的兵权，交给成国公朱勇掌管。

朱勇是靖难之役另一大功臣成国公朱能的儿子，但他缺乏军事头脑和指挥能力。正统九年（公元1444年），朱勇独立领兵进攻蒙古兀良哈部，动员了几万人马，结果却毫无收获。被官员弹劾"劳师无功"，被外敌"视如婴儿"③。

朱勇作为最高统帅，却如此无能，这让也先看到了希望，才敢举兵而来。

看邝埜不说话，于谦见朱勇本人也在场，就没有点破这个问

---

① 《明实录·英宗实录》。
② 《明史·张辅传》。
③ 明·叶盛《水东日记》。

题，而是进一步分析此次也先用兵的战略。结合当前的军报，于谦认为，瓦剌军的主攻方向应该集中在宣府、大同一带。因为这一带地形对草原骑兵有利。一般人会认为大同、宣府地形多山，不利于骑兵大兵团作战，可这个问题是相对的。大同是北京西北面的重要据点，宣府是北京北面最后一道屏障，连接两个战略要点的是桑干河河谷走廊地区。燕山山脉在河谷走廊北部，太行山脉在河谷走廊东南部，都可以为军队开进提供掩护屏障，同时也限制了步兵大兵团的展开。整个作战地域谷地多、隘口多，反而便于骑兵兵团来往穿插。步兵因为机动性受到限制，难以完全展开，无法发挥大兵团兵力优势。一旦被困在山谷里，就有全军覆没的危险。

尽管也先占了一些优势，但于谦认为瓦剌绝对不具有彻底灭亡大明的实力，蒙古人此次南下的目标更多的是抢劫。理由有二：首先，也先只是瓦剌部的首领和蒙古傀儡大汗手下的太师，没有当年成吉思汗的号召力，蒙古内部貌合神离；其次，大明在与蒙古休兵的时间里，也有了长足的发展，正如日中天，在大同、宣府、蓟州、辽东和首都北京一线可以集结五十万大军，其中精锐神机营、五军营、三千营，合称"三大营"，过去二十年内罕有对手，是草原诸部心中挥之不去的梦魇。据此，于谦认为当务之急是搞清楚敌人动向，明军主力在京师完成集结，守住北面居庸关和西南紫荆关，不能轻易出战。宣府、大同各部应紧守防区，减少损失，待明确敌人动向后再做计划。

接下来，于谦开始汇报已经收到的战况。

辽东方向损失惨重。军报称蒙古军三万攻入大明境内，攻破大明屯驻地八十处，掠走一万三千余人口，马六千余匹，牛羊两万余只，盔甲二千余副，明军广宁守将赵忠战死。①

甘州方向，由于距离太远，军报未到。

宣府方面，情况尚好。蒙古阿剌知院攻入长城，攻克据点赤城，包围了明军宣府防区重要据点马营，并切断了水源。此时驻守在这里的是正统、景泰年间大明第一名将宣府总兵杨洪。杨洪祖上虽然也是"勋贵派"的一员，但和其他只知道吃喝玩乐的"勋贵派"不同，杨洪文韬武略，也很喜欢结交文官。

于谦与杨洪交好，称他"胸盘韬略而鬼神莫测，手操剑戟而星斗垂芒"，"知其内者以为孙、吴、管、乐，识其外者以为卫、霍、关、张。"②于谦认为杨洪的智慧可以比肩武庙十哲里的孙武、吴起、管仲、乐毅；勇武可以和武庙七十二将里卫青、霍去病、关羽、张飞四个人相提并论。

草原诸部当然深知杨洪威名，他在草原各部有个更为响亮的名号"杨王"。因而阿剌知院的部队只是在城外进行了劫掠，不敢逼近攻城。所以宣府方面的情况还算稳定，毕竟后面还有居庸关天险，杨洪只需率本部四万人马寻机为马营解围即可。

大同方面，是此时战局的焦点。

---

① 《明实录·英宗实录》载：达贼三万余人入境，攻破驿堡屯庄八十处，房（掳）去官员军旗男妇一万三千二百八十余口，马六千余匹，牛羊二万余只，盔甲二千余副。

② 《于谦集·颍国武襄公杨洪画像赞》。

也先本部的九万人马是当时草原各部中战斗力最强大的一支。

大同总兵是"勋贵派"西宁侯宋瑛和武进伯朱冕。宋瑛是大明帝国开国功臣宋晟的儿子,他娶了朱棣女儿咸宁公主,成了驸马爷。朱冕是"靖难"名将朱荣的儿子,于谦任巡抚时,就知道这两人一贯靠着背景出身,在地方上作威作福,如今大敌当前,兵力又处于劣势,必然不能抵挡。

于谦向皇帝和诸位在场的大臣指出,此时宣府方向兵力对比为四万对三万,明军略占优势;而大同明军守军有四万多人,要面对也先九万精锐,处于绝对劣势,所以当务之急是立即支援大同。邝埜也同意这个看法,并建议有丰富实战经验的驸马都尉井源率三万精锐部队前往支援大同。在场的朱勇和内阁诸位成员也都认为这个办法比较稳妥,纷纷表示附和。

可朱祁镇听后摇摇头,不但没有接受邝埜的意见,反而宣布了一个令所有人震惊的决定:御驾亲征。

从朱祁镇角度去看,他是在兑现早年给父亲宣宗朱瞻基的诺言。朱祁镇七岁时,宣宗朱瞻基亲征鞑靼,得胜回朝后曾问朱祁镇,如果敌军犯境,他是否有勇气亲征御敌。朱祁镇当着满朝文武的面回答:敢!①如今这些人大部分都还在,未经世事的朱祁镇想起自己当年立下的承诺,所以决定亲征。

当然,这里面少不了王振的鼓励和纵容。从王振角度看,这是实现自己比肩周公的人生理想的最好时机,一定要把握住。他

---

① 《明实录·英宗实录》。

和朱祁镇都把打仗视同儿戏，可真正的战争是赌上众多将士的生命，一旦失败后果不堪设想。眼见朱祁镇、王振如此草率、仓促地提出亲征，于谦自然不能坐视不管。

第三节　阻亲征犯颜急谏

于谦虽然知道皇帝亲征的心意，却不敢迎合。他立即和邝埜一起表态反对亲征，表面的理由是当前边关还没有太多问题，皇帝只需要在金銮殿运筹帷幄，就可以击退敌人。兵凶战危，皇帝亲征万一不利，就会危及社稷宗庙。①这话说得还算客气，可朱祁镇偏偏不听。

当时，"文官党"普遍反对英宗亲征，其中最激烈的是"文官党"领袖、吏部尚书王直，他的理由和邝埜、于谦类似，但理由更加充分：

国家备边最为严谨。谋臣猛将，坚甲利兵，随处充满，且耕且守，是以久安。今敌肆猖獗，违天悖理，陛下但宜固封疆，申号令，坚壁清野，蓄锐以待之，可图必胜。不必亲御六师，远临塞下。况秋暑未退，旱气未回，青草不丰，水泉犹塞，士马之用未充。兵凶战危，臣等以为不可。②

---

① 《于谦集·先肃愍公行状》载：圣朝备边最为严谨，将士用命，可坐收功，不必亲率六师以临塞下，皇上宗庙社稷之主，诚不可不自重。

② 《明史·王直列传》。

于谦、邝埜、王直的一连串表态，涉及朝堂内部世袭武将"勋贵派"和科举出身"文官党"的斗争。当时明军四大边防重镇宣府、大同、蓟州、辽东，三个出现报警，两个已经有了败绩，这个时候还称边防没问题是自欺欺人，出兵迎战瓦剌是正确的战略决策。那么，以王直、邝埜、于谦为首的"文官党"为什么要反对呢？他们反对的不是出兵，而是皇帝亲征，根本上还是因为他们并不信任"勋贵派"的作战能力。

可麻烦在于"文官党"的一番言语，反而激发了朝堂上"勋贵派"的斗志。而且他们普遍认为，瓦剌不过就是二十年前被大明太宗文皇帝打得落花流水的丧家犬而已，如今也只是虚张声势，不堪一击。"勋贵派"这种意气风发的"大志"，恰好迎合了皇帝朱祁镇兑现承诺的心态，也迎合了王振做周公的"夙愿"。

"勋贵派"支持亲征，"文官党"反对亲征，王振和皇帝渴望亲征。最终于谦等文官的反对无效，亲征大事就这么草草地决定了。

从表面上看，亲征与否是一场大义之争，但真实的情况可能要更加现实一点。因为第二天也就是七月十二日，朝廷发出了第一道命令，对出征部队进行赏赐：赐在京各营操练者银一两、革鞋两双、行粮一月；做炒麦三斗、兵器共八十余万，每三人配驴一头以负辎重，总都指挥以上加赐钞五百贯。① 可以看到，"勋

---

① 《明实录·英宗实录》。

贵派"获得了实实在在的赏赐。而朱祁镇决定亲征还有一个重要原因,他想像父亲一样利用军事行动在朝臣中树立自己的威信。同时,依附在皇帝身边的王振则打算利用皇帝亲征,来巩固自己在朝堂上的地位。

其实正统年间,大明帝国的前朝遗留的高级文官们纷纷被构陷、下狱,就是王振和朱祁镇立威的手段。

比如,兵部尚书邝埜在正统元年(公元1436年)十二月,曾被以"边议稽缓"①的罪名下狱。紧接着,吏部尚书王直,户部尚书刘中敷、王佐,侍郎吴玺、陈瑢,礼部尚书胡濙,兵部尚书王骥,刑部尚书魏源、金濂,侍郎何文渊、周忱,右都御史陈智等二品大员都在正统年间先后被以各种罪名下狱。

以兵部侍郎衔巡抚河南、山西的于谦也没能逃脱牢狱之灾。正统六年(公元1441年)三月,他也被王振罗织罪名下狱。按照《明史》中的说法,于谦入狱是一场误会。起因是王振讨厌一个名字和于谦相似的御史,王振命自己朝堂中的党羽寻找罪名弹劾此于谦。②当时山西一带对于谦不满的官员,向山西籍御史李锡举报于谦进京述职时,举荐参政王来、孙原贞暂代自己职务的回文还没收到就动身进京。李锡正在寻机攀王振的高枝,得到这个消息后如获至宝,立即上书弹劾于谦,罪名是"擅举自代",意思就是于谦没有得到朝廷批示,就擅自让官员接替自己,按

---

① 《明史·英宗前纪》。

② 《明史·于谦列传》载:适有御史姓名类谦者,尝忤振。

《大明律》这是死罪。

《明史》关于这一段的描述来自于谦之子于冕写的《先肃愍公行状》。出于对王振的痛恨和对于谦的同情，后人对于谦被捕的事情有一番精彩的演绎。清康熙年间，于谦后人于继先编的《先忠肃公年谱》对于谦被捕给出了一个普遍认可的解释：于谦被抓是因为进京的时候，由于奉公守法，一身正气，没有私下里给王振好处，①当有人问他拿什么礼物送给王振时，于谦回答："送他两袖清风。"由此产生流传千古的两句诗："两袖清风朝天去，免得闾阎话短长。"②两相比较一下，似乎后一种说法更符合情理。

后来王振大事化小，只把于谦贬为大理寺少卿，没过一年就又把他调回北京，复任兵部左侍郎。

现在朱祁镇亲征，本质上还是要延续自己依靠"勋贵派"和王振进一步打压"文官党"，在朝堂上立威的策略。

无论如何，皇帝出征，兵部必须派人随行。一开始，英宗朱祁镇准备带于谦一起出征，结果突然又把从征的人改成了兵部尚书邝埜，让于谦留在北京主持兵部事务。临时改安排，很可能就是之前两人被构陷入狱时的不同反应导致的。带着听话的邝埜总比带着从不服软的于谦方便行事。③

---

① 《于谦集·先忠肃公年谱》载：时太监王振用事，嫌公无私谒，言官劾其擅举自代罪。

② 明·叶盛《水东日记》。

③ 《于谦集·先肃愍公行状》载：初，上命公随征。忽改遣邝埜，留公理部事。

谁也没有想到，这个不经意的决定改变了大明帝国的命运。

正统十四年（公元1449年）七月十六日，大明皇帝英宗朱祁镇亲征瓦剌。从决策到出发仅仅五天时间，如此仓促的真实原因很可能是王振和英宗朱祁镇急着通过亲征进一步立威，担心日久生变。

随朱祁镇亲征的阵容极为豪华："勋贵派"以太师英国公张辅、太师成国公朱勇为首；"文官党"以兵部尚书邝埜、户部尚书王佐为首，还有内阁学士曹鼐、张益等随从出征，自然也有司礼监掌印太监王振伴驾。

负责留守监国的郕王朱祁钰、司礼监秉笔太监金英、吏部尚书王直、礼部尚书胡濙、工部右侍郎高谷和兵部侍郎于谦等一众文武官员一起为大军送行。

朱祁镇和王振披挂上马，统领着曾经百战百胜的"三大营"精锐，一步步走向死亡。

第四节　蠢王振利令智昏

正统十四年（公元1449年）七月十六日，英宗朱祁镇统帅大军浩浩荡荡离开北京前往大同。王振和朱祁镇虽一奸一昏，但他们麾下的"三大营"却是一支让蒙古人胆寒的精锐部队。

这支部队大有来头：靖难之役中，朱棣用计从宁王朱权那骗来了天下精锐骑兵朵颜三卫，将其编成"三千营"；后来在东昌城下见识了盛庸的火器后又新编了"神机营";加上混成兵团"五军营",合称"三大营"。这支部队巅峰时总兵力有五十万之巨,而且军备精良,是当时世界上最强大的军队。

但是由于出征仓促,明军没有时间像以往一样,利用锦衣卫充分收集情报,所以对瓦剌军的具体动向、战役企图和真正实力完全不了解,战场对明军而言充满迷雾。

相反,瓦剌也先却对大明很熟。他擅长用间,在出兵之前,就利用明军大量雇佣蒙古人的特点,在明军中安插了大批间谍,获取战役、战场情报。此外,也先积极派人联络大明宫廷内的宦官,获取了朝堂之上很多有价值的战略情报。可以说,也先对明军的行动了如指掌,战场对他是单向透明的。

七月十七日,驻扎在京郊的明军在龙虎台集合点兵。按照当时明朝在北方边境的布防来看,北京城附近配属了十八万人马,其中令也先最畏惧的火器部队"神机营"就有四万多人。辽东、蓟州、宣府、大同按照编制每镇大约有固定部队四万到五万人,合计近二十万人,居庸关、山海关、紫荆关等重要关口各配属有两万至三万部队防御,还有机动骑兵部队"三千营"五万多人,明军总兵力确实有五十万大军。

但这五十万人是整个边防线上的总兵力。朱祁镇统领的从北京出发的军队人数在八万左右[①],主要是"神机营"精锐。除此之外,成国公朱勇统帅五万"三千营"精锐骑兵,驸马井源带

---

① 《李朝实录》载:七月十七日,皇帝领兵八万亲征。

三万人马往大同支援,还有吴克忠、吴克勤兄弟统领的一万人马,宣府杨洪和大同宋瑛驻军加起来也有七八万人。此外,北京驻军还有十万,以及作为战略预备队在河南山东集结的备倭军约十五万人。

由于明军处于防御态势,预备队距离宣府、大同主战场过远,起不了什么作用。看似庞大的明军相较于也先在大同投入的九万人、阿剌知院在宣府的三万人而言,不但没有优势,反而被分割在宣府、大同两个区域,有被各个击破的可能。

七月十七日夜里,明军大本营就发生了夜惊。这是蒙古瓦剌的潜伏间谍为拖延明军行进速度进行的袭扰,目的是为也先击破大同守军争取时间。果然,明军后两天行军速度慢得惊人,到七月十九日大军才到达居庸关,两天仅仅行进了四十里左右。

而也先这边却如秋风扫落叶。早在两天前的七月十五日,也先就已经亲率蒙古瓦剌军九万主力,一举击溃了明军在大同的主力部队。宋瑛、朱冕两位主将在阳和兵败,双双被杀,他们的部下石亨父子在一片混乱中逃回北京,刚刚前来支援的井源率领残部撤回大同。

万幸的是重镇大同还在明军手里。

七月二十日,明军主力从居庸关出发前往怀来,七月二十四日,大军终于到达宣府。宣府总兵杨洪汇报,刚把阿剌知院围困马营的部队击退,但事出仓促,他并未获知也先的战略目的,只是隐约感觉事有蹊跷。此时,从征的内阁大臣以及邝埜等"文官党"领袖纷纷向英宗朱祁镇进言:大军暂停宣府,不要向大同方向开进，至少等弄清楚了对手的情况再说。

其实此时，明军驻军宣府是战略上的最优选项。因为战场上的任何决策都应该建立在对战场的全面感知能力上，此时明军对战场感知能力几乎是零：既不知道敌人的具体动向，也不知道敌人的目标。应该先停下来，将战场情况搞清楚。而且此地距离北京很近，方便明军补给。

王振和英宗朱祁镇却对此不以为意，仍坚持按照原计划全军沿桑干河西进，向大同进发。这除了无知者无畏，实在是找不到理由来解释他们的决定。不过幸运的是，也先并没有在路上对明军发起攻势的计划。原因是他对明军"三大营"，尤其是装备火器的"神机营"十分忌惮，他知道能打败宋瑛、朱冕是因为对方轻敌，加上自己安排的间谍打乱了明军的队列。所以他希望引诱明军离开大同堡垒地域，向北进入预设战场和瓦剌军进行野战。

五天之后，七月二十九日，朱祁镇带着明军主力来到阳和，与先期到达的朱勇、井源、吴家兄弟等近八万人马会师，此时明军已经完成战役集结，至少有十七八万人马汇集在了一起，不怕对手突袭了。

不过这五天的行军，却十分不顺利，明军遭遇了连日的阴雨。部队在雨中行进艰难，十分疲惫。①特别是"神机营"的火药、火器在雨天行军中损坏不少，为后来的大败埋下了伏笔。

---

① 《明史纪事本末·土木之变》载：连日风雨，人情汹汹，声息愈急。

八月一日，大军抵达大同。从阳和战场上逃出来的镇守太监郭敬见到了上司王振。郭敬声泪俱下、绘声绘色地向王振描述了阳和之战的惨烈场景。从来没有上过战场的王振这次是真的怕了，朱祁镇也怕了。加上由于出兵的决策过于仓促，明军给养开始出现问题，还没到大同已经缺粮，甚至出现士兵饿死在半路的情况。①朱祁镇大为慌乱，又做出了一个决定——撤回北京。朱祁镇安排好官员接替宋瑛大同总兵的职务后，就准备返回北京。

按王振的解释，此次皇帝亲征没碰到敌人，是因为敌人已经"闻风而逃"，达到了亲征"立威"的目的。此时，随征的"勋贵派"和"文官党"都想早点回到北京，所有人达成一致，明军决定班师。

可具体走哪一条路呢？这个时候，在大同的明军有两条路可供选择。第一条道路就是原路返回，出大同经阳和，沿桑干河河谷一路向东，经宣府过居庸关回到北京。另一条路是转道东南，经蔚州，走紫荆关回北京。

两条道路各有优劣。原路返回最大的问题是危险，整条路上都有可能遭到蒙古瓦剌骑兵的攻击。因为敌人在阳和、马营都出现过，这一路山势复杂，说不准什么时候敌人就会发起攻击。而且大军行进必须要沿着桑干河河谷走，这样虽然便于获取水源，但全军其实处在一个侧水侧敌的危险境地，十分不利。但是这条路也有好处，那就是相对比较近，如果快的话约

---

① 《明史纪事本末·土木之变》载：未至大同，兵士已乏粮，僵尸满路。

十天时间就可以回到北京,慢的话十五天也可到达,途中还有明军一系列城防堡垒作为依托,距离军事基地宣府也只有七天路程,方便补给和防御。

转道东南相对来说比较安全,那个方向还没有出现关于敌军的警报,瓦剌军不太可能突然出现。因为大同、宣府依然还控制在明军手里,也先孤军跨过桑干河追击明军主力过于冒险,与于谦等人分析的瓦剌军"立威为主,抢劫为辅"的战略目标不一致。但是这条路绕道太远,耗时太长。明军从北京出发时只带了一个月的粮草给养,还没到大同就已经出现了问题。而且沿途没有相应的兵站、基地接应,这样一来必然会对沿途的州郡县带来比较大的破坏。

《明史》记载,明军本来是想改道紫荆关,王振也想邀请皇帝去自己家中,以光耀门楣。但走了一半,王振又担心如此庞大的军队会毁坏自家田地,又临时改道从宣府原路返回。①这种说法"解决"了当时明军最严重的给养问题。此外,朱祁镇此次亲征的根本目的是立威,结果没见到敌人便要撤退,并未达到他的意图。所以在他看来,即使班师,也要堂堂正正地原路返回,至少不至于颜面扫地。

因此,大军最终决定原路返回北京。八月三日,明军从大同启程东返。为了掩护主力部队,明军也做了一些相应的安排:以吴克忠、吴克勤兄弟所部一万人先行开路,朱勇统帅"三千营"

---

① 《明史·宦官传·王振传》载:振初议道紫荆关,由蔚州邀帝幸其第,既恐踩乡稼,复改道宣府。

五万骑兵随行，王振和英宗朱祁镇率领中军八万紧跟其后，井源率三万人马断后。全军按照这个队列，沿着桑干河浩浩荡荡向宣府行进。

原本也先得到谍报，明军主力十八万人已经准备经宣府回北京时也很意外。按照最初设想，明军在大同完成集结后一定会北上追击瓦剌军，这样就可以将其引入预设战场，彻底消灭。他没想到明军部队刚集结完毕，就要打道回府。这样一来，他的战略目的也没达到。他原本把主力七万人集结在大同以北的燕山山脉的预设战场附近，另两万人部署在大同附近，监视明军动向。明军忽然向东撤退，他的这些布置和预设战场全部作废，必须临时改变战略。

经过一番思考，也先放弃了预设战场，改变部署，下令追击明军。他首先传令大同附近的两万骑兵跟踪明军前进，保持对明军主力的不间断侦察。接下来，也先从主力七万人马中分出弟弟孛罗、平章卯那孩率领的一万最精锐骑兵绕过燕山山脉，从宣府以北的赤城进入长城，支援阿剌知院。自己率领蒙古瓦剌主力六万人马随后跟进。这样一来，蒙古瓦剌军的主力七万人就避开了大雨，虽然路程比明军远得多，却逃过了明军的侦察，提前部署到了明军的北面。同时阿剌知院所部三万人马控制了鹞儿岭这一通往宣府的重要隘口，以逸待劳，占据先机。

七天之后，八月十日，明军抵达宣府，由于也先改变部署，他们一路上平安无事。此时明军上到英宗朱祁镇和王振，下到普通士兵都认为已经脱离了最危险的时刻。因为宣府至居庸关只有五天路程，途中还有鸡鸣驿、怀来等坚固堡垒可以作为依托，瓦剌军野战能力再强，也奈何不得这些坚城。

八月十二日夜，在京城的于谦得到大军已经进入宣府的消息后，也算松了口气，毕竟明军虽然在大同、辽东损失惨重，但是主力十八万人基本无损，只要再过几天把部队撤回居庸关，安排好防务，跟蒙古瓦剌军对峙，凭大明帝国的国力，胜利只是时间问题。

这天夜里，于谦请来侍读徐珵、刘薄探讨《易经》。出生吴地的徐珵和出生钱塘的于谦算是老乡，他在宣德年间中进士，被选为庶吉士，进入翰林院做编修①，后来又被朱祁镇选为侍读。徐珵博学多才，尤其对《易经》和天文颇有研究，他和于谦经常一起讨论《易经》。

其间，徐珵指着"荧惑入南斗"②的不祥星象，跟刘薄窃窃私语一番，声称他早几天就发现了这个预示着大灾降临的星象，已经把家眷送回南方老家了。

听闻此事，于谦抬头一看天空，顿时也觉不祥，他忽然想到皇帝亲征，还是要保险一些为上策。于是他匆忙送走二位，连夜赶回衙门，以兵部名义下令河南、山东备倭军，让他们抓紧时间集结，随时接令出兵，不得延误。同时，他急令居庸关、怀来所部做好准备，随时接应皇帝大军回銮。接着他又叫人把刚从大同

---

① 《明史·徐有贞列传》载："选庶吉士，授编修。"

② 《明史·徐有贞列传》。

逃回的大将石亨、石彪父子找来兵部，共同研究军情。

可惜时间已经来不及了。正统十四年八月十七日，一份军报送到北京，于谦看后不禁倒吸一口凉气："师溃，死者数十万，帝北狩。"①

第五节　遭国殇土木之变

究竟是什么情况可以让十八万大军在五天之内全军覆没？

时间回到八月十日，赶了七天路的明军主力在宣府城内总算是可以喘口气。来回十几天雨中急行军，明军队列混乱，辎重也落在后面。

此时，军情有些变化。明军已经发现，宣府以北，蒙古阿剌知院部全军集结在鹞儿岭一线。鹞儿岭是今天张北县窑儿沟村，是燕山南北走向的重要隘口，也是从燕山以北直插宣府的捷径。从这里到宣府二百八十里，到土木堡约四百里。如果明军继续延桑干河前进，经过鸡鸣驿、怀来撤往居庸关的话，那么阿剌知院的这支部队随时都有可能在鹞儿岭侧击明军，必须派兵对这支敌军进行警戒。

此时，明军有两个选择，要么快速退往居庸关，要么留在宣府一线布防和瓦剌军死战。两个选择看似都有一线生机，可此时的明

---

① 《明史·英宗前纪》。

军已经冒雨行军快一个月,原本蒙古骑兵最忌惮的"神机营"的火器已经完全不能发挥威力,盔甲刀剑也开始生锈,全军将士极度疲乏。加上后勤粮食不足,大量存粮还在通州未能转运。在这种情况下和敌人决战,即便是立功心切的朱祁镇也觉得不是明智之举。所以他最终决定全军启程,退守居庸关,返回北京。

敌前撤退,明军必须做出防备。为了防御鹞儿岭的蒙古瓦剌军,吴克忠、吴克勤兄弟所部一万人马作为先锋部队,警戒全军左翼。等大队撤入怀来城后,这队人马将转往鸡鸣驿作为殿后部队,徐徐撤入居庸关。成国公朱勇统帅本部"三千营"五万骑兵接应吴家兄弟并作为第二梯队,进行机动作战,全力保障大军左翼和后方的安全。朱祁镇率领中军八万沿桑干河,经鸡鸣驿、怀来向居庸关撤退。宣府总兵杨洪统帅宣府驻军约四万人,继续固守西面隘口,向西警戒也先率领的蒙古瓦剌主力,以宣府支点,作为全军后卫,死守宣府一线。井源率三万人马为全军后卫,保持对西警戒,同时护送辎重部队缓缓退入居庸关。

看似天衣无缝的计划,毁在了明军对战场的感知能力上。当时明军认为北面鹞儿岭一带的蒙古瓦剌军只有阿剌知院三万人,所以只派一万人去警戒。明军始终认为也先主力——九万蒙古瓦剌骑兵只会从西面的大同方向出现,不会从北面来。殊不知八月十三日,也先率领瓦剌主力七万骑兵已经绕道燕山以北,与阿剌知院三万人马在鹞儿岭方向会师,此时北面的瓦剌骑兵已经有十万之众!

挡在这十万蒙古骑兵面前的只有吴克忠、吴克勤兄弟所部的一万人马。二人也和明军其他人一样,都认为也先的主力只能从西面而来，北面只需要警戒，没想到会有十万大军突然出现在自己面前，面对兵力接近一比十的劣势，地利又被敌方提前占据，吴家兄弟毫无胜算。①明军全军覆没，吴家兄弟双双战死。②

吴家兄弟遇袭的消息传到了成国公朱勇那里，他立即率五万骑兵前往支援。明军情报说鹞儿岭只有阿剌知院所部三万人马，朱勇手上有五万骑兵，加上吴家兄弟的部队，共有六万人，已经是一场富裕仗了。结果，朱勇军在鹞儿岭再次中伏，在内应的帮助下，也先向朱勇五万骑兵发起猛攻，此战明军打得相当壮烈。永顺伯薛绶面对敌人重重包围，一直到箭矢射完、弓弦断开，还拿着半截空弓和敌人搏斗，誓死不屈。③明军在周围制高点都被敌人控制、后路又被阻断的情况下，奋战了一天，最终全军覆没，朱勇战死。④原本掩护全军的精锐骑兵，灰飞烟灭。

连续两场败仗，六万明军全军覆没，加上在阳和被消灭的宋瑛、朱冕部的几万人马，这已经是大明立国以来前所未有的惨败。剩下的十多万明军步兵，将在既无火器、又无骑兵的情况下，直面蒙古瓦剌十万骑兵的冲击！

再战已经没有本钱，此时对皇帝和王振来说，唯一的选择就

---

① 《明史·吴允诚列传附吴克忠传》载：寇突至，骤战不胜。敌兵据山上，飞矢石如雨，官军死伤略尽。

② 《明史·吴允诚列传附吴克忠传》载：克忠下马射，矢竭，犹杀数人，与克勤俱殁于阵。

③ 《明史·薛斌列传附薛绶传》载：弦断矢尽，犹持空弓击敌。

④ 《明史·朱能列传附朱勇传》载：中伏死，所帅五万骑皆没。

是逃跑。八月十三日，蒙古瓦剌军主力还在鹞儿岭和朱勇等人死战，十四日时，王振和朱祁镇率领的明军主力已经到达土木堡。此时两军主力相距尚有近四百里，明军距离最近的据点怀来城只有二十里，距离居庸关只有一百里，骑马也就两个小时的路程。明军虽然败了，但离逃出困境仅一步之遥。

但就在这里，明军又停了下来。

明军停下来的理由竟然是王振坚持不肯走了。他不走的原因有二，其一辎重部队没有跟上，辎重部队里面有王振的私财；①其二，桑干河南岸出现了少量瓦剌骑兵，拦住了大军的去路。②兵部尚书邝埜面对这种情况，再也按捺不住，他要求剩下的少量骑兵立即保护皇帝退回居庸关，其他部队严阵以待，殿后死战。③但是被王振坚决拒绝。邝埜不顾一切闯宫死谏，王振破口大骂邝埜是书呆子，命人把他赶了出去。④邝埜无奈，只能和户部尚书王佑在朱祁镇驻地外抱头痛哭。

邝埜所说的举全军之力掩护皇帝撤退是完全可行的，但这样做和这次出征的政治目的相悖，因此被王振否决：皇帝为立威而来，结果全军覆没，单人匹马地逃回去，岂不会被天下人耻笑吗？

---

① 《明史纪事本末·土木之变》载：以王振辎重千余两未至，留待之。
② 《明史·曹鼐列传》载：八月辛酉次土木。瓦剌大至，据南河。
③ 《明史·邝埜列传》载：请疾驱入关，严兵为殿。
④ 《明史·邝埜列传》载：腐儒安知兵事，再言者死。

不过无论如何，明军不应该继续待在土木堡。经历一连串坏消息打击后，初上战场的朱祁镇已经彻底慌乱，丧失了基本的判断力。当他得知河对岸有蒙古骑兵时就已吓得魂飞魄散，在王振的劝说下，他认为现在要退入居庸关已经不现实。而怀来在土木堡西边，此时再回怀来去，等于把自己送入敌人怀抱。鹞儿岭离土木堡四百里，依照明军的行军速度来推测，蒙古骑兵最快也要三四天才能杀到此地。这时暂时在土木堡固守两天，等朱勇带领的残余骑兵回来，驱散桑干河南的蒙古瓦剌骑兵，把大军尽量完整地带回居庸关才是上策。

而此时，上天似乎跟朱祁镇、王振开起了玩笑。连绵不断的降雨停了下来，由于土木堡没有能够供应十几万大军的水源，淋了一个月雨的明军又开始缺水。本来明军每次扎营，都会派人专门查看地势水源。但王振已经吓破了胆，完全没有理会这些细节问题，结果导致全军驻扎在土木堡的一块台地上，掘井两丈余而不见水。①

眼看全军陷入绝境，王振想出的办法竟然是派人去跟蒙古瓦剌军谈判，愿意用金钱换一条活路。毕竟在他眼中，蒙古人打仗只为求财。奉命去谈判的是状元出身的内阁学士曹鼐②。谈判出乎意料地顺利，桑干河南岸的瓦剌人很爽快地同意了王振的提议。他们本来人数不多，又没有接到任何进攻明军的命令，所以

---

① 《明实录·英宗实录》。
② 《明史·曹鼐列传》载：帝召鼐草诏答之。

在收了一大笔钱后,决定第二天把路让出来。

八月十五日,南岸的蒙古骑兵绕着明军大营跑了几圈,眼看明军数量不少,便退走了。这时王振代表朱祁镇下了人生最后一道军令:"移营就水。"① 听到这个命令,渴了几日的明军行列大乱,士兵们不顾一切地奔向桑干河,场面一时失控。

而就在此时,也先和阿剌知院率领的十万蒙古铁骑一夜急驱四百里,赶到了土木堡!看见明军一片混乱地在桑干河附近抢水喝,直呼天助我也!他立即下令以孛罗、平章卯那孩的一万精锐骑兵为先锋,其余大军全部出击。瓦剌骑兵行军日久,终于迎来了决战,他们不顾疲劳、从四面八方向乱成一团的明军杀了过去。② 明军全军不成阵列,瞬间崩溃。瓦剌骑兵大喊"脱甲者不杀",结果许多明军卸下衣甲,依然遭到了瓦剌骑兵无情地屠戮,他们如待宰羔羊一般四散乱跑,场面极其惨烈,整个桑干河里,明军的尸体堆积如山,甚至堵塞了河水。③

兵败如山倒,随从出征的大臣除了李贤等少数人之外,英国公张辅、兵部尚书邝埜、户部尚书王佑、两位内阁学士曹鼐等数百位从征大臣全部被杀。当时明军最精锐的一支部队全军覆没,随军的二十多万匹骡马,和大量衣甲器械、装备辎重,全被抢

---

① 《明实录·英宗实录》。
② 《明史·曹鼐列传》载:寇骑蹂阵入。
③ 《明史纪事本末·土木之变》载:大呼解甲投刀者不杀。众裸袒相蹈藉死,蔽野塞川。

走,这一仗也先赚得盆满钵满。①

王振也在这场败仗中被杀,不过他的死法有一定争议。《明史·宦官列传》中只说他在混乱中被乱兵所杀。②后世又延伸出两种说法:一种说法是王振被护卫将军樊忠用锤杀死,这种说法"解气",但不太可信。③另一种说法是王振自杀,这一说辞来自亲历此事的生还者——明英宗朱祁镇。④

而此战最耻辱的是大明皇帝被活捉了:朱祁镇眼看兵败如山倒,四周一片混乱,自知插翅难逃,便下马盘起腿,面向南方而坐,等着瓦剌兵来俘虏他。⑤

皇帝御驾亲征,结果几十万大军灰飞烟灭,朝廷一干重臣尽数折损,皇帝也被敌人俘虏。此时风雨飘摇中的大明帝国,又当如何,坐镇京师的于谦该如何应对呢?

---

① 《明史纪事本末·土木之变》载:骡马二十余万,并衣甲器械辎重,尽为也先所得。

② 《明史·宦官列传王振传》载:振乃为乱兵所杀。

③ 《明史纪事本末·王振用事》载:护卫将军樊忠者,从帝旁以所持棰捶死振,曰:"吾为天下诛此贼!"

④ 《明实录·英宗实录》载:车驾北征,振以腹心扈从,将臣失律,并以陷没,即引刀自刎。

⑤ 《明史纪事本末·土木之变》载:师既败,上乃下马盘膝面南坐。

第四章 救时宰相

正统十四年（公元1449年）八月十七日，大明朝廷接到土木堡兵败战报，大明后宫女眷试图用金钱赎回皇帝，却如泥牛入海，有去无回。

朝廷内外也乱成一片。于谦挺身而出，力拒南迁之议，劝郕王朱祁钰登基御宇，平息左顺门事变，扫清朝中王振余党，调兵遣将，不负"救时宰相"之名。

第一节 帝北狩明宫大乱

八月十七日，土木国殇，英宗被俘。消息传来后最先乱的是大明后宫。

后宫里最慌乱的是明英宗朱祁镇的皇后钱氏。钱皇后出生海州钱家,祖上据说也是名门望族。宣宗时代,被选为太子朱祁镇的正妻。英宗继位后,钱皇后在正统七年(公元1442年)正位东宫。① 土木之变,钱皇后两个兄弟钱钦和钱忠都跟随在英宗朱祁镇身边,全部战死。钱皇后把全部家当当作赎金交给也先,想要赎回朱祁镇,却有去无回。钱皇后终日以泪洗面,哭瞎了一只眼睛。②

此时,大明后宫里还能主事的是孙太后。

宣宗朱瞻基去世,英宗朱祁镇继位,孙太后成了大明后宫一言九鼎的存在。此时,孙太后唯一的儿子朱祁镇被瓦剌俘虏,她虽然在宫中拥有话语权,但没有其他皇子继承皇位,在京城血脉最近的皇子就是郕王朱祁钰。她只能去找郕王朱祁钰的生母吴太妃。

朱祁钰是宣宗朱瞻基的次子,因为父亲死的时候年纪太小,他的郕王爵位还是哥哥朱祁镇封的。面对孙太后让朱祁钰临时监国的请求,吴太妃明确提出,要朱祁钰继位才可答应。

后宫孙太后做主已经有七年,这期间,孙家一门有二十多人被提拔成了朝廷大员,她的父亲孙忠被封为伯爵,她的兄弟孙继宗已是锦衣卫都指挥使,统管宫中宿卫,紫禁城内无人敢驳孙家的面子。

孙太后原本只想让朱祁钰暂时主持大局,即便朱祁镇回不来,可以让他的孩子继位。朱祁镇膝下已经有朱见深、朱见潾、

---

① 《明史·后妃列传》载:正统七年立为后。
② 《明史·后妃列传》载:英宗北狩,倾中宫赀佐迎驾。夜哀泣吁天,倦即卧地,损一股。以哭泣复损一目。

朱见淳、朱见澍四个儿子。孙太后为了让两岁的皇长子朱见深能平安长大,特意派了亲信女官万氏前往照料。最坏的打算也不过是让朱祁钰辅政监国十五年,等朱见深成年后归政朱祁镇一脉。

双方谈话陷入僵局。

就在这时,留守的司礼监秉笔太监金英带着他的跟班秉笔太监兴安一起进来禀报,大臣们已经得到土木堡的消息,正在朝堂聚集,求见皇太后和郕王,请他们出来主持大局。

孙太后是主持大局的必然人选。可她的族人在大明朝堂上口碑很差,经常仗势欺人,多次受文官们弹劾,还是王振和英宗朱祁镇亲自出面,才让事态平息。①此后,孙太后就不敢面对"文官党"了。

那就只有让郕王朱祁钰出面,安抚官员,稳定大局。孙太后还是有些不放心,她让自己信得过的司礼监秉笔太监金英带上他的小跟班兴安一起"陪"郕王去见见那帮"文官党"。

这位司礼监秉笔太监金英自宣宗朱瞻基儿童时代就陪伴其身边,最受信任。宣德七年(公元1432年),皇帝甚至赐给他免死诏书。②到了英宗朝,金英却只能眼睁睁地看着秀才出身的王振后来居上,成了司礼监掌印太监。尽管没有王振那么受宠,金英依然还是后宫中一个重要的人物,而且他跟宣宗、孙太后从小一起长大,感情和资历都很深,所以他"陪"郕王一起去,孙太后才放心。

他的小跟班兴安却和他想法不一样。兴安是永乐五年(公元

---

① 《明史·外戚列传》载:忠家奴贷子钱于滨州民,规利数倍,有司望风奉行,民不堪,诉诸朝,言官交章劾之。

② 《明史·宦官列传金英传》载:宣德七年赐英及范弘免死诏,辞极褒美。

1407年）被俘后入宫的安南人，他在英宗朝被王振排挤，遂对英宗不满。此时他没有说话，只是静静地跟着金英和郕王朱祁钰来到朝堂。

吏部尚书王直、礼部尚书胡濙、工部右侍郎高谷、兵部左侍郎于谦四人为首的一众文武官员已经等候多时。一场决定大明朝生死的朝会就此展开。

第二节　左顺门朝堂惊变

八月十七日，大明朝堂之上，郕王朱祁钰和文武大臣们面临着两件大事必须马上决定。第一件事是敌人大兵压境，是继续坚守北京还是逃亡别处避难；第二件事是皇帝被抓了，由谁来主持大局。

和乱成一片的大明后宫不同，大明朝堂上还算保持着冷静和清醒。朱祁钰立于中央，文官们在吏部尚书王直、礼部尚书胡濙、工部右侍郎高谷、兵部左侍郎于谦带领下，整齐排列两边。

这四位可算是"文官党"领袖。吏部尚书王直，江西泰和人，永乐二年进士，选庶吉士，入内阁侍读。四人中他入内阁最早，吏部又是六部当中权力最大的一个部，号称"天官"，因此他在百官中威望最高，当为百官之首。①礼部尚书胡濙，江苏

---

① 《明史·王直列传》载：时变起仓卒，朝臣议屡上，皆直为首。

武进人,建文二年进士,还是宣宗的托孤重臣。工部右侍郎高谷,扬州兴化人,永乐十三年进士,选庶吉士,正统十年(公元1445年)入阁,也是四人中当时唯一的内阁成员(王直被杨士奇赶出了内阁),所以他排在第三。兵部左侍郎于谦是四个人里面最年轻的,也没有进过内阁,所以排在最后。

当天第一个发言的是曾与于谦谈起"荧惑入南斗"这一不祥星象的侍读徐珵。他略带得意地把自己对星象的解读又表述了一番,然后得出一个结论:"验之星象,稽之历数,天命已去,惟南迁可以纾难。"①他根据星象得出,大明帝国不能继续在北方执政,必须迁回南京,才能避祸。徐珵提议南迁,就因为他认为王直、胡濙、高谷、于谦四人的老家都在南京附近,迁都从个人角度来看对这四位都有利,大概率会得到他们的支持,所以徐珵大着胆子把这个主张讲明,如果建议被采纳,他就会有"首倡南迁"之功,加上庶吉士的出身,进入内阁中枢秉政指日可待。

可徐珵这边话音未落,就听见于谦用他洪钟般的声音,喝出了分量极重的一句话:"言南迁者,可斩也。京师天下根本,一动则大事去矣,独不见宋南渡事乎!"②

于谦的态度斩钉截铁,没有任何商量的余地。于谦已经坚定了死守的决心。土木惊变,十八万精锐尽丧,文武精英死

---

① 《明史·徐有贞列传》。
② 《明史·于谦列传》。

伤大半，连皇帝都被俘虏了，如果依徐珵之言迁都南京，只要一离开北京，整个国家上下人心思变，大明立刻就有亡国之危。即使南迁可保一时安宁，大明朝廷可以躲过瓦剌兵锋，但北京的几十万老百姓怎么办？长城沿线，大明守备完整，一旦迁都，防线整体动摇，整个北方都有可能再次被草原骑兵蹂躏。丧失了燕山山脉作为屏障的河北、河南、山东的百姓又该怎么办？于谦巡抚河南、山西先后十七年，爱民如子，他对民间疾苦的理解又岂是那些天天在内阁里忙着钩心斗角的庶吉士们所能相比的。在他看来，只有调集兵马与蒙古军再战，夺回失地，击退侵略才是正道！所以，无论于国于民，他都誓要保卫北京，与瓦剌血战到底。

大明立国已近百年，遭逢大变，幸有于谦这位救时宰相，实乃百姓之幸，大明之幸，中华之幸。

听到于谦这番话，朝堂中年纪较大的老臣礼部尚书胡濙立即表示赞同。他以太宗文皇帝朱棣托孤重臣的身份提醒所有人，朱棣当年把自己的陵寝安放在北京，就是为了告诉子孙后代，要以此为基，决不迁都！①他这番话一出口，其他人就更没有理由继续提议迁都了，而且胡濙这番话深深地说到朱祁钰心里去了。大明定鼎北京已经四代，根基巩固，不可轻动，否则他死后都无脸见列祖列宗。

---

① 《明史·胡濙列传》载：文皇定陵寝于此，示子孙以不拔之计也。

此时，朝廷两根支柱之一的"勋贵派"中的精英已经大半死在土木堡。大明想要守住北京，就必须要依靠"文官党"的力量。朱祁钰看见眼下这四位最重要的文官中，两位明确表态反对迁都，另外两位也对此默认，理由充分正当，立即作出决策：大明绝不迁都，誓与北京共存亡，要与瓦剌军死战到底。

此时，站在朱祁钰身后的司礼监太监金英也大喝一声："敢言迁者斩！"[1]并命令左右把徐珵轰了出去。徐珵几分钟前还沉浸在入阁的幻梦中，几分钟后就被人赶出朝堂。更讽刺的是，当他跟跟跄跄地走出左顺门时，正遇上同僚江渊向他打听朝会情况，徐珵据实相告，江渊得知朝廷的态度后，一进朝堂就立马申述固守方略，大得朱祁钰赏识，直接升任刑部右侍郎，后来又被提拔进了内阁。[2]

第一个问题解决了，接下来是第二个问题。既然选择了坚守到底，那就必须有个人来带头。以王直、胡濙、高谷、于谦四人为首的"文官党"在朝会上对郕王朱祁钰提出建议，要他以监国身份发布命令，不能犹豫推辞。

除了明面上的大义之外，曾经负责查找建文帝下落的礼部尚书胡濙还提供了一个可靠情报：一旦郕王朱祁钰表态不愿意监国，孙太后可能会请出仁宗第五子襄王朱瞻墡监国，礼部已经把

---

[1]《明史·宦官列传》。

[2]《明史·江渊列传》载：徐有贞倡议南迁，太监金英叱出之，跟跄过左掖门。渊适入，迎之。有贞曰："以吾议南迁不合也。"于是渊入，极陈固守之策。遂见知于王，由侍讲超擢刑部右侍郎。

可以征召襄王来京的金符送入宫中，交给了孙太后。①这位襄王朱瞻墡是仁宗张皇后所生，张皇后和孙太后自幼交好。但是胡濙和于谦对这个决策都表示坚决反对，不愿召当时名声还算不错的襄王朱瞻墡来监国，一致要求朱祁钰出面。

  因为从宗法制度来讲，身为皇叔的襄王只能监国，不能称帝，孙太后之所以选中襄王，她打的也还是让自己儿子或者孙子来接帝位的算盘。以于谦等人为代表的"文官党"对孙太后等人的外戚势力颇为反感。一旦让孙太后的想法得逞，必然重用外戚、巩固地位，这样会导致内部分裂，无法团结所有力量抵抗瓦剌骑兵的进攻。还有个客观理由：让襄王赶来监国已经来不及了。毕竟襄阳到北京距离超过八百里，路途遥远，而瓦剌骑兵已经在居庸关外，离北京不到一百里。

  更重要的是朱祁钰也希望担起这份责任。首先，朱祁钰本人资质并不差，他也有自己的政治理想和政治抱负。他从"文官党"这四位领袖的表态中看出他们是支持自己、反对太后的，这些掌握舆论的文官不可小觑，有了他们的支持，朱祁钰就可以名正言顺继位。而且此时胡濙已经把话挑明，一旦此时他不抓住机会，让襄王抢了先手，那么他的下场就成了未知数。想通了这些，本来还犹豫不决的朱祁钰下了决心，答应了于谦等人的请求。于是在文官们的一致拥戴下，八月十八日，孙太后正式下发懿旨，命郕王朱祁钰监国。

---

① 《明史·诸王列传》载：太后命取襄国金符入宫，不果召。

八月二十一日，刚刚监国的朱祁钰第一个重要的人事任命就是将于谦提升为兵部尚书，全面负责保卫北京的军务。这个举动很有深意，作为新任"当家人"提拔的第一个官员，于谦在文官中的地位大大上升，为日后主持大局奠定了基础。

不过，孙太后并没有完全对权力放手，她还在继续自己的计划。八月二十二日，孙太后下诏立朱祁镇长子朱见深为皇太子。理由很简单，朱祁钰当时还没有子嗣。这样一来，皇位将来还会回到朱祁镇一脉手里。孙太后的权力依然没有流失，才能接受暂时把政权交给朱祁钰。作为交换，朱祁钰也必须接受这个侄子当太子的决定。

立太子的举动让刚刚上位的朱祁钰感到不安，特别是立太子的建议还是吏部尚书王直提出来的，"文官党"领袖两边讨好的行为令朱祁钰感到一阵心寒。

大敌当前，面对这种君臣相疑的情况，于谦也深感不安。就在这时，发生了一件奇怪的偶然事件，让君臣之间消除疑虑，达成一致。

八月二十三日，照例在左顺门内举行朝会。新任兵部尚书于谦向朱祁钰汇报：自本月十八日起，兵部已开始征调两京、河南备操军，山东及南京沿海备倭军，各地藩王及驻军入京勤王，加上从土木堡逃回来的败兵，已有二十二万人马，以上各部均经过通州北上，将囤积在通州的粮食、器械一同搬运入京。①另外，

---

① 《明史·于谦列传》载：檄取两京、河南备操军，山东及南京沿海备倭军，江北及北京诸府运粮军，亟赴京师。

兵部已经下令本年初由原兵部尚书、平蛮将军王骥统帅、集中在金川地区平叛的精锐部队约五万人马,急速调回北京勤王。这样,明军总兵力将达到二十七万。此外,辽东方向蒙古兀良哈部已经撤退,可随时诏令蓟州、辽东总兵部入京勤王,兵力还可进一步增强。

监国朱祁钰和朝臣们听到这番话,原本紧张的心情顿时放松了很多。可本该继续讨论军事形势的朝会,话题却逐渐跑到讨论土木堡惨败的责任上来。最应该负这个责任的人当然是王振,他蛊惑皇帝亲征造成此等后果,如今王振虽已身死,但是"文官党"众臣依然对其恨之入骨,请求朱祁钰诛杀王振族人。①这可是大事,因为王振不仅仅是朱祁镇的亲信,也是孙太后的亲信。

朱祁钰对这些情况很清楚,他知道"文官党"此举是要逼自己和孙太后彻底翻脸,于是他借口如厕,想要回避。可这帮文官情绪激动,有的甚至拉住刚刚走下台阶的朱祁钰不让他离开。

当天,被安排在朱祁钰旁边护卫的锦衣卫是指挥使马顺,他为了讨好一下这位刚刚上位的监国,就快步走上前去替朱祁钰解围,对围着朱祁钰的文官们一通咆哮,试图为自己的新主子打通一条道,结束这尴尬的朝会。

而情绪已经十分激动的朝臣们更加亢奋。户科七品给事中王竑出班大喊:"马顺本就是王振的奸党,应当和王振一起伏诛,

---

① 《明史·于谦列传》载:郕王方摄朝,廷臣请族诛王振。

怎么还敢在这里放肆撒野！"①

接下来，中国历史上唯一一次朝堂上的斗殴——"左顺门之变"，就这样在所有人都没有防备的情况下发生了。

第三节　临大难郕王继位

正统十四年（公元1449年）八月二十三日，大明朝堂爆发了空前绝后的"左顺门之变"。监国郕王朱祁钰目睹自己的护卫、锦衣卫指挥使马顺，被以户科给事中王竑为首的一群朝臣手、脚、牙齿并用，当场打死。②

眼见事情已经不可收拾，而"文官党"领袖王直、胡濙、高谷都是六七十岁的老人，无力制止。刚刚还在汇报军事情况的于谦冷静了下来，他推开纷乱的官员，直接跑到朱祁钰面前，扶起这位年轻的监国，大声建议道："顺等罪当死，勿论。"③

朱祁钰立刻会意，如今还和这群已经发了疯的文官继续争论马顺是不是王振党羽已经毫无意义，当务之急是稳定朝堂。于是，朱祁钰赶紧整理了一下衣装和情绪，按照于谦的话，对着群情激奋的朝臣们又喊了两遍，大家这才逐渐从亢奋的状态中清醒

---

① 《明史·王竑列传》载：若曹奸党，罪当诛，今尚敢尔！
② 《明史·王竑列传》载：且骂且啮其面，众共击之，立毙。
③ 《明史·于谦列传》。

过来。朱祁钰忙让自己的跟班太监金英问愤怒的朝臣们还有什么要求,王竑意犹未尽地又说出了两个王振党羽的名字,要监国交人。朱祁钰也不含糊,立即派人回宫把人带来,又被众官员当场打死。①

之后,朱祁钰未请示孙太后,直接下令抄没王振家产,后又下令诛其族人。②朝会结束,满朝文官欢呼雀跃,异常兴奋地走出左顺门。

吏部尚书王直拉着衣服都被人扯破的于谦,深表佩服地说道:"今天的事情多亏了你临机应变,处置得当,才没有酿成大祸,大明社稷还是要靠你这样的人啊!一百个王直不及一个于谦啊!"王直的这番话就是在代表百官向于谦表态,今后"文官党"统一唯于谦马首是瞻,其他所有人也都向于谦抬手行礼。③

冷静下来的文官们,突然意识到自己其实是在鬼门关里走了一遭。任何朝代出现这样的事,都不会轻易饶了滋事的人,轻则免官,重则偿命。多亏于谦及时请朱祁钰下令,这才把文官们的自作主张,变成了奉命行事。这样一来于谦算是拯救了整个文官集团,大家都欠于谦人情,他的威望自然就立起来了。

---

① 《明史·王竑列传》载:王使中官金英问所欲言,曰:"内官毛贵、王长随亦振党,请置诸法。"王命出二人。众又捶杀之,血渍廷陛。

② 《明史·景帝本纪》载:庚午,籍王振家。甲申,夷王振族。

③ 《明史·于谦列传》载:"国家正赖公耳。今日虽百王直何能为!"当是时,上下皆倚重谦,谦亦毅然以社稷安危为己任。

而于谦却对此毫不在意,他最关注的始终都是大明的国运。在这次事件中,他从朱祁钰的反应看出了这位监国是可以托付大任的,朱祁钰是愿意和自己一起扶保大明江山的。可摆在他们两人面前的一个麻烦还有朱祁钰的名分问题:朱祁钰只是监国,不是皇帝。

而名分问题十分重要。八月二十一日,兵部就接到大同总兵的报告,蒙古瓦剌骑兵挟英宗朱祁镇出现在大同附近,要挟守军。[1]宣府总兵杨洪也向朝廷报告,皇帝被敌人挟持,甚至到宣府城下命令自己开门。杨洪左右为难,只能派儿子杨俊在城楼上回话称,自己受皇命守宣府,现在天色已晚分不清真假,不敢开城。

这次算是勉强糊弄过去[2],但长此以往,于谦担心会有地方出纰漏。"左顺门之变"说明朱祁钰和他哥哥朱祁镇不同,他跟"文官党"是一条心,和孙太后也有嫌隙。为了大明江山,于谦决定将朱祁钰推上皇位。他没有丝毫耽搁,立即与王直、胡濙、高谷三人商量。于谦向他们阐述了自己的观点:英宗被俘,群龙无首,太子朱见深年龄太小,朱祁钰若想统领大局,仅用监国名义很难服众。王直坚定支持于谦拥立郕王继位的主张。胡濙和高谷也没有反对,这样一来于谦的提议算是通过了。而向朱祁钰提出此事的重任便落到了于谦身上。于谦连夜前往宫中,向朱祁钰

---

[1]《明史·英宗前纪》载:戊辰,帝至大同。

[2]《明史·杨洪列传》载:"所守者主上城池。天已暮,门不敢开。"

"劝进"。

当天夜里,于谦在兴安的引领下来到朱祁钰寝宫。一见面,于谦就开门见山告诉朱祁钰,明日他和王直等人将一同上书孙太后,以"忧国无主,太子方幼,寇且至"①为名,请立郕王为帝。

朱祁钰一听于谦要立他当皇帝,非但没有喜出望外,反而十分担忧害怕。自己刚刚下令族诛王振,已经得罪了孙太后,现在"文官党"又要立他为帝,这样一来,孙太后必将恨他入骨。即便将来击退瓦剌进攻,以孙太后掌握宫里宿卫大权的实力,自己虽为皇帝,但是生是死仍是未知数。况且"文官党"到底是什么意图,朱祁钰也不能确定。毕竟这帮人才刚刚当着自己的面,打死了自己的侍卫马顺,一会拥立自己当皇帝,一会又拥立朱见深当太子,如果他们日后以拥立之功挟持自己,又当如何呢?在朱祁钰看来,自己一没有班底,二没有权力,当了皇帝又能如何,不过是傀儡罢了,而且会招致更多的危险。

于谦见郕王朱祁钰再三推辞,便换了一副严肃的面孔,大声对朱祁钰说:"此番拥立并非为了邀功,而是为了大明江山社稷和亿兆百姓。"②他首先向朱祁钰申明大义:"如今形势万分危急,如果您仍是监国身份,恐难服众,不能使众将士齐心抗敌。如此一来,大明首都必然不保,先皇们的努力即将付诸东流,您

---

① 《明史·于谦列传》。
② 《明史·于谦列传》载:"臣等诚忧国家,非为私计。"王乃受命。

自己的身家性命也有危险。"

光说大义是不够的,于谦接下来像当年诸葛亮"隆中对"一样,向朱祁钰全面分析了如今北京城内的政治形势,并为朱祁钰提出构建自己班底的可行性方案。

于谦向朱祁钰建议,首先要拉拢"勋贵派"。"勋贵派"在土木堡一战损失最大,领袖英国公张辅、成国公朱勇全部战死,其他各家也多有伤亡。但他们自太宗文皇帝朱棣靖难以来,在北京已盘踞五十载,树大根深,其中尚有很多敢战、能战之将,可救大明于水火。

接着,于谦分析了"勋贵派"中谁是可用之人,谁是不能用的人。于谦认为,勋贵中以英国公、成国公为第一流,以各位侯爵为第二流,以世袭制官职为第三流。为此他建议朱祁钰可对土木堡之战负有责任的朱勇等一流勋贵在抚恤上加以惩处,借以立威;同时提拔"勋贵派"中的二三流中的干将们加以任用。于谦重点推荐了石亨。

石亨,陕西渭南人,相貌英武,世袭祖上指挥佥事(从三品)职务,在一系列边关战斗中屡立战功,一路升到都督同知(从一品)。石亨虽有实力,但在"勋贵派"中只能算个三流人物。不过此时地位尊贵的公、侯、伯们多死在土木堡,他终于有了展示才干的机会。

于谦看到了石亨的能征善战,一往无前,在边将中的能力仅次于宣府总兵杨洪。于谦向朱祁钰转述了刚刚从石亨口中了解到的他与蒙古瓦剌骑兵在大同、阳和的作战经过。据石亨汇报,明军正面和瓦剌军交锋，两者战力相差并不大，但由于也先预先利用明军大量雇佣蒙古籍骑兵的特点安插了大量间谍，他们在两军交战之时制造混乱，导致明军大败。宋瑛、朱冕都是因此战死。石亨此时虽打了败仗，却分析出了失败的原因，开始总结经验教训，算是一个合格将领。

于谦选择石亨还有一个原因，那就是其他勋贵久在京中，和孙太后关系密切，只有石亨长期戍守在外，以他的级别无法和孙太后攀上关系。因此，对于急于想要建立自己班底的朱祁钰来说，石亨是非常合适的人选。朱祁钰同意任命石亨统领京营剩下的十万兵马，进位右都督（正一品）。①

其次，充分尊重孙太后。当前朱祁钰在宫内的势力和孙太后不能相提并论，甚至他身边的太监金英都是别人的耳目。于谦进一步向朱祁钰分析：虽然孙太后和她家族在宫中已经经营几十年，历经四朝，但这种影响力仅仅限于皇宫之内，出了紫禁城，这些外戚的影响力并没有多大。以当下的情况来看，只要不过分触犯这帮人的利益，他们不会有什么大的举动。覆巢之下焉有完卵，击退蒙古瓦剌人的入侵、保障大明政权，是大家共同的利益所在。于谦建议朱祁钰进一步认清孙太后的实力，对其保持尊重，即便针锋相对，只要互相不捅破那层窗户纸，依然可以维护社稷。而当下最重要的，就是对孙太后立朱见深为太子一事表示支持。

---

① 《明史·景泰本纪》载：壬申，都督石亨总京营兵。

此时，引于谦入宫的宦官兴安也察觉到了"风向"，他立即下跪向朱祁钰表示效忠。他表示愿意在宫里为朱祁钰和于谦传递消息，居中联络。他还为朱祁钰推荐了自己的一批心腹之人，可以照顾朱祁钰母子的饮食起居。有了他的加入，朱祁钰终于在宫中有了可倚赖之人，也终于可以睡个好觉了。

最后，于谦劝谏朱祁钰要进一步团结"文官党"。他们刚刚将王振势力连根拔起，同时这帮文官控制着全天下的舆论，"文官党"此时已是北京城中最强大的势力。于谦再一次告诉朱祁钰，这些人拥立他为帝是为了国家安定，而不是为了谋求私利，如果此刻朱祁钰也可以为国家挺身而出的话，就意味着双方有了共同的追求，"文官党"就会成为他的坚强后盾。

于谦"此番拥立并非为了邀功，而是为了大明江山社稷和亿兆百姓"这句话就已经站在了道德制高点。他希望借助朱祁钰称帝，找回大明的主心骨，凝聚朝堂人心士气，保卫北京城，守护一方百姓；朱祁钰也希望借助于谦、王直为首的"文官党"，向孙太后上书施压，打退蒙古瓦剌，以救国于水火、中兴之主的身份名留青史。

总而言之，于谦给朱祁钰设计的策略是拉拢"勋贵派"，进一步掌握兵权；充分尊重孙太后，支持立朱见深为太子；团结"文官党"，掌握舆论，笼络人心。这样一来朱祁钰登上皇位就是顺理成章的事。

彼此交心后，原本疑虑重重的朱祁钰态度开始明朗起来，立即起身向于谦拜谢，他内心的情感已经被于谦点燃，决定要和于谦一道，担负起朱姓子孙应尽的责任，稳定大明王朝。他之前空有一身抱负，无法施展，如今与于谦二人君臣际遇，携手挽救大明，践行先辈的诺言："不和亲、不赔款、不割地、不纳贡，天子守国门，君王死社稷。"

不出所料，孙太后接到于谦、王直领衔的文官上书，请求拥立郕王朱祁钰为帝的奏章后，自知无法抗衡整个朝廷，只能批准。

九月六日，郕王朱祁钰即位称帝，同时尊被俘虏的明英宗朱祁镇为太上皇，改元景泰，宣布大赦天下，后来这位皇帝庙号明代宗，史称景泰帝。①

第四节　失先机瓦剌北返

自八月十五日土木之变，到九月六日朱祁钰登基，蒙古瓦剌太师也先在做些什么呢？也先对土木堡一战的结果也没有预料到，尤其没有想到能俘获大明皇帝。

得知大明皇帝朱祁镇被俘后，也先大喜过望，找来自己的弟弟伯颜帖木儿商量对策。伯颜帖木儿分析形势后，提出了他的想法："那颜若遣使告中国，迎反天子，那颜不有万世好男子名乎？"②"那颜"就是蒙古语中"大人"的意思，是对也先的尊

---

① 《明史·景泰本纪》载：九月癸未，王即皇帝位，遥尊皇帝为太上皇帝，以明年为景泰元年，大赦天下。

② 《明史纪事本末·土木之变》。

称。这句话的意思是让也先派使者前去告知大明朝廷,你们的皇帝已经被我们擒获,赶快派人前来把天子迎回,这样也先会得万世美名——其实他们想要的一直是实实在在的好处。伯颜帖木儿的话真正意思应该是:大明皇帝性命尽在我们掌握之中,速速出资赎人。

正如于谦之前的预测,也先此次率部入侵,主要目的还是想要劫掠中原,如今有皇帝这个筹码在手,必须好好利用一番。八月十七日,也先一封书信送进大明皇宫,孙太后装了八匹马的现银送给也先,钱皇后还把自己宫中的值钱物件全部搭上,一同送到也先帐中,希望也先可以释放朱祁镇。①

也先本来就贪得无厌,收到财物后,改口再要高价。消息被于谦等大臣知道后,他们没有阻止孙太后和钱皇后,因为让这些平时骄横跋扈的外戚出钱赎回皇帝,这钱也算是用到正途了,至少可以拖延瓦剌军的进攻步伐。

与此同时,也先没有选择进攻居庸关,而是带着朱祁镇转向宣府、大同,一路继续敲诈勒索。可这招在宣府总兵杨洪这里并不奏效。也先知道杨洪不好对付,又率军前往大同。

八月二十三日,蒙古瓦剌骑兵再次杀回大同城下,他们让朱祁镇亲自叫门。广宁伯刘安万分畏惧,束手无策,反倒是参将郭登主动担当起了守卫大同的责任。

---

① 《明史纪事本末·土木之变》载:是日,皇太后遣使赍重宝文绮,载以八骑,皇后钱氏尽括宫中物佐之,诣也先营请还车驾。

郭登的祖父是大明开国功臣武定侯郭英,受封侯爵,还是朱元璋的亲家。郭登相貌堂堂,长相英武。仁宗登基后,郭登从一名锦衣卫升到指挥佥事。这次,郭登本来是跟着朱祁镇一起从北京出发,一路赶到大同。而到了大同之后,原本的守将宋瑛、朱冕都已战死,在大部分将领都想回北京的时候,只有郭登等少数人愿意留下守卫大同。于是郭登被越级提拔为参将,辅佐新任大同总兵刘安。结果因祸得福,没死在土木堡。

和别的武将不一样,这位出身侯府世家的郭登,从小就特别喜欢发明创造,这次他就用自己发明的两种陷阱"搅地龙""飞天网",给瓦剌军送上了一份"见面礼"。

郭登指挥明军挖出深堑,里面插满尖刺之物,再倒入火油,埋下炸药。然后用木头作为支撑、草席作为铺盖,上面再覆盖土层,表面看上去并无异常,明军人马也可以在上面行走。而等到瓦剌骑兵跨入时,郭登下令明军打开机关,作为支撑的木头垮塌后,走在上面的敌人瞬间消失,紧跟着火药爆炸,火油燃烧,一片哀嚎。①

原本也先认为大同这边会顺利些,没想到再次碰到钉子。于是,也先请出朱祁镇,让他向大同城内喊话,招降守军。但是郭登的表现让也先和朱祁镇绝望,面对皇帝的指示,他义正词严地回绝:"臣奉命守城,不敢擅启闭。"②一个大臣尚且如此有气

---

① 《明史·郭登列传》载:尝以意造"搅地龙""飞天网"。凿深堑,覆以土木如平地。敌入围中,发其机,自相撞击,顷刻皆陷。

② 《明史纪事本末·景帝登基守御》。

节，不知道作为皇帝的朱祁镇当时心中做何感想。

见叫门不成功，也先只能派人进城去跟刘安、郭登谈判，让他们出钱来赎皇帝。这下郭登也没理由拒绝，明知道是有去无回，也只能凑出金银共二万两给也先。①

而郭登决定利用送银子的机会，派出七十名勇士夜袭瓦剌大营，营救英宗。就在他考虑是否要冒险时，也先却连夜撤回了他原来准备伏击明军的大本营燕山山脉北麓的黑松林。在这里，也先和他的手下将抢到、讹到的财物、人口瓜分干净，甚至连脱脱不花和兀良哈部也分到了一杯羹，这一仗使也先对内建立起了空前的威望。

之后，也先再次向大明狮子大开口。九月一日，也先派遣使者向大明宣布，他准备再次南下，"送"朱祁镇回北京，为了彰显诚意，这次蒙古各部的大汗脱脱不花也将亲自前来。不过也先很快就发现这一个多月时间里，大明内部的情况已经发生了变化：原本他以为是王牌的朱祁镇已经变成废牌。

于谦立即以监国和内阁的名义下令边关各地，凡遇见也先挟持朱祁镇叫门的，一律不许应答。为了免除后患，九月六日郕王朱祁钰即位后，立即将被俘虏的明英宗朱祁镇尊为太上皇。大明派使者答复也先，对他送回大明太上皇表示感谢，并且送去酬金黄金一百两、白银两百两、采币两百匹。②这和当初孙太后、钱

---

① 《明史·郭登列传》载：以金二万余及宋瑛、朱冕、内臣郭敬家资进帝，帝以赐也先等。

② 《明史纪事本末·景帝登基守御》。

皇后送的几万两赎金相比，简直天差地别。

既然朱祁镇这张牌没用，也先决定直接发起进攻。也先需要把自己的九万人马重新集结起来。九月初，也先率领亲信和卫队一万人马带着蒙古大汗脱脱不花和大明太上皇朱祁镇前往黑松林大本营，同时发出命令，让瓦剌部九万骑兵重新在此集结。这次，他的目标是北京！但是一直等到十月十一日，他的九万大军才集结完毕，再次来到了熟悉的大同城下。新任兵部尚书于谦已经奏请朱祁钰，将参将郭登直接升为大同总兵，取代刘安。瓦剌兵临城下，郭登亲自登城，上下同仇敌忾，准备好弓弩火炮及各种装备，只等敌人前来送死。[①]同时，郭登紧急将瓦剌去而复返，开始进攻大同的消息报告给北京。

行军作战讲究一鼓作气。如果也先九月就立即向北京发起进攻，虽然他手下的瓦剌军不善于攻城，但凭借当时高昂的士气和明军的恐慌，肯定可以给予大明更大的打击。现在隔了一个多月，明军已经恢复过来，早就做好了准备。

第五节　备大战于谦集兵

接到郭登的报告，刚刚登基的朱祁钰立即召开朝会讨论如何

[①]《明史·郭登列传》载：登慷慨奋励，修城堞，缮兵械；拊循士卒，吊死问伤，亲为裹创傅药。

应对危局。兵部尚书于谦呈上自己早已准备好的表章,提出应对蒙古瓦剌再次南下的全盘计划。这篇表文从战略全局方面分析了当前形势,向朱祁钰引荐了一大批人才,为北京保卫战的胜利奠定了基础。

> 寇得志,要留大驾,势必轻中国,长驱而南。请饬诸边守臣协力防遏。京营兵械且尽,宜亟分道募民兵,令工部缮器甲。遣都督孙镗、卫颖、张轨、张仪、雷通分兵守九门要地,列营郭外。都御史杨善、给事中王竑参之。徙附郭居民入城。通州积粮,令官军自诣关支,以赢米为之直,毋弃以资敌。文臣如轩輗者,宜用为巡抚。武臣如石亨、杨洪、柳溥者,宜用为将帅。至军旅之事,臣身当之,不效则治臣罪。①

文中,于谦首先对敌人的心理做了分析。他认为也先在土木堡大获全胜,三天之内歼灭明军精锐主力十八万人,轻敌之心在增长,再次面对大明一定不会像以前那么谨慎。一旦也先再次南下,他的战略目的很可能不会像以前那样以抢掠为目标,而是会长驱直入,直取京师,北京一定要早做准备。

现在北京军队最大的问题是"神机营"的器械在土木堡损失惨重,急需补充,于谦奏请景泰帝朱祁钰,令工部右侍郎、内阁学士高谷亲自监督工部各衙门,加紧赶制各类火器。同时组织修缮盔

---

① 《明史·于谦列传》。

甲，用以重新装备重骑兵。紧接着，于谦强化了北京的城防工事。

他选定孙镗、卫颖、张轨、张仪、雷通五人分别把守北京城九门。由孙镗统领新的"三千营"一万人；张轨整编北京剩余十万京军重编"五军营"；柳溥统领新的"神机营"一万人。加上河南备操军、山东备倭军十万人马已在九月间抵达，北京城内已经集结了二十二万人马。

于谦利用现有兵力，对北京及其周边的战役防御体系做了精心安排，分为三层防线。

第一层防线，以宣府、大同为战役外围据点。在于谦安排的防御体系中，大同和宣府两地作为北京的重要外围据点和屏障，一定要守住。只要这两个据点还在明军手里，蒙古瓦剌骑兵就不可能长时间地停留在北京城下，对大明京师也形成不了实质性威胁。为此，除了重用郭登以外，于谦还积极保护了被言官弹劾的宣府总兵杨洪。

"土木之变"时就有文官上表弹劾杨洪作战不力，致使皇帝被俘。但是要知道，当时杨洪的主要任务就是警戒西面，土木溃败来得太快，他根本没有时间反应。如今大敌当前，依然有这种论调的存在。于谦深知杨洪的位子绝对没有人可以接替，所以于谦建议朱祁钰对杨洪给予褒奖，对朝堂之上的一些言论进行压制，以安定军心。朱祁钰听从了于谦的建议，加封杨洪为昌平伯，让他继续统领宣府守军。①

---

① 《明史·杨洪列传》载：景帝监国，论前后功，封昌平伯。

第二层防线以居庸关、紫荆关为核心阵地。这两个关口实际上把守着燕山山脉和太行山脉中两条通向北京的重要道路，因为地形原因和瓦剌军缺乏攻城器具，他们对这两个关口办法不多。这也是为什么蒙古瓦剌骑兵在土木堡取得决定性胜利后，却不敢径直攻向北京的重要原因。此时，于谦手下兵力虽多，但缺乏训练和装备，战斗力并不强大，贸然和敌人野战，结果不会比土木堡好多少。只有守住这两个关口，才可以和敌人周旋下去。

为了守住这两个关口，于谦建议提升给事中孙祥、郎中罗通为右副都御史，分别出镇紫荆关和居庸关。这是明朝文官第一次以指挥官身份加入军事行动，此后大明出现了一个新的群体——"军事文官"。这些人既是科举出身，又有很强的军事能力，王阳明、胡宗宪、谭纶、孙承宗、袁崇焕、孙传庭都是他们当中的佼佼者。

第三层防线，也是最后的堡垒，就是北京城。一旦瓦剌骑兵突破居庸关、紫荆关核心阵地，于谦将集结全军和也先在北京城下展开殊死之战。

于谦经过一个多月殚精竭虑的谋划，正统十四年（公元1449年）十月，北京城内的兵马、粮食、军械都已经有了充分的储备，可以和也先再决雌雄了。《孙子兵法》上说多算胜少算，相较七月份王振和朱祁镇出兵时的草率，于谦的布置可谓井井有条、步步为营，两相比较，高下立判。

不过这番布置依然还是于谦的"一厢情愿"，实战经验丰富的也先会不会按照于谦的设想行动,没有人说得准。果然,面对郭登、杨洪防御的宣府、大同,也先并没有强攻,而是出人意料地南下,向紫荆关方向扑来。

第五章 保卫北京

正统十四年（公元1449年）十月九日，紫荆关失守。明军战役防御核心阵地已被突破，北京城彻底暴露在蒙古瓦剌骑兵的铁蹄之下。大敌当前，于谦再次展现其坚定决心，率领二十万明军背城决战，一战大破瓦剌，于谦也凭此战名垂青史、万古流芳。

第一节 露破绽紫荆失守

按照于谦原本的计划：以大同、宣府为前沿据点，以紫荆关、居庸关为核心阵地，以北京城为后方集结点和最后防御要塞，理想状态下，明军利用这三道防线，应该可以将也先统帅的九万瓦剌骑兵限制在居庸关、紫荆关以北地域。如果这个战略安排达成，既可以避免也先所部蒙古骑兵对北京形成致命威胁，又方便掩护明军继续在北京城完成集结，待大军整补完毕，随时可以打开关口和对手决战。

正统十四年（公元1449年）十月一日，朝廷接到大同总兵郭登的报告，说蒙古瓦剌骑兵已经南下，于谦并不吃惊，按照他的判断，蒙古瓦剌骑兵在没有拨除大同和宣府这两个钉子之前，绝不敢轻易攻向居庸关和紫荆关。但他还是低估了在草原上纵横多年的也先，低估了他面对战争时的创造力。

也先最初的想法和于谦之前的设想一样，选择攻下大同作为据点。一旦成功的话，明军两个互为掎角之势的战役前沿据点就不复存在，同时瓦剌方面也算是在大明境内有了自己的前沿据点，是战是和都极为有利。之所以选择大同而不是宣府，那是因为也先认为，郭登虽然足智多谋，但比起老辣的杨洪还是更容易对付些，况且郭登当时并不是大同的最高指挥者。

可刚刚围了大同城一天，也先就后悔了。也先上次率军前来，尝到了郭登设下的陷阱威力。郭登利用瓦剌军离开的一个月时间，把部队进行了重新编组：每五人编为一伍，相互监督，有功俱赏，有过并罚，再把十伍共计五十人作为基本作战单元，编成一队，十队共五百人，编成一营，由一位都指挥带领。① 这个方法解决了当时明军中的一大问题：将不知兵，兵不知将。

也先在阳和、土木不断获胜的一个重要举措就是利用明军彼

---

① 《明史·郭登列传》载：其军以五人为伍，教之盟于神祠，一人有功，五人同赏，罚亦如之。十伍为队，队以能挽六十斤弓者为先锋。十队领以一都指挥，令功无相挠，罪有专责，一时称善。

第五章 保卫北京

此都不认识的弊端,派间谍假冒雇佣军,明军在关键时刻被间谍偷袭,指挥失灵,导致全军覆没。郭登重组明军,让也先的间谍不能在明军内部为所欲为,让也先的撒手锏无用武之地。加上大同作为明军九边之一,有着一整套完整的防御体系,一时间明军作战勇猛,工事完备,也先觉得很棘手。

也先一时没了主意,准备先撤回草原再作计议。眼看大明帝国的这场危机就要过去,土木堡一战中投降也先的大明宦官——喜宁,突然向也先提供了一个重要情报:由于长期跟随王振,他知道有一条王振从北京向蔚州老家偷运私财的小道。这条路可以通过蔚州东南的九宫口穿越太行山,绕过紫荆关,直到北京西南大房山一带。他建议也先派出一支精兵走小路绕到紫荆关背后,配合主力正面夹攻,拿下紫荆关,打开通往北京的西南大门。

此举颇为冒险。如果也先采用喜宁提供的情报,放弃大同继续南下,绕路攻打紫荆关的话,那么他的战线将进一步拉长。而且由于宣府、大同都在明军手里,也先如果不能迅速取胜的话,等到各地前来勤王的明军陆续到达,控制住太行山、燕山各个山口,他这九万人马的家底,就会全军覆没。

不过,此时也先和他的手下将领们已经被土木堡的胜利冲昏了头脑,他们都认为明军最精锐的部队已经被消灭了,剩下的残兵败将不足为虑。冒险的赌徒心态占了上风,也先决定,大军奔袭紫荆关!

通过喜宁提供的情报,也先进一步了解到负责守护紫荆关的都指挥使韩青原是王振手下。如今王振死了,他在朝廷中就没了后台,加上大明内部文官势力已经开始清算王振同党,韩青必然急于立功。也先决定利用他的这个弱点,引诱其出关野战,加以歼灭。为了保护后方,也先留下两万人马监视大同郭登、宣府杨洪动向,同时接应自己。自己率另外七万人马攻向紫荆关。随后在蔚州兵分两路:也先自己率军六万正面引诱韩青出战,另派兄弟孛罗、平章卯那孩率一万精锐骑兵由喜宁带路,绕道紫荆关后,准备两军前后夹攻紫荆关。

十月五日,蒙古瓦剌军先锋抵达紫荆关下。也先开始施展诡计:他故意放一个韩青认识的宦官向韩青传达朱祁镇的"旨意",让他连夜出兵救驾。韩青果然上当,当天晚上,迎接他的是早已埋伏好的数万蒙古瓦剌骑兵。一夜激战过后,韩青被杀,韩青带出紫荆关的明军主力被击溃,只剩几千人留在关内防守。此时刚到紫荆关上任的右副都御史孙祥一面收罗残兵继续扼守关城,一面向在北京主持军务的于谦告急。①

蒙古瓦剌军确实不善攻城,即使在明军紫荆关守军主力被歼的情况下,连续仰攻紫荆关三天,都没能突破孙祥临时布置的防线。

国家遭逢大难,孙祥临难而上,主动向于谦请缨,出镇大明防线的南端核心据点紫荆关。于谦有感于他的这份赤诚,为了方便他指挥作战,将他从七品给事中提拔为正三品右副都御史。对孙祥而言,于谦对自己有知遇之恩,自己必须效忠大明。所以当主力被歼时,孙祥已经决心为国捐躯,从来没有上过战场的他以

---

① 《明史·孙祥列传》载:孙祥,大同人。正统十年进士。授兵科给事中。擢右副都御史,守备紫荆关。

监军身份带领剩下的几千守军和敌人死战,为北京布防赢得了宝贵时间。

而孙祥能够在绝对的兵力劣势下,依然固守,凭借的就是这座"畿南第一雄关"——紫荆关。

当年永乐帝朱棣迁都北京后,曾下大力气加强大明整个北方的防御体系。作为北京门户的山海关(东)、居庸关(北)和紫荆关(西南)更是重中之重。

明代紫荆关关城是一个由五座小型独立堡垒构成的完整防御体系,其中又以拒马河北面、背山面河的小金城为防御体系核心。小金城城墙也和另外四座城不同,朱棣当年用大型条石作为关城基础,两边深深砌入山中,再堆土加以夯实,然后用城砖砌面封顶,最后向砖缝中灌入石灰,这是真正的铜墙铁壁。

战事的前三天,双方围绕小金城展开殊死搏斗。孙祥兵力不济,主动放弃其他四城,把所有兵力集中一处。到了第四天,也先把部队分成几队,展开车轮战。紫荆关内守军连续作战多日,已经疲惫不堪,加上孙祥刚到任即战,对关内的地形不是很熟络,他的布防还是露出了破绽,也先终于突破关城的防御。孙祥并未放弃,继续带兵士与敌人巷战,最终寡不敌众,全军覆没,孙祥被杀,紫荆关失守。①

十月六日,于谦接到紫荆关急报时也吃了一惊。因为原本他和其他将领都认为蒙古瓦剌骑兵不敢大举跨过宣府、大同一线,

---

① 《明史·孙祥列传》载:也先逼关,都指挥韩青战死,祥坚守四日。也先由间道入,夹攻之,关破。祥督兵巷战,兵溃被杀。

至多只会围攻大同。如果整个战场形势能够按照于谦的设想进行的话,那么明军可以利用大同坚固的城防,有效消耗敌人的力量,等到敌军粮草不济、兵困马乏时再与对手决战。

也先攻向紫荆关,这一招恰恰打中了于谦整个战略布局中的弱点。因为如果是居庸关失守,坚固的北京城本身也可以作为要塞,抵挡敌军,保卫南面的河北、河南和山东。但紫荆关这个位于北京西南的关口一旦失守,也先将有两个让于谦颇为忌惮的战略选择:一是效仿他的祖先成吉思汗,舍弃北京城,深入华北大地,疯狂抢掠,那将给整个黄河以北的地区带来灭顶之灾,整个中原将永无宁日;二是围攻北京,从南面进攻北京,也先可以轻易切断明军的补给线,北京地区粮食产量有限,此时又集结了二十多万人马,一旦补给线被敌人切断,后果不堪设想。到时候明军为了保证补给线畅通,将必须南下和敌军进行野战,正中也先下怀。

十月十日,紫荆关失守的消息传到京师。敌人已经突破明军核心防线,向北京奔来,下一步的决战将在京城天子脚下展开。于谦派人召回宣府总兵杨洪部和辽东总兵曹毅部,准备驰援北京。

紫荆关一战对也先刺激也很大。尽管知道大明帝国的关口、坚城不好对付,但他没有想到仅仅几千人守备的紫荆关,就可以拖住自己四天时间,同时还搭上了数千骑兵的性命。

此时也先的处境也不好。在战争中,攻击的一方实际上是在消耗自己的力量,而这种消耗是有极限的。这一仗将也先从土木之战的喜悦中拉回现实——明军依然不是那么轻易可战胜的，他开始考虑自己是否需要结束战争，利用已经取得的胜利向大明求和，维持住自己的胜利果实。所以也先在夺取紫荆关后，没有像之前的成吉思汗和日后的皇太极那样，舍弃北京，向南扫荡河北、山东、河南诸省，反而继续向北京扑来。

也先这样安排还有一个直接原因——兵力不够。为保留一条可靠的退路，也先令自己最信任的弟弟伯颜帖木儿率领两万骑兵留守紫荆关。这下也先的兵力就进一步被削弱了，从出发时的九万人，到现在只有不到五万人陪着他继续进攻北京城。如果他拥有两百年前成吉思汗的二十万铁骑，或百年后皇太极的十几万八旗兵，也先的选择也许会和他们一样。

回到现实的也先还想再赌一把，看看能不能获得更多利益。所以，蒙古瓦剌部仍以孛罗、平章卯那孩的一万精锐为先锋，气势汹汹地向北京扑来。

第二节　展斗志背城列阵

正统十四年（公元1449年）十月八日，景泰帝朱祁钰正式下诏，由于谦提督诸营，石亨及诸将分守九门，准备决战。[①]随着战事再起，于谦的统帅地位已无可动摇。

---

① 《明史·景泰本纪》。

十月十日，大明兵部职方司衙门内正在召开最高军事会议。明军主将石亨、孙镗、张轨、柳溥四位新晋正一品武官全部到会，还有广宁伯刘安、武进伯朱瑛、镇远侯顾兴祖、都督陶瑾、刘聚、刘得新、范广、都指挥李端、汤节等。

以往朝廷出兵，都是由"勋贵派"中地位显贵之人任全军统帅，而这次破天荒由一个正二品文官——兵部尚书于谦来指挥这一大批一品武官作战。于谦虽仅为正二品兵部尚书，但此时他却没有丝毫顾忌，反倒是这帮平日里飞扬跋扈的"勋贵派"武官，在他面前毕恭毕敬。因为这里所有的一品大员都知道，正是于谦对他们的认可和提拔，他们才有资格站在这里。

刚刚受封为武清伯、右都督的石亨作为所有将领中实战经验最丰富的人率先发言。石亨认为，此时京军主力精锐已经全部损失在土木堡了，剩下的人马虽然字面上有十万之众，即使加上刚刚赶到的十二万备操军和备倭军，有二十二万，实际上的战斗力却不能和朱祁镇带走的那八万人相提并论。加上北京城规模宏大，本身就需要大量兵力防守。敌人多为骑兵，紫荆关的战斗表明他们并没有那么强大的攻坚能力，加上这一个多月以来，明军已经将通州的粮食尽数转运到北京城内，足可以支持大军一两个月的支用。据此，石亨认为明军应该凭借北京城内的深沟高墙，固守不出，等待蒙古瓦剌骑兵师老兵疲、自动退走。①

石亨这番话很有道理。现在于谦手中的这支明军战斗力不

---

① 《明史·于谦列传》载：石亨议敛兵坚壁老之。

强,特别是以往用于克制草原骑兵集团冲锋的"神机营"损失尤为惨重。在这种情况下,选择让这支战斗经验不足的军队和身经百战的瓦剌骑兵在城外硬碰硬,胜算不大。

但是于谦认为,完全缩在北京城内依然不是稳妥之策:明军过分退让,首先就会让也先的野心进一步膨胀,对大明更加轻视,可能会发起更加疯狂的进攻。更重要的是,此时大明的部队都已经集结在这里了,一旦也先摸清虚实,转而南下切断明军补给线,那么凭借蒙古瓦剌骑兵的机动性优势,他们可以和明军在河北大地上长期周旋下去。这样一来,本来固守城池的明军也将被迫出城寻敌决战,那可更危险。

于是,于谦反驳石亨说道:"奈何示弱,使敌益轻我。"① 战争是迫使敌人服从己方意志的暴力行为。既然要让对手服从我们的意志,那么就必须在战场上让敌人见识我们血战到底的决心。最终,会议否定了石亨的缩守战略,按照于谦的策略全军开出九门,准备背城决战。

明代的北京城是当时世界上最大的城市,分宫城(也称紫禁城),周长六华里;皇城,周长十八华里;京城,周长四十五华里。其中宫城和皇城都位于北部,直接与京城北面外墙相连。最外围的京城有九座城门,分别是正南面的正阳门、宣武门、崇文门;东南的朝阳门、东北的东直门;西南的阜成门、西北的西直门(也称彰义门);正北偏东的安定门和正北偏西的德胜门。

---

① 《明史·于谦列传》。

从已经侦察到的瓦剌军行军方向来看，京城的西面阜成门、西直门遭受攻击的可能性最大。此时明军已经知道了有喜宁这个叛徒，于谦认为敌人已经非常了解京城构造，这样的话威胁最大的应该不是西面，而应该是北面。因为从北面安定门和德胜门进攻，可以直接打进皇城北面的北安门和宫城北面的玄武门。反之，如果也先从南面攻击的话，那么他即使打破了南面的三道城门，在京城和宫城之间还有很大一片民居，这样也先的骑兵将陷入巷战，对也先的骑兵们不利。另外，北京城太大，绕道东面的朝阳门和东直门，敌人至少要多花费一天时间，而且撤退更麻烦，几乎也不太可能。

于谦根据自己的这个分析和判断，开始部署九门防御，他并没有在九门平均使用兵力，而是将主力集中在西面和北面的四个门，特别是西北的西直门和德胜门。他的具体部署如下：

南面，都指挥李端指挥五千备操兵守备正阳门，都督刘得新指挥一万备操兵守备崇文门，都指挥汤节指挥五千备操兵守备宣武门，三人由都督刘得新统一指挥，他们的任务是只守不攻，除非接到于谦本人将令，不得擅动一步。

东面，广宁伯刘安领两万备操兵守备东直门，武进伯朱瑛领两万备操兵守备朝阳门。刘安一旦接到北面德胜门或安定门遭到攻击的消息，立即率军全力支援；朱瑛一旦接到南面三门遭到攻击的消息，同样立即率军前往支援。

西面，都督刘聚领三万备倭兵守备西直门，镇远侯顾兴祖领两万备倭兵守护阜成门。二人由于谦直接节制，随时听令行动。

同时安排王竑在西面监军,又派高礼、毛福寿①率一万精锐"五军营"士兵在皇城外驻防,随时支援刘聚。

北面是于谦的防御重点。于谦派都督陶瑾领兵一万守备安定门,直接受自己节制,只守不攻,无于谦将令不得擅自进退。于谦本人和石亨一起统帅京军中抽调的"五军营"五万人马坐镇德胜门,指挥全军。另外,孙镗率一万"三千营"精锐骑兵在北面游击支援,范广率一万"神机营"和骑、步兵混成部队在北京城西北方向待机而动。城内于谦留下了两万人马和两位"勋贵派"的重要人物:张轨率一万人马守卫皇城,不得放一兵一卒入城;柳溥率一万人马保卫宫城,并在宫城北面玄武门集结,随时作为总预备队,听令调动。

总的来说,于谦在北京城的南面和东面布置了战斗力较弱的备操兵用以防御,其中南面只配置了两万人,东面配置了四万人。这样充分利用了京城巨大的面积来帮助其防御。即使也先攻击这两个方向,于谦也有充裕的时间调动部队前来支援。

西面和北面是于谦布防的重点,他判断也先必然会重点攻击西直门或德胜门。他在西面部署了五万相对具有更多实战经验的备倭军,还在此后留下一万人的"五军营"作为预备队。北面的德胜门是于谦布防的重中之重,他在这里部署了数量最多的五万"五军营"士兵,另外还留下一万"三千营"和一万"神机营"混成部队作为总预备队。

---

① 蒙古人,元右丞相伯卜花之孙。后改名毛胜,《明史》有传。

一切部署完毕后,于谦把兵部事务全部交付给新任兵部侍郎吴宁,自己和石亨率部开出城外,传令九门关闭。出城后,于谦下了一道死命令:"临阵将不顾军先退者,斩其将。军不顾将先退者,后队斩前队。"①于谦再次强调了这次作战只进无退,谁敢后退,后面的人便可诛之。这道命令彰显了于谦死战到底的决心。平心而论,军事方面于谦不如他的对手也先有经验,也没有也先那种能够把握战场偶然性的创造力,可于谦比也先有决心,而且还是必死的决心。所谓"天子守国门,君王死社稷"的说法并不准确。真正保卫社稷的永远不是皇帝,而是像于谦这样的社稷之臣,是二十多万在北京城下浴血奋战的将士。

果然,十月十一日,也先的先头部队孛罗、平章卯那孩率领的一万精锐对西直门发起了试探性进攻。防御西直门的部队是刘聚麾下的三万备倭军,战斗力不弱。后面还有"五军营"高礼和毛福寿的人马一直摩拳擦掌,见到敌人来犯,立刻调兵遣将,按照于谦的部署前去支援。紧接着,孙镗的"三千营"骑兵也从德胜门方向赶过来夹攻,顾兴祖也率部向西直门杀来。

孛罗、平章卯那孩也是草原名将,反应很快。眼见几万明军从几个方向杀来,立即下令全军向西北退却。明军顺利击退了对手的试探性攻击,极大地振奋了自己的士气,为即将到来的决战开了个好头。

瓦剌先锋部队大部分都是骑兵,机动性很强,损失不大,可

---

① 《明史·于谦列传》。

这仗对于也先的心理打击可不小。本来也先认为瓦剌骑兵只要兵临北京城下,主力部队已经被全歼的大明就会立即开城投降。即便不降,立下城下之盟、大发一笔战争财也是必然的。没想到,等待他的是二十多万严阵以待的明军。①

也先只是图财,于谦却想要搏命。

双方心态变了,采取的战略也变了。也先不急着进攻了,而是派人与大明谈判。喜宁甚至建议也先给英宗朱祁镇开出一亿两白银的赎身费!听到这个价钱,也先和他手底下的蒙古瓦剌贵族惊喜万分。喜宁告诉也先,目前"文官党"的领袖吏部尚书王直、礼部尚书胡濙、兵部尚书于谦这几人有话语权,要直接找到他们。也先欣然同意,立即派人拿着朱祁镇的手札进北京城,按喜宁提到的人名,开展谈判。

不过大明的栋梁们怎能随意被一个宦官为难住,他们的手腕高明得多。也先的使者未能得见三个人中任何一个人,反倒是刚继位的皇帝朱祁钰直接接见了他。双方一番寒暄问候后,朱祁钰的态度模棱两可:表示这笔钱能不能给,要跟诸位大臣和太后一起商量,也先的使者只能等待,大明掌握了谈判的主动权。

于谦根本就不想答应也先的条件,对他来说,这样的条件会把大明永久地钉在耻辱柱上。但是,大明需要借此机会确认一下朱祁镇是否还活着,毕竟他曾是皇帝,完全不予理会有失体统。所以,于谦和王直等人一番商量后,决定派右通政王复、太常少

---

① 《明史·于谦列传》载:也先深入,视京城可旦夕下。及见官军严阵待,意稍沮。

卿赵荣前往也先营中探望太上皇。朝堂之内都知道于谦对战争的态度，于是王复和赵荣抱着有去无回的决心，前往也先的牙帐。

也先这边听到使者汇报，心中疑惑，不知道对方的态度到底是怎样，于是也先决定先故意摆出架子威胁一下对方——瓦剌骑兵在王复和赵荣进营的路上，排起了刀山阵。[1]

可这两人完全不买账。王复抓住也先开口道："此次太师前来大明首都，是为了亲自护送太上皇归京。既然已经到了城下，那就应该让我们迎回太上皇。"还没等也先反应过来，王复已经转向朱祁镇，向他当面汇报了大明朝廷内部权力更迭的情况：太后已经同意立朱祁钰为帝，朱祁镇如今已经是太上皇，他的长子朱见深也成了太子，等等。

也先哭笑不得，只得将王复、赵荣送回北京城，推说还要进一步商量太上皇回归的具体事宜。王复这趟给大明帝国挣足了面子。而也先既丢了面子，也暴露了自己的虚实。自己本来出兵的名义就是送回朱祁镇，可到了北京城下，大明派两个人前来迎接，他却没有放朱祁镇回城，借口瞬间被拆穿，也先再次感到此时大明皇城内的这些人绝对不好对付。

但兵临城下，将至壕边，已经没有后退的余地。也先的冒险主义心思再次占了上风，他还是决定再做一番试探，说不定还会有在土木堡时那样的好运。

---

[1]《明史·王复列传》载：敌露刃夹之，复等不为慑。

第三节　战北京双方死斗

十月十二日这一天，也先并没有把全部时间和精力投入到谈判中去。他亲自带着一千多骑兵从北京西北面的瓦剌军大本营出发，围着北京城侦察了一圈，基本摸清楚了明军的防御分布：南面明军兵力最弱，北面和西面最强，东面离自己的军队最远。

也先当晚就召集手下高级将领，准备于第二天发起攻击。作为一个具有丰富经验的指挥官，也先看明白了于谦整个战场布局：明军布防最弱的是城南三门，但也先并没有准备攻打这里，因为他知道这是于谦故意设下的陷阱，即使蒙古瓦剌骑兵攻入城南的居民区，必然会陷入巷战，到那时明军可从东西夹攻，一旦城门被明军夺回，攻入城内的瓦剌军就将成为瓮中之鳖。攻击东面也不可能，距离太远会导致战线拉长，如果主力攻打北京城东，自己在北京城西北的大本营就有被偷袭的危险。

那么也先剩下的选择就只能硬攻明军重点布防的西直门和德胜门了，只要打开这两个门，就意味着打通了通往皇城和宫城的路，一旦大明皇宫燃起战火，整个北京明军的军心士气就会垮掉，那么土木堡一战的奇迹就将再次上演。

不过也先兵力毕竟有限，必须从中选一个作为攻击重点。也先决定先以先锋孛罗、平章卯那孩的一万人马佯攻德胜门，拖住于谦、石亨的主力部队，自己率三万人主攻西直门。佯攻部队尽量将于谦、石亨的主力向东吸引后，主攻部队再向西直门发起进攻。而后主攻部队一边进攻，一边向西后撤，将西直门守军诱出防御阵地，利用骑兵机动优势，彻底冲破明军主力的阻击，转而向西直门扑来，从侧后袭击西直门守军。最终，两支部队东西夹击，在明军其他支援赶到之前一举消灭西直门守军，突入宫城。

双方作战均已部署完毕，次日决战。

十月十三日寅时（清晨3点到5点），天还未大亮，孛罗、平章卯那孩就统帅一万蒙古骑兵冲出大营，前往德胜门外列阵，准备发动攻击。卯时（清晨5点到7点），两人正式向德胜门明军发起进攻。

于谦得知瓦剌骑兵开始进攻，丝毫未乱，他身穿铠甲，亲自和石亨一起率五万明军冲出营门，列阵迎敌。①孛罗、平章卯那孩见到于谦和石亨的大旗，知道明军主力已经出了营门，就要进入自己的圈套，十分开心。于是两人按照既定计划，发起攻击，吸引明军向东移动。

一千名瓦剌骑兵迅速出列，冲向明军军阵。在距离明军三百步时，瓦剌骑兵集体下马，拿出他们特有的大弓向明军发难。于谦对这种战术早有准备，他立即指挥士兵架起一人多高的大盾牌，四面八方组成龟阵，然后喊起口号，一步一步地向蒙古骑兵推进。前进到距离蒙古骑兵一百步的时候，瓦剌骑兵纷纷翻身上马，向自己的主力方向退走，并继续回身用轻弓射击明军的步兵方阵。

眼见瓦剌骑兵又拿出他们惯用的"风筝战术"，在阵后督战

---

① 《明史纪事本末·景泰登极守御》载：（于谦）乃率先士卒，躬擐甲胄，出营德胜门，以示必死。

的于谦命令各门大炮火力全开，轰击敌方军阵。石亨和儿子石彪也披挂上马，率领明军骑兵杀到两翼，保护步兵徐徐推进。一时间，五万"五军营"士兵在大炮、鼓声和震天的喊杀声中向敌人步步紧逼。于谦此生第一次看到如此壮观的场景，他深知大明国运在此一战，他满心壮烈，已下定决心今天非胜即死，不可能有第三种结局。

不过，孛罗、平章卯那孩和他们麾下的这一万精锐骑兵几乎都是百战余生的勇士，面对这种场面也并不紧张，反而在明军两翼各展开两千轻骑兵，采用环形队列，不停地向明军骑兵射箭。在瓦剌骑兵的不间断射击下，不断有明军骑兵倒下。石亨见形势有变，立即用鼓声传令变阵，骑兵退回到步兵盾阵中，寻求掩护，步兵盾阵不断向两翼张开，准备围住对手，利用数量上的优势展开攻击。

不过明军尽管在数量上有优势，速度上却是绝对劣势。明军这套战法的关键在于，要逼迫对方骑兵主动攻击自己的步兵方阵，要做到这一点，必须让对方骑兵除此之外没有更好的选择，这需要"神机营"火器的协助，可是"神机营"精锐多数已战死在土木堡，此时并无训练有素的炮兵和火枪兵，所以虽然炮击气势汹汹，但瓦剌骑兵的损失并不大。

孛罗、平章卯那孩两人决定按计划开始将明军引向东面，于是一万瓦剌骑兵分散成五个环形阵，一边向对手射击，一边交替掩护转向安定门方向。石亨见状也不犹豫，直接把五万明军以北京城墙为基线，向北展开十多里，每隔五十步形成一个三百人左右的步兵方阵，呈国际象棋的棋盘格式排布，不疾不徐地跟在蒙古瓦剌骑兵身后。

两边一方骑着马射着箭，一方步行举着盾，就这样从卯时一直战到辰时（早7点到9点），明军这边虽有几百人中箭伤亡，但阵型不乱。孛罗和平章卯那孩突然发现情况不对，石亨这看似蠢笨的步兵墙方阵，实际上已经隔断了他们和也先主力的联系，再向东走，驻守安定门的陶瑾统帅一万人就挡在前面。原来是他们中了于谦的计，于谦就是要利用蒙古骑兵的作战特点，把他们逼离主战场。

卯时，也先派出的细作开始在北京城内放火，企图让明军发生混乱。这些人虽然被负责巡城的王竑抓捕不少，但是北京城内仍有多处着火，其中有一处是顾兴祖的祖宅。这时，顾兴祖正在内城，看见自己家着火，他急急忙忙命令高礼、毛福寿等人前往帮忙灭火。到辰时终于把火扑灭，顾兴祖得知蒙古主力正在攻击西直门，他担心再次冒出奸细，威胁皇帝安危。于是他就以警戒城内的名义把高礼和毛福寿的预备队扣住，不让他们随便行动。这样一来，原本配属给西直门的四万人马又少了一万。之前德胜门方向吃紧，孙镗的一万"三千营"骑兵已经被于谦调走。这下刘聚只有三万备倭兵对战三万蒙古瓦剌精锐骑兵，双方兵力几乎相等。也先的第一步计划——削弱西直门的防御，成功了。

辰时，也先率领麾下三万人马开始对西直门发起进攻。

刘聚的守备重点是西直门外的一个小土城。于谦让他守在这里的本意是想让他凭借土城民居作为工事，和瓦剌骑兵周旋，充分发挥备倭兵擅长巷战和单兵战斗能力强的特点。而这些身经百战的备倭兵长期同海盗作战,十分彪悍,不愿意在土城工事中等着敌人来攻。眼看三万蒙古骑兵出现在面前,刘聚麾下副总兵武兴、都督王敬率两万备倭军向土城外的瓦剌骑兵率先发起了冲锋。

也先还没见过步兵向骑兵发起冲锋的战法,正疑惑不解,却见这队明军以重甲步兵居前,他们身穿两层铠甲,手持长刀或长枪,行动速度远比明军京营的大盾步兵快得多,一瞬间竟然逼近蒙古骑兵的行列,双方展开肉搏战。

骑兵的优势是速度,近身跟重甲步兵肉搏便陷入绝对劣势,眼见自己的战士一个个被明军重甲步兵拖下马砍死,也先下令立即后撤,重整队伍。瓦剌军的主力竟然被逼退了,刘聚非常高兴,立即派人报告于谦称西直门已击退敌军的攻击。

其实,也先只是被备倭军这种凶悍战法给唬住了,很快他就清醒过来。他传令全军后退三里,清点后发现三万蒙古骑兵并没受多大影响,已经重新稳住阵脚。备倭军一番冲锋获胜,士气大涨,再加上军中没有几个真正和瓦剌骑兵交过手的,便生出轻敌之心,觉得敌人不过如此。原本应该重新列阵再战,而几个负责监军的宦官想要争功,竟然带着几百人,向后退的蒙古骑兵重新发起冲锋。①

也先终于明白这并不是什么特别的战术,只是一种鲁莽的冲阵。他命令三万瓦剌骑兵分三队展开,中间一队后退,左右两翼

---

① 《明史·于谦列传》载:寇且却,而内官数百骑欲争功,跃马竞前。

前进，形成一个凹字阵。备倭军一见对手又要退了，立即追了过去，一头撞进了瓦剌骑兵的包围圈，这次迎接他们的是从四面八方射来的箭雨！

副总兵武兴被一箭射穿喉咙，死于马下。①大将一死，明军军阵被瓦剌骑兵再次冲乱，瞬间崩溃。刘聚刚刚向于谦报捷，结果转瞬之间就被打得大败，只能一面让剩下的一万备倭兵死守不动，凭借土城和敌人周旋，一面向于谦告急，请求高礼、毛福寿立即率军前来支援。

可高礼、毛福寿刚刚被顾兴祖拦在内城警戒，士兵正忙着搜捕间谍，一时之间来不及集结。这时候，两支意料之外的援军赶到了土城战场，一支是在这里居住的老百姓，自发爬到自家的屋顶，拿起砖块、瓦片向突入土城的瓦剌骑兵砸过去。②虽然不可能实际拦阻对手，但让也先误认为自己中了明军埋伏，下令暂缓攻击，等待孛罗和平章卯那孩的一万精锐转回来，从背后包抄，消灭明军，再夺土城和西直门。

另外一支援兵是孙镗的一万"三千营"骑兵。他们本来就被于谦安排作为预备队使用。当得知西直门报捷时，和草原各部打了半辈子仗的孙镗就觉得事情不对。他非常清楚备倭兵是不可能轻易击退瓦剌骑兵的，如果可能那就意味着他们中了埋伏。于是他来不及请示于谦，立即把自己的一万"三千营"精锐骑兵，排

---

① 《明史·于谦列传》载：阵乱，兴被流矢死，寇逐至土城。
② 《明史·于谦列传》载：居民升屋，号呼投砖石击寇，哗声动天。

成战斗队形,向西直门方向警戒前进。

果然,不过半个时辰,西直门军队崩溃,副总兵武兴战死的消息传来,孙镗毫不犹豫地率军向西直门的也先直扑过去,拦在对手面前。"三千营"是世兵制,主力在一个多月前被也先消灭在鹞儿岭。此时剩下的"三千营"中的士兵大多数是那支被消灭队伍的亲属,如今仇人相见,分外眼红,两边的骑兵不由分说就搅在了一起。

几番对冲下来,明军明显处于劣势。孙镗虽然手刃数名敌军,无奈士兵之间的战力差距非常大。眼见露出败势,孙镗决定亲自带几名精英,攻向也先,准备和他同归于尽。也先立即发现了杀气腾腾的孙镗,他主动后撤,再次采用了和对付武兴一样的办法,集中了几千人把孙镗围住。[①]孙镗的"三千营"已经全部陷入混战,刘聚部也已经被切割得七零八落,在整个西直门战场上,明军和对手陷入混战,彼此都无法实施有效指挥。但明军没有一个人后退,无论被围困还是被切割,都在原地和敌人以命相拼。

也先自七月发兵以来,从来没有遇到过这样的对手。在西直门外的明军都视死如归。这种胶着的状态下,也先也不敢轻易后撤。因为一旦这样做,他的战线就可能全面崩溃。他决定继续进攻,把胜利的希望寄托在孛罗和平章卯那孩那一万骑兵可以按照计划从东北面向明军侧后发起进攻。

同时,为了尽快突破孙镗和刘聚残兵的阻击,也先需要新的

[①] 《明史·孙镗列传》载:镗与大战,斩其前锋数人。寇稍北,镗逐之,寇益兵围镗。镗力战不解。

突击力量，他决定从大本营中再次调出五千骑兵，并且请出大汗脱脱不花和蒙古圣物——成吉思汗的苏鲁锭长矛，以壮声势。

脱脱不花眼见祖先的元大都就在眼前，接到也先的传话，一时也豪情满怀，立即下令五千骑兵整队上马，向西直门扑来。

北京保卫战达到高潮。

第四节　哀明军全线反击

明正统十四年（公元1449年）十月十三日，北京保卫战自卯时已经打到了巳时（早9点到11点）。蒙古瓦剌五万骑兵和大明军八万人，在西直门和德胜门两个城门口激战。

战况最激烈的是西直门。明军原本放在这里把守的三万备倭军，已有两万人基本被击溃，剩下的一万人和前来支援的"三千营"骑兵一万人借助土城老百姓的支援，勉强挡住了三万蒙古瓦剌骑兵的冲锋。但整个战线已经被撕碎，明军的抵抗已经失去组织，变成各自为战。

此时，蒙古大汗脱脱不花亲率五千骑兵前来增援也先。脱脱不花举起成吉思汗的苏鲁锭长矛，厉声高呼，全军突击。每一个草原的骑士回想起成吉思汗的光荣与梦想，瞬间一扫疲惫，迫不及待地想要再现当年的辉煌，不顾一切地向西直门冲来，明军形势不妙。

孙镗率残部一番血战，来到西直门下，请求城楼督战的左副都御史杨善、吏科给事中程信放自己进城。结果没等杨善发话，程信就立刻拒绝了孙镗的请求，并再次向他重申了于谦"有进无退"的命令。孙镗彻底绝望，只得再次冲向瓦剌军，走向必死的结局。就在孙镗和属下即将被歼之时，高礼、毛福寿的一万援兵终于赶到，他们立即冲上去和也先的骑兵厮杀起来。原本毛福寿和孙镗有些过节，可在王竑的厉声命令下，高礼和毛福寿也就顾不得那么多了。军队刚刚完成集结，就以急行军的速度赶到西直门支援孙镗。城楼上的杨善和程信立即命令所有弓箭手、火枪手以及火炮全部向敌人开火，支援外围明军。这一套组合拳打下来，瓦剌军的冲锋也没了锐气，明军终于顶住了也先的强攻。①

西直门外，双方再次陷入僵局，都盼着援兵赶来支援。瓦剌军毕竟都是精锐，明军这边临时拼凑起来的部队难以抗衡，打到接近午时（11点到13点），明军已经呈现出败势，高礼被敌人射死在阵中，刘聚、孙镗、毛福寿只能勉强维持。也先军也在勉强支撑，双方望眼欲穿，此时谁的援兵先到，谁就能获胜。

午时，兵部尚书于谦和右都督石亨的大旗出现在了西直门北。

原来巳时之后，德胜门方面两军情况又有了新的变化。也先派出几波传令兵前来催促孛罗和平章卯那孩，要他们按照原定计划从侧后夹击刘聚等在西直门的明军，两人决定从北翼突破于谦和石亨的步兵大阵，全军转向西直门。

可是他们俩不知道，于谦早就防备着这手。

---

① 《明史·程信列传》载：都督孙镗击也先失利，欲入城，信不纳，督军从城上发箭炮助之。镗战益力，也先遂却。

于谦和石亨昨天夜里就为德胜门守军制订了专门的作战计划，以步兵方阵压迫对手向东，从而阻隔其与也先大本营的联系，逼迫对手向北翼迂回明军的步兵大阵。同时，把范广的一万混成"神机营"兵力部署在距离北京城以北八里的一个废弃房舍区，利用这里复杂的地形埋伏下各类火器、火雷、火药。① 范广为了确保敌人从这里经过，还向于谦建议用五百骑兵引诱对手进入伏击圈。

计划已定，于谦、石亨完全按照部署行动。全军五万人展开步兵阵，将孛罗和平章卯那孩一直推向东面的安定门。孛罗和平章卯那孩中计。正当他们绕过明军步兵大阵最北翼的时候，范广的五百骑兵从侧后袭击了两人的队列，石亨也率领五军营步兵和敌人紧紧缠斗在一起。为了尽快向也先靠拢，孛罗和平章卯那孩果然如于谦所料，全军冲入了范广预设的伏击阵地。

埋伏在民房中的"神机营"兵士，从房子里伸出火器，组成密集的交叉火力网，配上已经埋好的火药、火雷向敌人火力全开，孛罗和平章卯那孩毫无准备，两人在一片混乱中身亡。② 蒙古瓦剌先锋军也被这突如其来的袭击打得晕头转向，队形彻底被破坏。在这震天的声响中，即使是身经百战的勇士，也丧失了继续战斗的勇气。石亨和范广的骑兵毫不放松，向敌人猛扑过来。这支被也先寄予厚望的先锋军，全线崩溃，四散奔逃。

---

① 《明史·于谦列传》载：谦令亨设伏空舍，遣数骑诱敌。敌以万骑来薄，副总兵范广发火器，伏起齐击之。

② 《明史·于谦列传》载：也先弟孛罗、平章卯那孩中砲死。

与此同时，已经判明也先主攻方向的于谦，立即传令朝阳门和东直门守军，各留下五千人马守备，其余三万备操兵，立即在广宁伯刘安统帅下，向安定门集结，攻击前进；顾兴祖所部两万人，除留下五千人守备阜新门外，其余一万五千人立即前往西直门增援。

刚刚击败蒙古瓦剌先锋军的石亨和范广也开始重整队伍，准备向西直门攻击前进。范广向于谦建议，他和石亨的儿子石彪先率领德胜门这边所有的骑兵，大约一万人抢先前往西直门救援，于谦和石亨则率领剩下的五万多"五军营"步兵和"神机营"火枪兵一起攻击也先大本营。石亨同意了范广的建议，不过他请求自己代替范广，和儿子石彪率骑兵前往。于谦考虑到范广已经让对手损失了两位主将，而石亨还没有什么太大斩获，基于平衡心态，他同意了石亨的建议，让范广留下重整步兵，下令全军进食饮水，同时保持对西直门方向和也先大本营方向的警戒。

时间转到午时，石亨和石彪的一万骑兵终于出现在了西直门以北，战局彻底逆转，明军士气大振，开始反击。也先等了一个多时辰没有盼来自己的援军，他知道已经凶多吉少。于是，他下令全军后退五里，重新集结。午时三刻，顾兴祖的部队也在西直门南面出现。也先知道了自己弟弟和爱将的死讯，但是他顾不上悲伤，再打下去，于谦、范广的五万多人也会再压过来，到时自己插翅难逃。也先最终放弃了攻进北京的想法，让伤员先行撤退，自己率两万人马为全军断后。瓦剌骑兵全线停止进攻，向大本营撤去。大明军经过一天的浴血搏杀，终于在北京城下背水一战，赢得了这场保卫战的胜利。

此战，双方损失都很大。西直门之战，明军两名副总兵武兴和高礼阵亡，负责防守西直门的三万备倭军，战后仅剩一半还能维持战斗力。"三千营"的骑兵也在西直门损失了接近一半，高礼、毛福寿的一万"五军营"部队也损失了三千人左右。西直门这边的战斗，明军先后投入五万多人，最终损失掉了差不多一半；也先这边投入攻击西直门的部队先后是三万五千人，损失掉了大约五千人，可见，瓦剌军战斗力确实强悍。

真正让也先付出重大代价的是德胜门之战。蒙古瓦剌先锋军的两位指挥官也先之弟孛罗、平章卯那孩双双阵亡，一万多人的部队损失了近七成，而明军投入的石亨部"五军营"五万人和范广"神机营"一万，借助强大的火器，损失不超过两千人。

北京城下这一仗，于谦占有兵力和地势上的优势，也先则在兵员素质和用兵经验上占有优势。也先在会战开始前的设想和计划水平要高于明军，他用一万人马调开于谦六万主力，用三万人马攻击明军五万守军的战役设想基本实现。但他赋予一万先锋军的任务实在是太过于繁重：既要牵制六倍于己的明军，又要从背后向主攻方向西直门发起突袭，实际上把自己最精锐的力量主动投入危机之中。

造成这个问题的根本原因是也先这次投入的军队数量不足，不是土木堡的十二万人马，而是经过长途跋涉仅剩的五万多人。即使他亮出了成吉思汗的苏鲁锭长矛，也不能弥补数量上的巨大差距。如果他仍然可以像土木堡之战时那样把十二万大军聚齐，那么胜负也就难以预料了。

作为一位新手统帅,于谦最大的成功就在于他坚持住了自己战前的策略:通过步兵方阵分割也先军,再利用人数上的优势,先击破其中一股。即使发现也先的主攻方向和自己判断的不一样,他也没有慌乱和轻易改变计划,反而坚定地先消灭也先的牵制部队,再转进主战场。因为于谦敏锐地认识到了一个问题:对于兵力不足的也先来说,哪怕是牵制部队遭到打击,也是承受不起的。

应该说,如果也先兵力不足的根本问题解决不了,那么他就无法在北京城下战胜于谦。即使也先率部成功突入西直门,面对于谦南北两个方向八万人的援兵,很大概率会有去无回。明军城东、城南的部队和宫城、皇城的近十万部队再投入战斗,也先的突袭可以说是毫无胜算。

更关键的是,于谦有一个地方远远胜过也先,那就是他死战到底的决心。虽然对也先的主攻方向判断错误,但是于谦依然毫不犹豫地和对手死战,他下达的那道"宁死不退"的命令,是这二十多万临时拼凑起来的明军能够最终取胜的根本原因。正是于谦统帅的明军在京城下展现出了视死如归的战斗意志,让也先彻底放弃了攻克北京的打算。

总体来看,明军方面损失接近三万人,蒙古瓦剌方面损失超过一万人。三万人的伤亡对于成功守住北京的明军来说并不惨重,但一万人的伤亡对也先来说却已经伤筋动骨。因为这些瓦剌骑兵是也先和他父亲、祖父积攒了三十多年的心血。三十年间从三万人发展到九万人,结果一天就被消灭了一万。

土木国殇,大明帝国的脊梁骨几乎被打断。面对如此险境,于谦挺身而出,定大计于朝堂,立新君以公心,安抚流亡军民,重整部队。敌人杀至城下,于谦披挂上阵、亲临一线,绝不后退一步。这种城在我在的勇气和敢于担当的精神,"救时宰相"之称于谦当之无愧。

第五节 驱强敌众人受赏

明正统十四年(公元1449年)十月十三日夜,蒙古瓦剌军玉泉山大本营中突然响起了隆隆炮声。原来于谦并没有准备让也先休息,他派范广率领"神机营"连夜炮击也先。过了胆战心惊的一夜后,十月十四日,也先发现大明宣府总兵杨洪的大旗出现在北面。他终于明白北京城下绝非久留之地。联想到在大同城里屡出奇谋的郭登,如果此时郭登攻向紫荆关,也先唯一的退路就会被切断。

也先终于意识到自己处在一个十分危险的境况下。原本他认为可以为他带来巨大财富的太上皇朱祁镇已经被证明失去了作用,而现在自己再想攻克北京城也绝无可能,再在这里停留下去,需要面对的明军只会越来越多,很有可能死无葬身之地。

这一天,也先召集所有人商议退兵之事。经昨日一战,大家发现明军兵力依然充沛,今天早上又看到了杨洪的大旗,所有人都同意退兵。有人还当场质问喜宁,是否提供了假情报,为何明军一个月内又能聚集这么多兵马。喜宁毕竟只是一个宦官,对这个问题无法回答。

此时明军帐中,于谦也正在和杨洪商议如何将蒙古瓦剌骑兵彻底赶出大明领土。杨洪认为蒙古瓦剌部现在能战的兵力不过四万多人,明军在北京周围有超过二十万人,应该抓住机会,将也先这匹野心狼斩草除根。大家一致判定也先不敢再战,而关于也先的撤退路线,杨洪判断他必然会经紫荆关退走,明军此时仍然占据涿州、易州、霸州一带,应该派兵出房山,直插易州,切断敌人退路,将其全部歼灭在京师一带。

但是,于谦反对杨洪全歼蒙古瓦剌军的主张。他认为昨日一战,已经感到敌人战力确实强悍,如果要全歼这帮人的话,也先势必和明军拼个鱼死网破,况且太上皇朱祁镇还在也先手里。所以明军不宜对也先逼迫太过,应该让他们主动撤走,明军紧随其后,将紫荆关等地一并夺回,恢复战前态势,军中众将一致认可。

最后议定,由杨洪担任总兵官,孙镗、范广为副总兵官,杨洪率本部兵马两万,孙镗率"三千营"骑兵一万,范广率"神机营"火枪手一万,共计四万人追击也先。①

也先当晚连夜拔营出发。为了加快撤军速度,他抛下一些多余的辎重和马匹,撇下重伤员,全军向南撤往良乡。同时,派人

---

① 《明史·杨洪列传》载:敕洪与孙镗、范广等追击余寇。

紧急传令给驻守在紫荆关的弟弟伯颜帖木儿，让他派兵前往良乡一带接应自己。

十月十五日，也先退兵离开北京城。杨洪、孙镗、范广的部队很快追了上去。也先前脚刚刚退到良乡，就接到伯颜帖木儿的紧急传书，明军正在涿州一带集结，从良乡经涿州退往紫荆关的路已不通。面对前有堵截，后有追兵的境地，也先再次施展计谋，一面派出一千多人带着掠来的上万人口、牲畜，伪装主力部队经卢沟、固安撤向霸州；一面让一万多精锐骑兵，带上抢来的钱物经过良乡走大房山小路，退往紫荆关外。另外剩下的不到三万骑兵全部轻装，冲破涿州正在集结的明军防线，直接向易州、紫荆关方向连夜奔走。

跟在后面的杨洪见也先分兵退走，判断出现了问题。他带着明军主力，直接跟着也先伪装主力的部队，杀向霸州，杨洪只抢回了数万人口和牲畜，算是挽回了一点损失。① 只有孙镗认定敌人肯定还是会从涿州退走，独自率领"三千营"骑兵追击也先主力，反而在涿州一战斩获颇丰。②

可这样一来，明军的追击方向还是有错，兵力并不集中。也先于十月十七日经过紫荆关逃了出去，留下伯颜帖木儿两万人马断后。等到杨洪从霸州绕了一大圈赶到紫荆关的时候，伯颜帖木儿早就做好了准备，在紫荆关下给了杨洪一记重拳。明军损失数

---

① 《明史·杨洪列传》载：至霸州破之，获阿归等四十八人，还所掠人畜万计。
② 《明史·孙镗列传》载：诏镗副杨洪追之，战于涿州深沟，颇有斩获。

百人，杨洪的儿子杨俊差点也死在战斗中。①明军再无战心，只是在伯颜帖木儿全军撤出紫荆关后重新夺回了关隘。也先也没有再打下去的意愿，全军在大同重新集结后，退往长城以北过冬，准备来年再做打算。

由此可见，于谦对双方战斗力的判断是正确的。明军战斗力确实和敌人存在很大差距，瓦剌骑兵虽然在北京城下受挫，但依然有能力击退明军的追兵。当务之急，不是和也先一仗定胜负，而是要提升明军战斗力，稳固大明京师的安全。

虽然野战不顺利，但明军在北京城下毕竟打了一个胜仗，又临近新年，景泰帝朱祁钰十分高兴，祖宗的江山保住了，自己的位子也终于坐稳了。大明朝堂上下一片喜气洋洋，准备论功行赏。

武官当中以石亨为首功，进封"武清侯"，成为"勋贵派"实质上的领袖。范广在德胜门下，作战英勇，斩获最多，被晋升为都督同知（正二品）。反倒是表现不错的孙镗先是因为西直门战斗最激烈的时候想要退回城中，先被给事中程信弹劾；后又因为在追击时让杨洪丢了面子，被杨洪弹劾，结果这位功臣反而被送进了牢房。在石亨的求情下，最终朱祁钰下令将他释放，但没有加官晋爵，仍然安排他负责"三千营"骑兵训练工作。

文官中于谦自然是首功，但他仅仅晋升了"半级"，被升为从一品少保，没有世袭爵位和官位。于谦根本没把这些放在心上，他关心的依然是大明的江山，他向景泰帝朱祁钰进言："四

---

① 《明史·杨洪列传》载：及关，寇返斗，杀官军数百人，洪子俊几为所及。

郊多垒，卿大夫之耻也，敢邀功赏哉！"①意思是现在北京城的四面八方都有敌人的堡垒要塞，这是臣子们的耻辱，怎么还敢要赏赐呢！虽然于谦一心为国，但试想如果连于谦都拒绝赏赐，其他人又有谁有资格要呢？所以朱祁钰坚决不同意于谦推辞赏赐，朝堂之上，王直、胡濙、高谷也执意要求于谦必须接受皇帝赏赐，否则其他人无法受赏。于谦只能同意。

即使是这样，也还有人认为给于谦的赏赐太少，这个人就是石亨。他虽是个粗人，但也知道于谦在北京保卫战中的功劳比自己大。现在他受封侯爵，而于谦却没有获得世袭的爵位，这让他感到羞愧。于是，石亨背着于谦向朱祁钰提出应该进一步封赏于谦，应当赐他世袭职位或者爵位，如果于谦不肯接受的话，可以改封他的儿子于冕。②朱祁钰也认同石亨的做法，立即派人把在杭州老家替于谦侍奉双亲的于冕召到北京，准备加封。

这个举动非同小可。按照大明帝国的规矩，非军功不得封公、侯、伯这一类的世袭爵位。虽然于谦这次亲临一线，又是明军总指挥，无论如何有封爵的资格，但是一旦接受封爵，于谦的政治位置就变了。他将由科举出生的"文官党"领袖摇身一变成为"勋贵派"代言人。所以石亨的这番举动，绝对不仅仅是他个人的想法，而是他试图代表身后的"勋贵派"把于谦这个最受新任皇帝信任的文官，拉入己方阵营。在此之前的兵部尚书王骥就

---

① 《明史·于谦列传》。

② 《明史·于谦列传》载：德胜之捷，亨功不加谦而得世侯，内愧，乃疏荐谦子冕。

是一个现成的例子：王骥因为军功被封爵，成为"勋贵派"的一员，后来甚至跟随石亨等人发动政变。

可问题是于谦不愿意这样获得世袭官职，他发自内心地鄙视"勋贵派"这帮靠祖宗吃饭的武将，也不屑于为自己的子女寻求爵位。①

所以，一心为国的于谦拒绝了石亨的好意，给出的理由是：

"国家多事，臣子义不得顾私恩。且亨位大将，不闻举一幽隐，拔一行伍微贱，以裨军国，而独荐臣子，于公议得乎？臣于军功，力杜侥幸，绝不敢以子滥功。"②

于谦认为现在国家遭逢大难，虽然勉强渡过，但还是处在多事之秋，作为臣子，不能够因私废公。紧接着他就开始批评石亨这样出生"勋贵派"的武将，认为他不能够推举其他的良臣猛将，偏偏推荐他于谦的儿子，加上两人在北京保卫战时配合密切，石亨又受于谦保举，受封一事必然会引起朝野议论，指责二人结党营私，图谋不轨，到时百口难辩。最后于谦称自己的军功只是侥幸，不敢让儿子就这样受封。

于谦这番话说得大义凛然，但石亨这样的"勋贵派"根本无法理解。果然，石亨通过朱祁钰身边的宦官曹吉祥得知了于谦上书辞封的消息后，大为愤怒，从此和于谦恩断义绝。在他看来，自己一片好心，于谦却并不领情，而且还向皇帝说了自己的坏

① 《明史·于谦列传》载：勋旧贵戚意颇轻之。
② 《明史·于谦列传》。

话，实在是过分。

石亨的愤怒只能说明他的境界和于谦相差太远。于谦这样做除了自己的性格操守之外，实际上还有避祸的想法。晋升少保后，于谦实际就成为百官之首，虽然没有入内阁，但朱祁钰却给了他可以否决内阁票拟的大权和总督天下兵马的兵权。政权、兵权已经由他一人独揽，这种时候，如果于谦再和石亨这样的边关大将交好，那就犯了大忌讳。要知道封建社会中，一个权臣是否被认定为谋反，不完全取决于他是否有这个意图，往往更多取决于他是否有这样的实力。

此时于谦刻意借此机会疏远石亨，最主要的原因就是自己的身份地位发生了变化，现在他已经是一人之下万人之上，所谓树大招风，必须小心谨慎。

所以，于谦辞封的举动不光是在保护自己，也是在保护石亨。可惜石亨并未参透于谦的这一想法，反而生于谦的气，只能说明两个人从根本上的追求不一致，确实没法交流。后来石亨也恰恰是因为于谦死后再也无人可约束他，所以随意干涉朝廷官员选举，最终自取灭亡。

于谦辞去世袭官职还因为他注重名声。这一点于谦跟儿子于冕交代得很清楚："纵欲为子求官，自当乞恩于君父，何必假手于亨？"①意思就是说，即使想为于冕求官，也应由自己向皇帝提出，不可让石亨出面，而引来种种祸患。于谦不想欠石亨这

---

① 《于谦集·先肃愍公行状》。

个人情,不想授人以柄。他一心一意为国为民,不想加入任何团体,只愿孤身一人,孤独前行。

他后来向儿子于冕解释了自己的良苦用心,说了一番椎心泣血的话:"我本书生不知兵,惟圣主忧勤,吾分当死,遂不揣调度军马,区区犬马之劳,顾何宠异之重,尔宜砥砺名节,毋添朝廷官尔之意。"①

这既是于谦谦虚的表态——北京保卫战的胜利是靠皇帝朱祁钰的知遇之恩,又是他对自己在北京保卫战中的作用的清醒认识,更有对儿子于冕舐犊情深的殷殷关切。

能够在立下社稷之功时,依然保持如此清醒的头脑,辞让封赏,拒绝拉拢,甚至为此委屈自己的儿子,实在是难得的高风亮节。要知道于冕此时已经三十一岁了,他的科举之路非常不顺利,想要跨入仕途,此时的封荫就是最好的甚至是唯一的机会。于谦的这份决心和毅力,在百年之后,依然让人动容。

这一年,于谦五十六岁。他打败了战场上凶残狡黠的敌人,成为大明百官领袖。可在北京保卫战之后,在大明官场波诡云谲的政治斗争中,于谦还可以全身而退吗?

---

① 《于谦集·先肃愍公行状》。

第六章 朝中柱石

打退瓦剌部队的攻击后,明代宗朱祁钰于公元1450年正月初一正式登基称帝,改年号为景泰,史称景泰帝。于谦凭借自己在北京保卫战中的功绩,进位少保,成为大明帝国第一位执掌军权的文官。此后他改革团营、修整边防、用间敌国,为大明彻底排除瓦剌边患,堪称朝中柱石。

第一节 正朝纲景泰御宇

大明景泰元年(公元1450年)正月初一,终于开始使用自己年号的景泰帝朱祁钰身着正装衮冕,腰系白罗大带,手捧六彩大绶,在奉天殿接受群臣朝拜。①文官之首乃是从一品少保兼兵

---

① 《明史·礼志》载:遇正旦、冬至、圣诞节,于奉天殿丹陛上行礼。

部尚书、总督军务于谦，武将之魁则是武清侯、正一品右都督、佩镇朔大将军印、提督京营军务石亨。

大明帝国新的时代开始了。

朱祁钰作为新君登基改元，他需要建立一套真正属于自己的朝堂班底。为此，朱祁钰首先圈定了自己手下的一文一武：扶自己登基、指挥北京保卫战的少保兼兵部尚书于谦；自己从"勋贵派"中提拔起来、在北京保卫战中浴血厮杀的石亨，以这两人为首，景泰帝朱祁钰开始对整个朝廷进行洗牌。

首先被清理的就是大明后宫的司礼监，这个部门关系朱祁钰的身家性命，必须牢牢掌握在自己手里。王振死后，孙太后启用自己的亲信金英继续控制司礼监。由于金英资历足够，在朝中有一定影响力，朱祁钰刚刚上位的时候，不敢轻易得罪他，更不敢找他背后孙太后的麻烦，北京保卫战期间，双方基本上相安无事。

可当明军在北京城下打败蒙古瓦剌大军之后，朱祁钰正式改元登基，彻底坐稳皇位，双方的心态都变了。景泰元年元旦，接受群臣朝拜后，朱祁钰心理上得到极大满足，原本可望而不可即的至高无上的权力，现在已牢牢在握。他最关注的问题变成了如何将这个位子传给他自己的子孙后代。

这一下，朱祁钰和金英以及金英背后的孙太后的矛盾就逐渐变得不可调和。公元1449年，孙太后同意朱祁钰登基最重要的条件就是封英宗朱祁镇长子、生于正统十二年（公元1447年）十一月初二的朱见深为太子。可朱祁钰也有儿子，他的独子朱见济生于正统十三年（公元1448年）七月初二。

于是景泰帝朱祁钰开始投石问路。六月底的一天，他故意问金英："七月初二难道不是东宫太子的生日吗？宫里准备安排什么活动庆祝一下？"在宫里待了大半辈子的金英对皇子们生日非常清楚，一听就明白，这说的是朱见济不是朱见深，朱祁钰这话是准备要换太子！他不愿意遵守和孙太后的约定，想让自己的后代永远占有皇帝宝座。在大是大非问题上，金英表现出自己的忠心和机智，他整理衣装，跪下对朱祁钰行三跪九叩正式大礼，然后抬头不卑不亢地回话："东宫太子的生日是十一月初二，陛下您记错了。"①

朱祁钰没想到金英竟然如此直白。这句话也说明金英已经站队孙太后，绝对不会倒向朱祁钰一边。既然如此，倒也简单了，朱祁钰表面不为所动，暗地里开始授意手下搜集金英罪证。就在景泰元年（公元1450年）十一月，金英因为受贿罪，被打入死牢。②当然，金英毕竟是孙太后的亲信，已经侍奉了她大半辈子，朱祁钰立马赦免了金英死罪，改为终身监禁。这样一来，既没有和孙太后彻底撕破脸，二来也彰显了自己的仁君之像。

现在司礼监掌印太监的位子空出来了，原本金英的跟班兴安立即上位成为司礼监掌印太监。他在朱祁钰即将登基时选择了效

---

① 《明史纪事本末·南宫复辟》载：先是，上欲易储，语太监金英曰："七月初二日，东宫生日也。"英顿首对曰："东宫生日是十一月初二日。"上默然。

② 《明史·宦官列传·金英传》载：景泰元年十一月，英犯赃罪，下狱论死。

忠,已经是朱祁钰可以信任的近臣。这样朱祁钰才算彻底控制了大明帝国权力核心机构之一——司礼监。

当然,仅靠司礼监办不了政务,还需要控制大明帝国权力核心机构——内阁。正统、景泰年间,大明内阁和后世严嵩、张居正时代不一样,没有所谓首辅、次辅一说,阁员一律平等,大家都可以秉笔票拟,提出各自的解决办法。只是时间一长,内阁成员意识到这只会给自己带来麻烦,就开始在票拟之前先商量一下,形成统一意见。久而久之,内阁中职位最高的那个人就成了最后下笔的人,最后发展到只有他能动笔票拟,其他人只能陈述意见。

此时,内阁中官位最高的是刚刚升任工部尚书兼翰林学士、执掌阁务的高谷。①高谷正统十年入阁,当时还只是一个侍讲学士、工部右侍郎。本来在他前面有曹鼐这样状元及第的高才,可是土木堡之战曹鼐身死,排在他后面的高谷自然就成了内阁主事人。高谷为人忠厚,做事不偏不倚,但他在朱祁钰心目中,可用却不好用。

作为新帝,他迫切需要在内阁中有自己的势力。于是登基之初,他就把正统十年连中三元的才子商辂和正统十三年进士第一的彭时作为心腹,召入内阁。不过由于资历尚浅,这两个人暂时无法发挥太大的作用,只能慢慢提拔培养。朱祁钰认为,此时的关键还是要笼络内阁中的户部尚书兼翰林学士陈循。

---

① 《明史·高谷列传》。

陈循是永乐十三年进士第一，入阁时间比高谷还早，甚至侍奉过太宗朱棣，论资历和出身本来应该是内阁领袖，却因私事耽误了仕途。景泰二年（公元1451年），陈循丧妻，他感慨于妻子没有和自己同享荣华富贵，竟不顾大明法律规定，擅自抢占别人土地以扩大自家坟墓，给早逝的夫人修上好的阴宅。这就撞到了大明言官枪口上，一篇篇奏折开始弹劾陈循违制。陈循却不以为意，甚至以笔为剑，和御史们战得不亦乐乎。①

本来这也是常事，大明帝国就没有不遭弹劾的内阁学士。可发展到后来，刑科给事中林聪的一篇弹劾奏章，却让陈循感到不安。因为这位林聪本不弹无名之臣，笔下不劾微末之罪，英宗朝弹劾王振，景泰朝弹劾石亨。凡是被他弹劾，轻则自行告老还乡，重则下狱逮捕问罪，无一幸免。之前金英因贪污被罢，就是他的手笔。

林聪的弹劾，让陈循心头一紧。这事对朱祁钰来说，是在内阁中拉拢陈循的天赐良机。于是他一面压住林聪的弹劾，一面亲自出面安抚陈循。最后大事化小，小事化了，算是把陈循的位子给保了下来。陈循自然对皇帝感恩戴德，立马成为朱祁钰在内阁中的坚定支持者。

当时内阁一共六个人，高谷、陈循、萧镃、江渊、商辂、彭时。其中商辂、彭时年纪尚轻；江渊是刚刚入阁，为人十分圆滑；关键就看高谷、陈循、萧镃。陈循、萧镃是同乡同学，两

---

① 《明史·陈循列传》载：景泰二年，以葬妻与乡人争墓地，为前后巡按御史所不直，循辄讦奏。

人关系要好，现在陈循倒向朱祁钰，萧镃自然跟随。于是内阁开会商量票拟，陈循、萧镃二对一，高谷这个内阁之首就成了摆设。高谷见状决定也要拉一个人进内阁帮自己，他选择了左都御史王文。

王文是永乐十九年进士，资历远远超过江渊、商辂、彭时。可王文虽是高谷引荐的，但很快倒向陈循：因为两人都被林聪弹劾过——王文当左都御史的时候，曾经私自放过犯法的宦官，就被林聪弹劾，结果直接被下了狱，差点死在狱中。①

于是内阁中变成陈循、王文、萧镃三对一欺负高谷。高谷对内阁事务基本丧失了决定权，陈循成为景泰朝内阁的实际头号人物，他背后的景泰帝也就此控制了内阁。

既然要控制内阁，为什么不直接把于谦放入内阁或者让他来领导内阁呢？一种说法是因为于谦科举考试最终殿试名次不好，没有入阁资格。明代科举殿试放榜分一甲、二甲、三甲三榜。一甲三人进入翰林院，再从二甲中挑选若干人为庶吉士，入翰林院，宣德、正统朝开始，逐渐只有入翰林院才有资格入阁。②于谦当初殿试只得了三甲九十二名。所以，从明朝的制度来看，他没资格入阁，朱祁钰也只能先依从规矩办事，不然得罪的人太多，恐怕不好收拾。

---

① 《明史·王文列传》载：给事中林聪等劾文、镃畏势长奸，下诏狱。

② 《明史·选举志》载：永乐二年，既授一甲三人曾棨、周述、周孟简等官，复命于第二甲择文学优等杨相等五十人，及善书者汤流等十人，俱为翰林院庶吉士，庶吉士遂专属翰林矣。

但这不是主要原因。于谦不入阁的主要原因是景泰帝朱祁钰对他特别信赖，只要是于谦所上奏疏，朱祁钰全都同意；只要是于谦表态反对之事，朱祁钰必会否定；只要是于谦认为不能用之人，朱祁钰绝对不用。①两人这种君臣际遇，千古可以相提并论的寥寥无几。

大明文官获得君主如此信任，在此前的历史中是没有先例的。而朱祁钰继承帝位，于谦在其中起到了关键性、决定性作用。明朝之前之后的皇帝都把文官看成手下，唯有二十多岁的朱祁钰真心把已经五十六岁的于谦当成了老师，对他尊敬有加，言听计从。

孔子曰："君使臣以礼，臣事君以忠。"②孟子曰："君之视臣如手足，则臣视君如腹心"。③两位圣人的训诫，在朱祁钰和于谦这对君臣之间得到了最好的体现。两人关系如此融洽，以至于长期为他们传递消息的宦官兴安都被感染。当有人跟他私下说于谦坏话时，他的回答竟然是："为国分忧如于公者，宁有二人！"④这也是朱祁钰的心里话。

所以于谦已然为"帝师"，自不必入阁。朝野上下都知道，他已经成为景泰朝一人之下、万人之上的绝对重臣。

---

① 《明史·于谦列传》载：帝知谦深，所论奏无不从者。尝遣使往真定、河间采野菜，直沽造干鱼，谦一言即止。用一人，必密访谦。

② 《论语》。

③ 《孟子》。

④ 《明史·宦官列传·兴安传》。

第二节　拒和议于谦用计

正当景泰帝朱祁钰开始重整朝纲，清理内阁的时候，从北京城狼狈逃回大草原的蒙古太师也先，也开始重新考虑应当如何对待太上皇朱祁镇。

本来也先出兵大明的目的就两个：对内立威，对外抢掠。现在威已经立起来了，如何将手中俘虏的皇帝变为更多的真金白银，是他现在最关心的问题。

也先决定正式派人前往大明求和，希望彻底结束双方的敌对状态，恢复到正统十三年（公元1448年）前后的样子。大同、宣府、辽东的明军"勋贵派"都深深忌惮蒙古瓦剌骑兵的战力，也希望赶快议和，不想再战。而且这些"勋贵派"普遍都和英宗朱祁镇关系不错，也盼着通过议和把朱祁镇接回来。

于谦一向对这帮依仗祖先功业、作战时不堪一击的"勋贵派"颇有成见。此时见他们都主张议和，心里对这帮人更为反感。于是他以自己"总督军务"的职权下了一道命令："和不足恃，明矣。况我与彼不共戴天，理固不可和。万一和而彼肆无厌之求，从之则坐敝，不从则生变，势亦不得和。贵为介胄臣，而恇怯如此，何以敌忾，法当诛。"[①]

这道命令里，于谦完整阐述了不能和蒙古瓦剌议和的道理。正统十四年（公元1449年）的土木堡之战和北京保卫战中，

---

① 《明史·于谦列传》。

明军死伤二十多万人，如今将士们尸骨未寒，就想要求和，怎么对得起他们的在天之灵呢？对国人也无法交代。况且此战大明天子被俘，所以于谦称双方为不共戴天的仇敌，如何还能讲和？而且也先之前已经骗了孙太后、钱皇后不少钱财，也先到北京城下开口就要一亿两白银，怎么可能填得满也先这贪婪的欲望？所以，于谦再次以不容置疑的口吻回答了这件事：再有议和者，斩！

这道命令一下，所有人都不敢再提和谈的事了。于谦的目的就是不能向这些"劫匪"表现出丝毫妥协，反而要向他们展示自己誓死捍卫大明利益的决心。这样一来，人质对于也先来说就成了累赘，养着人质、杀了人质都没意义。如果也先真想和谈的话，那他就只能选择先主动释放人质。这在当时确实是对大明最有利的一种选择。

朱祁钰特别认同于谦的这个决定。朱祁钰虽然坐在皇帝的位子上，但他此时的处境和宋高宗赵构十分相似。一旦之前被抓走的皇帝回来，自己的位子就会受到威胁。现在不同意议和，就等于不愿意和对方谈判，就不会把英宗朱祁镇赎回来。而且于谦这番言论站在"社稷为重，君为轻"的道德制高点上，无人能够反驳。①正中皇帝的心思。

可大明"文官党"中的另外三个巨头级人物吏部尚书王直、礼部尚书胡濙、内阁大学士兼工部尚书高谷都提出了反对意见。

---

① 《明史纪事本末·南宫复辟》载：上北狩，廷臣间主和，谦辄曰："社稷为重，君为轻。"以故也先抱空质，上得还，然谦祸机亦萌此矣。

第六章 朝中柱石

首先，文官都是读圣贤书长大的，儒家经典里"君臣父子"的想法已经深入骨髓。现在皇帝在敌人手中，标榜忠臣的一众文官怎么可能见死不救，他们甚至想都不敢这么想。这就体现出于谦和这三位的区别。这三人常年在宫中任职，而于谦在地方历练十九年，他非常清楚要和这帮贪得无厌、出尔反尔的强盗打交道，任何时候都不能服软。而且，他们三人心中想着的，是自己的名声、大明的颜面，而于谦最在意的，却是大明的江山、大明的百姓。

其次，迎接英宗回朝涉及大明朝廷的颜面问题。朱祁镇毕竟曾是大明皇帝，如今被也先抓去，颜面何在？好在也先现在表面上对大明臣服，无非是要赎金而已，既然这样，不如花钱消灾，把皇帝赎回来。而且这三个人都是几朝的老臣子，特别是礼部尚书胡濙在太宗朝、仁宗朝、宣宗朝甚至被列为托孤大臣。

最后，他们三人的反对还有一个更深层次的原因：迎回英宗，等于给孙太后和皇太子朱见深一个天大的人情。这三个人都在官场摸爬滚打了一辈子，他们最大的经验就是时时处处要给自己留一条后路。如今虽然英宗朱祁镇出征被俘，景泰帝登基，可这个皇帝能做多久没人敢确定。孙太后在后宫仍然凭借景泰帝嫡母的身份掌控一切，她的兄弟孙继宗统管锦衣卫及宫廷宿卫，又刚刚在北京保卫战中被立功封侯，和石亨、张轨这类"勋贵派"头面人物往来甚密，这股势力朱祁钰根本撼动不了。对于这一点，这三个"老狐狸"自然心知肚明，他们提出要把英宗朱祁镇接回来，恰恰符合孙太后的利益，符合"勋贵派"的利益，更符合这三个人自身的长远利益。

这个时候，于谦已经和这三个人生出了嫌隙。其实，从心底来说，于谦对朱祁镇是否回归这个问题的态度很简单——无所谓。朱祁镇贸然亲征，葬送国家几十万大军，让整个大明陷入危机，身为皇帝又被敌人俘虏，这都是奇耻大辱，即使回朝，也肯定不能再回帝位。既然是这样的态度，那于谦是不是就完全对英宗朱祁镇不管不问了呢——事实恰恰相反。

相对于朝堂上那些只会说着冠冕堂皇大话的"文官党"而言，真正为英宗朱祁镇能够从蒙古瓦剌部顺利返回操碎了心的人只有于谦。

于谦早就从石亨口中得知，也先善于利用奸细渗透明军。当也先突破紫荆关时，于谦又意识到大明朝廷内部可能有大量听命也先的奸细。这些人无孔不入、无处不在，一旦在朝堂上显现出急于把朱祁镇赎回的态度，那就很有可能被也先利用：要么坐地起价，要么借此挑动内讧，从而使大明陷入被动。

在于谦看来，要救人，首先还是要搞清楚对方手里有什么牌，自己手里又有什么牌，盲目声张没有任何意义。通过之前的一系列接触，于谦搞清楚了也先阵营里最危险的敌人是对大明宫廷十分熟悉的喜宁。他的存在，使也先对大明朝廷的情况了如指掌。喜宁非常清楚英宗朱祁镇的价值，非常清楚大明的软肋。于谦决定先设计除掉这个叛徒。

正好明军大同守将郭登在之前的战斗中俘虏了好几个和喜宁关系较熟的人，其中有一个叫把台的蒙古人。得知这件事，于谦亲笔手书一道命令给郭登,让他想办法通过把台,以谈判的名义把喜宁骗进大同城来。①

把台原来就是明军"三千营"里的重要指挥官,汉文名字叫蒋忠。土木堡一战被也先活捉后,他就一直想着回到北京。为了争取到他,于谦还特地在给郭登的亲笔信中交代,他已经向皇帝请求赦免把台在北京的家人,并给予优厚待遇。郭登拿出于谦的书信,把台当场决定再投明军。②

郭登一见把台同意,就亲自把他和另两个被俘的蒙古间谍一起找来,跟他们详细介绍自己和英宗朱祁镇的密切关系,自己能担任大同总兵就是因为这层关系,他对朱祁镇感恩戴德,想要报答朱祁镇,迎他回朝。三个人虽然深信不疑,但还是不明白,这是想让我们几个俘虏做什么呢?

郭登接着向他们三人分析了一番当前蒙古瓦剌部和大明之间的局势。双方现在虽然已经打得不可开交,但是本质并没有变,也先虽然抓住了朱祁镇,但依然奉他为皇帝,用大明年号,这样双方就有谈判基础。双方的主要问题是彼此无法交流,而于谦态度虽然坚决,实际上他也希望把朱祁镇接回来。既然双方都有和谈的愿望,那么就应该派一个对双方都很熟悉、又能传达清楚双方需求的人来谈判,烦请他们三位把这个情况传达给也先太师。

---

① 《明史·于谦列传》载:初,也先多所要挟,皆以喜宁为谋主。谦密令大同镇将擒宁,戮之。

② 《明史·于谦列传》载:且因谍用间,请特释忠勇伯把台家,许以封爵,使阴图之。

于是，把台带着另外两个人回到也先驻地，把情况一五一十地向他汇报。把台还特意现身说法，告诉也先这和他之前熟悉的大明朝廷完全一样，可是这种谈判他不擅长，派谁去还请也先自己考虑——把台明显是在暗示，派喜宁去谈就能成功。也先果然上当，毫不犹豫就让喜宁如约前往，喜宁本就是叛徒，如今前去谈判也算是实现了利用价值。

景泰元年（公元1450年）三月，喜宁带着几分骄傲前往大同，他以为站在他身后的是蒙古铁骑，是太上皇朱祁镇。结果，喜宁前脚刚刚踏进大同城门，就被守候多时的郭登五花大绑，押往京城处决。至于和谈，郭登连一个字都没提。于谦和郭登用计消灭了最危险的叛徒喜宁，算是为接回英宗朱祁镇解决了最困难的一步。

也先得到消息，才明白上当了！也先这才发现喜宁的价值远不止是一个普通的叛徒，再也没有人可以让他轻易获得明军的战略情报了。

第三节　滑杨善巧舌如簧

景泰元年四月，蒙古瓦剌内部也开始有人对是否送还英宗朱祁镇的问题提出质疑，这人就是傀儡大汗脱脱不花。作为成吉思汗的子孙，脱脱不花时刻想要重振黄金家族的辉煌。眼看也先把朱祁镇攥在手里，数次为难大明收获颇丰，他也想用一下这张牌。他让自己的几个亲信主动前往大明朝廷，号称要送还朱祁镇，永享和平。

于谦立即抓住机会，效仿楚汉争霸时陈平离间范增、项羽之计，故意对脱脱不花的使者高规格接待，对也先的使者爱答不理。经过此事，也先觉得如果再不把朱祁镇还回去，大明可能和脱脱不花联手，加上阿剌知院、兀良哈这些并未完全服从自己的内部势力，瓦剌部将会陷入危险。

于是也先派弟弟赛刊王和把台一起前往大明，声明只要大明象征性地支付一笔赎金，他就可以把朱祁镇送回来。

"文官党"们得到这个消息，便开始忙活起来。当初劝谏英宗朱祁镇不能亲征的吏部尚书王直再次站出来说话，他向当今皇帝朱祁钰提出了要接回朱祁镇的理由：

"太上皇惑细人言，轻身一出，至于蒙尘。陛下宵衣旰食，征天下兵，与群臣百姓同心僇力，期灭此朝食，以雪不共戴天之耻。乃者天诱其衷，也先有悔心之萌，而来求成于我，请还乘舆，此转祸为福之机也。望陛下俯从其请，遣使往报，因察其诚伪而抚纳之，奉太上皇以归，少慰祖宗之心。陛下天位已定，太上皇还，不复莅天下事。陛下第崇奉之，则天伦厚而天眷益隆，诚古今盛事也。"①

王直这番话首先是表明态度。太上皇朱祁镇偏信王振，导致惨败被俘完全是咎由自取、与他人无关。这意味着王直坚决拥护

---

① 《明史·王直列传》。

朱祁钰的帝位,并且完全肯定了朱祁钰在北京保卫战中起到的中流砥柱的作用。

然而王直话锋一转,进入正题:现在既然也先派人前来求和,那就应该赶紧把朱祁镇接回来,以慰仁宗、宣宗在天之灵。

景泰帝朱祁钰在于谦的教导下,已经熟悉如何和这帮开口大义、闭口天理,实际上各怀鬼胎的"文官党"打交道。把朱祁镇接回来他的确不会立即抢走自己的皇位,可是朱祁钰儿子的皇位呢?自己身后的名声呢?所以,景泰帝朱祁钰对于迎回朱祁镇一事心里是一万个不愿意。但是他也没有公开反驳王直这番无懈可击的话,而是开始和这帮文官打太极。

景泰帝稳稳地回应道:

"卿等言良然。但前后使者五辈往,终不得要领。今复遣使,设彼假送驾为名,来犯京师,岂不为苍生患。贼诈难信,其更议之。"①

朱祁钰顺着王直的话,承认"文官党"言之有理,但是双方使者一直无法达成共识,万一也先又拿送太上皇回京当借口兴兵来犯,怎么办?朱祁钰的理由也很简单,也先言而无信在前,不能再相信他们。

这番话也正是于谦不同意和谈的理由。眼见王直没能说服朱祁钰,礼部尚书胡濙立即站出来帮腔。胡濙也是太宗、仁宗、宣宗、英宗到景泰五朝老臣,当时已经快八十岁了,他没提迎回英

---

① 《明史·王直列传》。

宗的问题，只是让朱祁钰多给朱祁镇准备些上等吃食，让双方来往的使节带回去，至少让朱祁镇可以过得好一点。朱祁钰并未理会。①

王直见皇帝不听自己的话，立即开始倚老卖老，逼朱祁钰表态。朱祁钰直接对他们说："朕本不欲登大位，当时见推，实出卿等。"②这时，于谦也向皇帝表明了自己对此事的态度。他首先非常认真地对朱祁钰说："如今陛下帝位已定，所有文官武将心悦诚服。"

接着他又分析："如今也先派赛刊王和把台来通报，准备送太上皇回朝，从道理上我等应该前去迎接，即便对方有诈，我方也占据公理，不失我大明体统。"③其实，于谦已经通过把台搞清楚了，也先这次是真的想要送朱祁镇回来，所以才一改从前的强硬，而有这番表态。

一看自己最信任的于谦也这样说，朱祁钰没办法，只能无奈地连说"从汝，从汝"。④这番争吵过后，朱祁钰身后的兴安宣布朝会结束，朱祁钰也退回后殿休息。

或许是出于对于谦的信任，朱祁钰终于向文官妥协，颁下诏书命礼部尚书胡濙派人去和也先商量接回朱祁镇事宜。不过有一

---

① 《明史·胡濙列传》载：濙言上皇蒙尘久，宜附进服食，不报。
② 《明史·于谦列传》载：朕本不欲登大位，当时见推，实出卿等。
③ 《明史·于谦列传》载：天位已定，宁复有他，顾理当速奉迎耳。万一彼果怀诈，我有辞矣。
④ 《明史·于谦列传》载：帝顾而改容曰："从汝，从汝。"

个条件：国家现在历经战乱，国库空虚，即使是一小笔赎金，也拿不出来。

而礼部尚书胡濙早就物色好了一个万里挑一的人选——杨善。

杨善十七岁时跟从太宗文皇帝朱棣起兵靖难，之后长期在鸿胪寺任职，曾任礼部右侍郎，现任左都御史。当时的鸿胪寺相当于现在的外交部门，专门负责接待所有外邦、外国使节，需要熟悉这些国家的礼仪风俗、风土人情。杨善从永乐年间到正统年间前后四十多年一直担任此职，他精通各国语言、礼仪，而且这个人不拘泥于儒家礼仪，脑子灵活，确实是干这件事最合适的人选。

而且杨善对朱祁镇还有些真感情。早年他靠王振升官，后来土木之变他也是随行人员之一，侥幸逃回。景泰元年元旦朝贺时，所有人都在庆祝北京保卫战的胜利，唯独他担心太上皇朱祁镇的安危，质问他人现在庆贺是否太早，①令在场之人颇为惭愧。此次谈判，杨善竟然自掏腰包，又得到一批王公大臣们的资助，出使瓦剌。

杨善在鸿胪寺多年，和也先这边负责招待的人把台已经见过很多次面，以往都是他请这位蒙古人喝酒，这次换把台做东，请杨善吃饭、喝酒、叙旧。酒过三巡，有一位已经半醉的瓦剌官员问杨善："土木堡之战的时候大明帝国的军队为何如此不堪一击？甚至连战甲都丢弃了，倒是给我们打扫战场提供了方便。"

---

① 《明史·杨善列传》载：上皇在何所，而我曹自相贺乎！

其他在席的人也是附和着一阵哄笑。

眼见场面要陷入尴尬,杨善不慌不忙地回答:"上次明军北征实际上是皇帝准备去王振家乡蔚州,没有实际战备,才让你们侥幸成功。当时大明精锐都在南方,由原任兵部尚书王骥率领剿灭南方叛乱,这支部队原有二十万,现有三十万。而且神机营新装备的火器威力强大,打中你们的骑兵立即就会见效。"①

这话半真半假,王振确实在回军途中邀请过朱祁镇去他蔚州老家下榻几日,好让自己摆摆威风。不过那绝不是明军出征的理由,况且明军兵力、战力确实远在瓦剌之上,却遭逢大败,的确有失颜面。

杨善这番话既为朱祁镇开脱了战败的责任,又结结实实地恐吓了在座的蒙古官员。杨善说完还意犹未尽地加了一句:"可惜我大明如此精细战备无用武之地啊!"

众人不解,连忙追问杨善此话何意。杨善煞有介事地说道:"我此番前来是为和谈,是要争取和平的,你们只要按照约定把太上皇送回大明,我们之间自然不用再动刀兵,那我们大明的武器再好也派不上用场啊!"②说完,双方继续把酒言欢,杨善拿出自己带来的私财和礼物,赠送给把台以及其他在席的蒙古老朋友,请他们在太师也先面前多多帮忙,盼早日受到接见,好商量

---

① 《明史·杨善列传》载:彼时官军壮者悉南征,王司礼邀大驾幸其里,不为战备,故令汝得志耳。今南征将士归,可二十万。又募中外材官技击,可三十万。悉教以神枪火器药弩,百步外洞人马腹立死。

② 《明史·杨善列传》载:善曰:"惜哉,今皆置无用矣。"问:"何故?"曰:"和议成,欢好且若兄弟,安用此?"

迎接太上皇回京的事。

很快，把台将杨善的这番话转告给了也先，并将脱脱不花、阿剌知院和兀良哈部准备将朱祁镇献给大明请赏的情报也添油加醋地向也先做了通报。

也先权衡利弊，认为不能再等了。

第二天，也先召见杨善。一开始也先还故意摆出一副兴师问罪的样子，把这场战争的起因归咎于大明擅自降低蒙古瓦剌的马价。杨善在处理外交方面颇有计谋，他绵里藏针地否认了也先的说法。他反问也先："太师此言差矣。当时往大明朝贡的三千人队伍中，有不法之徒，在大明的地界上烧杀抢掠，这又该如何解释？难道也是受太师指使吗？况且也先太师仅在位数年，我们大明待您如何，您自有分寸，不需我多言。"也先无言以对。

双方第一轮交锋下来，也先没占到便宜。但他很快抓到了杨善的软肋，那就是朱祁钰在给杨善的诏书中，故意没有写任何有关迎回太上皇朱祁镇的话。他就此质问杨善，到底是怎么回事。

杨善早有准备，他面不改色地回答也先："大明皇帝不写迎回太上皇的用意，是想让也先太师主动送还太上皇。如果我们写明，而您照办，不就成了您收到大明皇帝诏书，被迫去做此事吗？①两相比较，还是不写对太师有利。"

这话令也先非常受用，他打这一仗的动机就是提升在蒙古诸部落中的地位，从大明身上夺取利益。现在大明皇帝都要平等

---

① 《明史·杨善列传》载：此欲成太师令名，使自为之。若载之敕书，是太师迫于朝命，非太师诚心也。

对待他，并未随便给他下命令，这面子确实是给足了。但是另一个目的并未实现，杨善带来的那点私财只够打发几个负责接待的下属，远远满足不了也先的胃口。对于给不起赎金，杨善也有一套大言不惭的说法："之所以没带钱来，也是为了给太师您留下一个好名声，您是自愿送太上皇回朝，不是为了勒索赎金。这样太师您的仁义之名，一定万古流芳！区区金钱怎能换来此等荣耀。"①

也先对着杨善哈哈大笑。如今朱祁镇已经失去了意义，再继续讨价还价，很有可能导致自己和大明的关系彻底破裂。作为游牧部落的优秀首领，也先深知自己离不开与大明的朝贡贸易。土木之战是意外之喜，北京保卫战才真正反映了大明的实力。既然迟早要和，那放回朱祁镇就是必须要走的第一步。也先迟迟不下决心，无疑是舍不得这块肥肉，想再多榨出点油水。可这一次次的敲诈失败，让也先意识到，朱祁镇除了是名义上的太上皇，真的已经毫无作用了。况且蒙古瓦剌内部还有人惦记拿他去换赏钱，既然这样，不如这人情还是留给自己，送给杨善。

于是杨善完成了一个在朱祁钰看来不可能完成的任务，把太上皇朱祁镇从也先处带回了大明。

---

① 《明史·杨善列传》载：若赍货来，人谓太师图利。今不尔，乃见太师仁义，为好男子，垂史策，颂扬万世。

第四节　辩礼仪争执再起

杨善顺利迎回朱祁镇的消息传回北京，所有人都感到震惊。朱祁钰也实在想不明白，之前孙太后、钱皇后等人花了几万两白银未能办成的事，怎么就让杨善凭三寸之舌达成了呢？

而于谦并没有太意外，他把自己和郭登合作策反把台、蒙骗也先的事原原本本地告诉了朱祁钰。如今之事，是在于谦计算之内的，而这应该是于谦最满意的结果，不费一兵一卒，不花一两白银，迎回了太上皇。

可是，朱祁钰此时的感受却很复杂。原本没有那么多利益纠葛，他和哥哥朱祁镇的关系并不算太坏。可现在哥哥回到京城，朱祁钰的儿子就可能永远没办法登上皇位，他自己的身后评价也可能会大变模样。所以他发自心底不愿意朱祁镇就这么回来。他本来以为派杨善去一趟，就当应付一下文官们的要求，反正条件苛刻，也先贪婪，本就是不可能成功的事情。谁承想杨善口舌如簧，竟然把不可能的事办成了。

木已成舟，君无戏言，没法再改，只能把朱祁镇接回来。但朱祁钰在如何接回太上皇朱祁镇这个问题上表现得特别消极，甚至有些随意：准备派两个人，用一顶小轿子，将朱祁镇接回来便算了事。这处理方式明显带有个人情绪，而且不符合礼制，朝堂上下一片哗然。第一个提出异议的竟然是一个籍籍无名的武官。

景泰元年（公元1450年）七月，当听说朱祁钰只想用一顶小轿子把太上皇接回北京，明军千户龚遂荣给内阁首辅大臣、工部尚书高谷写信,力陈迎接太上皇的礼制不能如此简陋,至少也要效仿当年唐肃宗迎接李隆基回銮的故事,办得风光一些,为历经磨难的朱祁镇接风洗尘。①

为什么一个提不上台面的千户,突然关心起迎回太上皇的礼仪问题呢?其实这和景泰帝、于谦对待土木堡之战中牺牲的军官、士兵的态度有关系。以明军最高统帅成国公朱勇为例,他在土木堡战死,是为国捐躯,本来应该给予一定抚恤,但是于谦认为朱勇作为明军主将,要为土木堡惨败负责,坚决要求仿照朱棣当年给淇国公丘福定罪的先例,给朱勇定罪,以安军心。这个措施属于非常时期、非常举措,对北京保卫战起过积极作用。可等到景泰元年,北京保卫战胜利后,朱勇的儿子要求继承爵位,并对其父加以祭祀,朱祁钰仍然不同意。②

当年大明帝国五军都督府排名第一的武将尚且如此,其他经历此战的"勋贵派"家庭更是一样。因此,龚遂荣此时上书与其说是为太上皇朱祁镇争礼仪,不如说是为他背后千千万万在土木堡为国捐躯的忠魂,争个面子。

高谷本来是个话很少的老实人,但也被这种军人的热血感染,看过龚遂荣的来信后,他非常激动地把信藏在袖子里,来到内阁给在场的朝臣逐一传看,还附带一句自己的经典评语:"武

---

① 《明史·高谷列传》载:英宗将还,奉迎礼薄,千户龚遂荣投书于谷,具言礼宜从厚,援唐肃宗迎上皇故事。

② 《明史·朱勇列传》载:于谦等追论勇罪,夺封。景泰元年,勇子仪乞葬祭。帝以勇大将,丧师辱国,致陷乘舆,不许。

夫尚知礼，况儒臣乎！"①

这下算是"炸了锅"。大家纷纷表态，要上奏皇帝，采纳他们的建议，提升迎接太上皇的礼仪标准，另外两位文官领袖胡濙和王直也立即附和。高谷一看如此万众一心，立即高声当众表态：皇帝好久都没有做出决定要如何迎接太上皇回京，现在这封信一定要让皇帝看到，让他明白朝堂之上文武一心的局面。②

这是在暗示朱祁钰，原本有矛盾的"勋贵派"和"文官党"一致认为要用最高规格的礼仪，把太上皇朱祁镇迎接回来。

这话其实没有道理，唐肃宗是唐玄宗的儿子，他迎接父皇礼仪隆重可以表示一种孝心，而且唐玄宗也没有被俘虏的耻辱经历，充其量不过是怯战逃跑。可朱祁镇的情况要严重得多，用"丧师辱国"来评价算是轻的，按他在宣府、大同甚至北京城下的行为，说他毫无气节、背叛国家都没问题。

那这帮文武官员这么大费周章是为了什么呢？

其实，北京保卫战胜利后，大明朝廷的主要矛盾就发生了变化。原本最可怕的敌人是蒙古瓦剌的也先，现在他已经被赶走，如今甚至主动把太上皇送回，已经不足为惧。接下来文武官员们的日子还要过下去。这帮文官绝大部分人在北京保卫战中都作壁上观，毫无建树，而现在又纷纷拿出祖宗训、圣人言来教训皇帝，其核心想法就一个——皇帝不能只听于谦一个人的，我们都

---

① 《明史·高谷列传》。

② 《明史·高谷列传》载：谷曰："迎复议上，上意久不决。若进此书，使上知朝野同心，亦一助也。"

是有发言权的，皇帝也不能一个人说了算，当我们万众一心时，皇帝也要屈服退让。高谷、胡濙、王直三个人曾经是朝堂上的元老，他们需要在即将到来的"太平盛世"中，为自己争取更多的权力。

但是，三位元老要求提升太上皇礼仪待遇的话音未落，刚刚被朱祁钰提拔为都御史、执掌都察院的王文立即给这帮激动的文臣们迎头浇了一盆凉水：不必高兴得太早，也先是否会如约把太上皇送回也未可知。而且也先贪婪，现在说没条件，到时再提出索要钱财、土地的条件，又该如何？①

王文强调，谁敢把这封信给皇帝看，谁就要负这个责任。这样一来，原本情绪激动的诸臣都安静了。

可明代御史、给事中这类言官，从来不乏"刺头"。比如林聪，他听说了朝臣们在议论这件事，立即上书朱祁钰，责备内阁大臣私下议论此等大事，不肯举行公议，有碍圣听。又责备自己的上司王文阻碍言路，朱祁钰终于知道了这件事情。

令众人不解的是，他没有作出任何表态，既没有同意，也没有反对。

这下礼部尚书胡濙急了，因为其他人怎么议论无所谓，最终执行起来还是要礼部来落实，结果此事久久没个结论，让他忐忑不安。于是他回到礼部，经过几日不分昼夜地辛劳，制定出了一套迎接朱祁镇回京的礼仪计划：礼部署迎于龙虎台，锦衣具法驾

---

① 《明史·王文列传》载："公等谓上皇果还耶？也先不索土地、金帛而遽送驾来耶？"

迎居庸关，百司迎土城外，诸将迎教场门；上皇自安定门入，进东安门，于东上北门南面坐；皇帝谒见毕，百官朝见，上皇入南城大内。①

其中最值得注意的是朱祁镇需要从安定门进北京城。安定门和德胜门是北京北面的两座城门，德胜门走的是兵车，安定门走的是粪车。皇帝回京只会走正阳门。而朱祁钰对胡濙的部分安排很满意，他讨厌那些华而不实的礼仪，而且对待这个对自己皇位有威胁的人，还是进行一番打压的好。于是朱祁钰下旨，用一顶轿、两匹马，去居庸关接回朱祁镇，进宫之后再换车驾。②

一石激起千层浪，礼部给事中韩福立即弹劾胡濙不懂礼制，有违大明礼仪典章。但朱祁钰见了韩福的表章很生气，在大殿上当着官员们的面责问韩福：如今已经将朱祁镇尊为太上皇，这等于自己把兄长当作了父亲。韩福还要以礼法太薄来诘问，实在是居心叵测。③锦衣卫本来准备立即拿问韩福，胡濙赶紧解释，他这么做无非也是希望皇帝可以善待兄长，以留名千古，并没有别的意思。

没想到朱祁钰此时顺势从袖子里拿出一封太上皇给他的亲笔信，让兴安交给群臣传阅。信里面就说一个意思：迎驾的礼仪应

---

① 《明史·胡濙列传》。

② 《明史·胡濙列传》载：议上，传旨以一轿二马迎于居庸关，至安定门易法驾，余如奏。

③ 《明史·胡濙列传》载：朕尊大兄为太上皇帝，尊礼无加矣。福等顾云太薄，其意何居？礼部其会官详察之。

当从简。既然是朱祁镇的要求,所有人都没话说了。①

最终敲定,按照景泰帝朱祁钰的办法执行。景泰元年(公元1450年)八月,迎接朱祁镇的礼仪仅为一轿两马,从安定门入。时隔一年,兄弟相见,在群臣面前一番兄友弟恭之后,朱祁镇住到了为他安排的南宫的几间简陋的房子里,并受锦衣卫严格看管,实为软禁。

当然,整个大明朝堂上也不是所有人都在掺和这件事。少保、兵部尚书于谦就对这种事情毫无兴趣,史书上也没有留下他对这件事的任何评价。在于谦看来,这种"礼仪之争"是毫无意义的,只会浪费大明的资源和力量。既然已经用最小的代价将朱祁镇迎回,他的使命也就完成了,他更关心的是另一件重要的事——大明军事改革。

第五节 改军制重组团营

北京保卫战,于谦带领明军取得了决定性胜利。但是也先主力部队尚存,随时还有可能再次南侵。大明帝国这边却不可能永远把两京、河南备操军和山东及南京沿海备倭军这二十几万人留在北京城。除了庞大的钱粮开支,京营的地方也有限,当时北京保卫战各军到齐后,来得晚的士兵甚至都没有地方住。

---

① 《明史·胡濙列传》载:帝曰:"昨得太上皇书,具言迎驾之礼宜从简损,朕岂得违之。"群臣乃不敢言。

景泰元年（公元1450年），打败蒙古瓦剌进攻之后，深知明军积弊的于谦决心要改变旧有的"三大营"编制，创立一套可以和蒙古瓦剌抗衡的新军制。

　　"三大营"是朱棣在靖难之役时创立的部队，是"五军营"步骑兵、"三千营"骑兵和"神机营"火器兵的统称。这是一支规模非常庞大的军队。

　　"五军营"得名于编制。全军分为中军、左掖、右掖、左哨、右哨五部，故得名"五军营"。整个"五军营"的总兵力为七十二卫，按照明朝定额，每卫五千六百人，这样算来定员超过四十万人。当然，这些军队平时并不是都在北京驻防，而是轮换前来。四年一轮，每年一期，每期十万余人。只有战时接到统一征召，才会集合全部四十多万人一起出征。[①]

　　"三千营"得名于兵数。这支部队最早由大明最强雇佣骑兵朵颜三卫组成，人数为三千左右，故得名"三千营"。[②]这支部队是大明常备骑兵机动力量，总人数保持在五万人左右。"三千营"经过靖难之役后，也被整编为五部，以便配合"五军营"作战。

　　"神机营"得名于武器。靖难之役中，朱棣在东昌大战中吃了盛庸火器的大亏，险些遇难，他首次意识到火器在战场上的重要作用。朱棣称帝后，大将张玉之子张辅在平定安南的战役中，

---

① 《明史·兵志》。

② 《明史·兵志》。

进一步展现了火器的重要性，遂建议在京师组建专门火器部队，定名为"神机营"。明军火器装备复杂，各种火炮名目繁多，战争中作用很大，许多火炮的具体操作方式已经失传。"神机营"编制和"三千营"相仿，也是五万人左右，这些使用火器的战士都是明军精锐，明军作战都以"神机营"为攻守的根本力量，"三千营""五军营"配合作战。①

三者最大的区别是"三千营""神机营"的人员来源和性质与"五军营"不同。"五军营"来源是各地有军籍的老百姓，是一支征召部队，属于"半职业"性质。而"三千营"和"神机营"都是长期驻扎在首都附近的雇佣兵，他们都是职业军人。

这支部队在朱棣时代确实是守护大明帝国的一柄利剑。但随着朱棣去世，朝廷已经不能顺畅地挥动这柄利剑。而且随着时间推移，这支部队逐渐出现大量吃空饷的情况。常驻北京的人数逐渐固定为十八万左右。再遇上朱祁镇和王振这对君臣，土木堡一役全军覆没。从根子上讲，规模越庞大的部队，指挥起来越复杂，越考验最高统帅的水平。明军的现实状况是有擅长指挥中小规模作战的斗将、猛将，但缺乏统帅大兵团作战的大将。

蒙古瓦剌军也有变化，自仁宣时代以来，大规模入侵相对变少，土木之变应该看成一个偶然事件。反而边关各镇每年面对的小股敌人骚扰变得更频繁。如果敌人每次以几千人的规模侵扰，明军便要出动数万甚至数十万的大军前往应对，实在是不值得。

---

① 《明史·兵志》载：大小不等，大者发用车，次及小者用架、用桩、用托。大利于守，小利于战。随宜而用，为行军要器。

更重要的是，由于承平日久，"三大营"之间互不统属，彼此也不在一起操练，所以战斗起来的配合特别生疏，无法充分发挥相互掩护、支援的作用。

为了适应蒙古瓦剌骑兵的变化和明军现实中将领存在的短板，熟悉大明军事弱点的兵部尚书于谦决定将过去规模庞大的"三大营"统一整编改为"团营"。"团营"改制的灵感，来自大同总兵郭登的军队编组模式和范广在北京保卫战中那支混合了"三千营""神机营"的混编部队。这支混编部队是北京保卫战中明军战绩最出色的军队，他们消灭了也先麾下作为先锋的一万精锐骑兵。

虽然当时这么做只是权宜之计，因为"三千营""神机营"兵力不足，无法满编出战，只能混编。可一番战斗下来，于谦发现把规模过大的"三大营"混编，缩小成一支一万人左右的队伍，不但便于指挥官控制军队，其战斗力也变得更强——一万人的配合比二十几万人的配合要容易得多。

通过实践检验过的做法，自然值得推广。于是，于谦决定把整个京营的部队都按照这种模式进行改编。具体做法是从"五军营""神机营""三千营"混合抽调一万人组成"团营"。"团营"就是"缩小版"的"三大营"。按照于谦的编制，"团营"中每营有都督一人，都指挥二人，把总十人。这样的"团营"在整个京师一共有十个，加起来就是十万人马。缩编为原有京军十八万的一半左右，剩下的老弱军户则另行安置，称为"老营"，每年都从"团营"中调出部分老弱，从"老营"军户中选拔部分少壮，进行轮换，实际上"老营"既是"团营"的兵源地，也是一些老兵的归宿。

"团营"的最高指挥官由原来"三大营"的都督中推选出一人担任总兵，从宫内御马监中选出一位宦官担任监军，由兵部尚书或都御史一人为提督，共同指挥。①

按照这个编制，首任"团营"提督为少保、兵部尚书于谦；总兵官为左都督、武清侯、佩镇朔大将军印石亨；监军为司礼监太监曹吉祥。

曹吉祥是个与众不同的宦官，他是河北滦州人，早年入宫进了御马监，而这个部门专管军队，他就此开始了自己的军事生涯。

作为一个宦官，他最喜欢的不是金银珠宝，而是四方猛士。土木之变时，他正在兵部尚书王骥统帅的五万精锐京军中担任监军，得知京城危险，星夜带兵回京勤王护驾，二十天内带领这支精锐部队走了五百多里，虽然没有赶上北京保卫战，也算做出了自己力所能及的贡献。朱祁钰上台后，因为曹吉祥之前没有在司礼监任职，和王振关系不大，又有军事经验，就把他从御马监调入司礼监，负责京营整编后的监军工作。

当然，此时于谦和这两位还是第一次合作，都还彼此客气。当时，石亨是北京保卫战的亲历者，他开始时还是佩服于谦的，虽然后来为了于冕世职的问题两人关系破裂，不过在政务、军务上，石亨基本服从于谦的指挥，彼此合作尚可；曹吉祥和朱祁钰

---

① 《明史·兵志》。

的关系一般,和朱祁镇的关系还好一点,在于谦面前根本没有放肆的资本,甚至有点惧怕于谦,所以三个人中自然是于谦说了算。于谦也毫不避讳,成为文官中执掌兵权的第一人。

在景泰帝朱祁钰当政的前三年,于谦主要埋头于各类军务。

当于谦将军队整顿好后,他想要试验一下自己的方法是否正确,明军军力是不是真的得到了增强。于是他用兵平息了正统时代的一系列叛乱,其中规模比较大的有福建邓茂七、浙江叶宗留、广东黄萧养三人的造反称王。于谦先把也先这边稳住后,就立即着手消灭了这三股势力。至于规模比较小的湖广、贵州、广西等地区的土匪暴乱,也被于谦一一派兵剿灭干净,整个大明境内迎来前所未有的平安。

于谦始终明白,大明的主要敌人还是北方的瓦剌部。他利用这段时间,积极从江浙一线向前线大同、宣府、蓟州、辽东一线征调粮食、军械、兵员及各类后勤补给,派人重新修复紫荆关、居庸关一线的守备,忙得不亦乐乎。

此时总领军务的于谦,不仅对自己要求特别严格,对手下这帮在正统年代被放纵惯了的"勋贵派"军官也要求严格。无论职位大小,只要犯了军纪,一定会被于谦痛加斥责、处罚,以至于"勋贵派"只要看到兵部递过来于谦的只言片语,都会捏一把汗,生怕哪里做得不好被于谦责备。①

但这样的情况久了,"勋贵派"自然受不了,开始与于谦为

---

① 《明史·于谦列传》载:号令明审,虽勋臣宿将小不中律,即请旨切责。片纸行万里外,靡不惕息。

敌。包括石亨在内，一些原本在面子上还过得去的同僚，逐渐和于谦成了死对头。

于谦虽然"才略开敏，精神周至，一时无与比"，堪称救国救民的人物，但是他"至性过人，忧国忘身"[1]，性格刚直的他并不善于自保。随着景泰朝军事局面逐渐稳定，原本就暗流汹涌的政局，伴随着朱祁钰改立太子的举动，再次出现波澜。

作为大明朝中柱石，于谦也深陷其中，难以置身事外。

---

[1]《明史·于谦列传》。

第七章 夺嫡之争

景泰三年（公元1452年），羽翼已丰的朱祁钰决定改立太子，大明帝国再次陷入波诡云谲的夺嫡之争。于谦虽一心为国为民，但身为朝廷柱石，不能置身事外。最终这场夺嫡斗争，以景泰帝长子朱见济早夭结束，这场夺嫡之争是整个景泰朝政治斗争的缩影，也间接决定了于谦的命运。

第一节 帝位稳夺嫡再起

景泰元年（公元1450年）八月，太上皇朱祁镇从安定门返回北京城，在和弟弟景泰帝朱祁钰见面之后，即前往南宫居住。这个所谓的南宫其实并不在今天的故宫里面，而是位于紫禁城东南一处胡同内的宅子。一些野史热衷于表现朱祁镇在南宫中受到了虐待,包括食物都只能通过一个小口来获取,很多学者和现代人都认为朱祁镇在南宫过得很憋屈。

事实并非如此。朱祁镇的居住地南宫,虽不是正式宫殿,却也是皇家行宫,占地面积接近清代恭王府。朱祁镇在这八年时间里育有两子:朱见泽、朱见浚,他的嫡母孙太后依然是大明后宫里地位最尊贵的人。可以说除了丧失自由外,朱祁镇相较于其他失去皇位的君王而言还是不错的。甚至之后瓦剌每次前来北京朝贡,除了正常应该准备的物品之外,还另外为他备一份厚礼。

景泰元年,刚刚迎回朱祁镇时,礼部尚书胡濙见孙太后和太子朱见深地位并未动摇,为长保禄位,多次向朱祁钰提出,请朝臣按照礼仪规范对居住在南宫的朱祁镇行君臣之礼,进行朝拜。后来,又请求让朝臣们在朱祁镇生日时,依照往年皇帝圣寿的惯例举办。

朱祁钰此时已经基本组建起自己的班底,他此时最想做的一件事是把已经到手的江山传给自己的子孙。为了达到这个目的,就必须剥夺他哥哥朱祁镇的权威。所以他一眼就看出,胡濙这位老臣和孙太后一个台前一个幕后,以兄弟亲情为借口,核心目的就是要保住皇太子朱见深的位子,这样就有希望在未来翻盘。

虽然明知对方目的,但朱祁钰眼下也没有什么借口剥夺朱见深的太子位,也没有合适的理由对付孙太后、胡濙一众。但是一旦朱祁镇流露出想重新夺回皇位的想法,那朱祁钰就有了可以名正言顺打压朱祁镇甚至换太子的借口。

不久朱祁钰的机会来了，有人捕风捉影地告发朱祁镇和南宫里面的宦官，利用南宫内茂密的树木，避开高楼上锦衣卫的监视，和外面取得联系，密谋复位。朱祁钰得到消息，就派人把南宫里所有的树木砍掉，这实际上是向外界传达一个信号，他和太上皇并非亲密无间，他才是大权在握的皇帝。

就在砍树事件之后不久，原本被孙太后安排在南宫伺候朱祁镇的皇城使王瑶临时有事需要回家。为了炫耀，他还特意带上了南宫总管太监阮浪转赠给他的朱祁镇御赐的镀金袖带和宝刀。半路上，王瑶心血来潮去找朋友锦衣卫指挥使卢忠踢球。结果，被卢忠发现他携带了朱祁镇御赐宝刀。作为世袭锦衣卫，卢忠深知大明皇帝很少赏赐东西给身边的官员，就连于谦这样的一品大员也不敢随身携带皇帝御赐物品——那是要放在家里供起来祈福的。皇城使品级低下，即便被赏赐了镀金袖带和宝刀，也没有资格这样佩戴并炫耀。

于是他立即将这件事禀报给尚衣监高平，是想借机表功抓个入宫盗窃。高平是兴安的徒弟，负责整个宫廷的服饰，熟悉大明宫廷内的服饰礼制，是个有心之人。高平从师父兴安那里了解到皇帝朱祁钰心里已经动了换太子的心思，而这事就是天赐的借口。于是他让锦衣卫指挥使李善向朱祁钰揭发：太上皇朱祁镇在南宫贿赂皇城使王瑶，让他联络外官，帮助自己复位。

朱祁钰终于找到借口，立即下令将王瑶下诏狱问罪。谋逆的罪名王瑶担当不起，送东西给他的太监阮浪也被抓进诏狱。锦衣卫卢忠亲自出席审判,力证两人和太上皇之间关系匪浅。①

眼看朱祁镇要有杀身之祸,可风向却在这个时候突然变了。

首先,王瑶和阮浪在锦衣卫诏狱里受尽酷刑,直到最后被凌迟处死,都没有把太上皇朱祁镇牵连进来。这一方面说明这两个人确实忠于朱祁镇,另一方面也说明孙太后对后宫掌控能力的强大。面对这样必死的局面,她可以让这两位小人物为她的大业献出生命。要知道,以锦衣卫的能力,只要这两个稍稍一松口,把朱祁镇牵连进来易如反掌,到时候即便不杀他,至少可以将朱祁镇赶出京城。一旦脱离孙太后的庇护范围,朱祁镇生死难料。

更要命的是,作为最重要证人的卢忠也出了问题。当卢忠明白他得罪的是孙太后时,在出庭前向当时天下闻名的算卦先生仝寅问过凶吉。仝寅立即告诉他这是大凶之兆,死不足赎。卢忠假装被吓疯。于是第二天负责旁听庭审结果的内阁学士商辂和司礼监太监王诚一同得出结论:卢忠疯癫,证词不足为信。背后的潜台词就是,这事不能牵连到朱祁镇。②

---

① 《明史·宦官列传·阮浪传》载:阮浪至景帝时,为御用监少监。英宗居南宫,浪入侍,赐镀金绣袋及镀金刀。浪以赠门下皇城使王瑶。锦衣卫指挥卢忠者,险人也,见瑶袋刀异常制,醉瑶而窃之,以告尚衣监高平。平令校尉李善上变,言浪传上皇命,以袋刀结瑶谋复位。景帝下浪、瑶诏狱,忠证之,浪、瑶皆磔死,词终不及上皇。英宗复辟,磔忠及平,而赠浪太监。

② 《明史纪事本末》载:忠屏人诣卜者仝寅筮之,寅以大义叱之曰:"是大凶兆,死不足赎。"忠惧,乃佯狂。学士商辂与司礼监太监王诚言:"卢忠狂言不可信,坏大体,伤至性,所关不小。"事得寝。后英宗复辟,忠果伏诛。

这位仝寅可不是一般的算卦先生，朱祁镇被也先俘虏后，曾经秘密派人前往大同镇守太监裴富处，让裴富请仝寅为自己卜一卦。仝寅当然明白自己雇主的心思，于是他顺利开出一个乾卦初九，潜龙勿用。这本来是个不太吉利的卦象，仝师傅却把它解释成大吉大利："大吉，可以贺矣。……龙，变化之物也。庚者，更也。庚午中秋，车驾其远乎！远则必幽，勿用故也。或跃应焉，或之者疑之也，计七八年，当必复辟……自今岁数更九，跃则必飞。九者，乾之用也；南面，子冲午也，其君位乎？故曰大吉。"仝寅向英宗朱祁镇预言，"龙"必将回到北京，而且回来之后一定会被囚禁，但八九年之后，他将迎来机会，重新复位。之后这个仝寅通过大同镇守太监裴富结识了朝廷"勋贵派"新领袖石亨，又通过石亨把这段卦辞告诉了于谦。于谦是信《易经》，也是懂《易经》的。所以史书上说这个卦辞间接促成了于谦迎回英宗的决定。①

这几件事联系起来，很容易发现接连发生的南宫事变不是朱祁钰对朱祁镇心怀忌惮，反而处处透露出孙太后想重新扶植朱祁镇上位的想法。这股势力至少在当时的北京城里远比朱祁钰强大：他们可以调动"文官党"首领级别的人物胡濙；他们可以控制宫廷，先是有金英当面顶撞皇帝，又有王瑶和阮浪在南宫东窗事发后主动担责，宁可千刀万剐，也不帮助朱祁钰；他们甚至能

---

① 《明史纪事本末》载：也先欲奉上皇南还，朝廷率以为诈，寅力言于石亨，亨与于谦协议，奉迎而归。

够操纵舆论，像仝寅这样具有一定影响力的江湖人士，利用卦象不停宣传朱祁镇将要复位；他们还能够影响军队，孙太后的族人孙继宗和石亨等武将头领联系甚密。

朱祁钰突然发现，他根本不能拿朱祁镇怎么样。他既不能给朱祁镇加上意图篡权的罪名，更不可能直接暗杀朱祁镇，毕竟孙太后管着尚膳监。真到了鱼死网破那一步，谁会先出意外，真不好说！

所以他只能砍掉南宫里的几棵树，聊以泄愤！

朱祁钰经过几年的历练，已经是一个比较成熟的政治家。他敏锐地意识到，自己的突破口就是把儿子扶上太子位。这样一来，无论是朝堂还是宫内，整个环境都将为之一变。朝廷里的一些大臣们为了拥立之功，自然会支持新的太子，也就等于支持自己；宦官们都是势利鬼，只要有风吹草动，他们也会很快趋炎附势地跟上来。这一招就是釜底抽薪之计。

想到这一层，景泰帝朱祁钰立即派人把自己在朝堂上唯一能信任的于谦请来，帮自己进一步分析形势，排忧解难。

此时，于谦的主要精力都放在如何解决大明帝国的内忧外患上。为了平定反复出现民变的南方沿海诸省，他已经安排自永乐年间就聚集在河间一带的蒙古雇佣军及其家眷南下平息福建、广东一带的匪患。这招一举两得，既解除了北京保卫战调走大量南方军队导致的军事真空，又把蒙古瓦剌可能再次南下威胁北京的最大隐患调离了北京城。他力排众议，坚决要求恢复在土木惨败中被蒙古瓦剌军摧毁的马营、独石、阳和等前沿要塞。宣府、大同一线的防御力量得到加强，加上团营军的重新编练和石亨父子统帅的三万精锐部队在宣府、大同间来回巡视，以及范广统领的二万精锐部队在蓟州、辽东间来回巡逻，整个大明帝国北方边境的防御压力大为减轻。

当得知朱祁钰召见自己，于谦便把这些问题整理成册，带着入宫准备向皇帝汇报。君臣见面，一番简单的寒暄问候后，于谦把上述问题和对策向皇帝朱祁钰一一汇报。朱祁钰既感到欣慰，也有些心不在焉。他此时最忧心的仍是太子问题，但于谦自说自话，根本不同他谈这件事。于谦眼里只有江山社稷，黎民百姓，他并不想插手夺嫡之事。既然于谦的注意力在别的地方，那么夺嫡这件事情只能找别人来参与了。

朱祁钰在听完于谦汇报之后，简单鼓励劝慰一番就让他退下。之后，他立即命兴安传召内阁大臣陈循前来议事，夺嫡之争正式展开。

第二节 斗群臣景泰行贿

景泰三年（公元1452年），急于改立储君的朱祁钰找来了内阁中的陈循。就在前一年，陈循因为给妻子修的坟地违制被御史林聪弹劾，最终，在朱祁钰的偏袒下并没有追究陈循违制，而让他继续留任，陈循因此站在了朱祁钰这一边。

这次召见陈循，朱祁钰并未多言，而是直接从自己的内帑里拿出一百两白银赏给了他。①

当时的一品大员,一年的俸禄也不过三十两银子,朱祁钰的行为,是在向大臣行贿。陈循此时的心情一定很复杂,这钱必须得拿,拿了就要更加死心塌地地为皇帝办事,否则会陷入非常危险的境地。但如果这件事容易办,皇帝不可能屈尊向臣子行贿,一定是件麻烦事。

果然,朱祁钰还没开口,他身后的兴安就率先开口,劝陈循收钱:皇帝不仅赏赐了你,还会给内阁大臣高谷同样的赏赐。听到自己并不是单独受贿,陈循安心收下。接下来,兴安又原原本本地把朱祁钰改立太子的想法对陈循说了出来。

陈循立即明白了皇帝所托是什么事,既然要在皇帝和太后之间做出选择,他决定把身家性命全押在朱祁钰这边。

为了保证胜利,陈循首先问了于谦的态度。朱祁钰也有话直说:虽然没有得到于谦肯定的答复,但他有信心说服自己的老师。

陈循见状没有继续追问,他向朱祁钰提出了自己的计划:想要办成这件大事,首先必须把吏部尚书的位子从王直手里夺过来,否则以王直的威望,他在朝堂上振臂一呼,百官都会倒向他那一边。至于内阁中一直和陈循不和的高谷,既然和自己一样已经收了皇帝的银子,那么自然不会再反对皇帝。

---

① 《明史·陈循列传》载:帝欲易太子,内畏诸阁臣,先期赐循及高谷白金百两。比下诏议,循等遂不敢诤,加兼太子太傅。寻以太子令旨赐百官银帛。

陈循一番话让君臣两人心里都有了底。于是，陈循当即下跪，表示他愿替皇帝分忧。朱祁钰立即起身，上前握住陈循的双手，表示感激。

陈循担心自己在内阁里会受到掣肘，他请皇帝再找一个帮手入阁，他拿出了推荐自己同乡右都御史萧维祯入阁的奏章。

可景泰帝朱祁钰摆摆手，反而拿出高谷奏请左都御史王文入阁的奏折，批了一个可字。朱祁钰详细地向陈循介绍了左都御史王文也被林聪弹劾的事情。最后朱祁钰告诉陈循，他会把林聪的奏折留中不发。原来高谷推荐的王文，竟然和陈循有着共同的敌人。于是，朱祁钰和陈循当下议定利用林聪的奏折，拉拢王文，利用内阁中人数多的优势，架空高谷。而且高谷也收了皇帝的钱，废立大事，他就无法在内阁中掣肘。

几天后，大明内阁票拟左都御史王文改任吏部尚书，同时兼任翰林学士，入职文渊阁，成为明朝第一位以二品尚书职位进入内阁的大臣。[1]高谷原来以为王文是自己推荐的，以后在内阁必然会帮助自己，没想到王文一进内阁就和陈循沆瀣一气，在内阁的一切日常事务上共同对付高谷。他们两个有一个共同的后台——皇帝朱祁钰。而高谷收了皇帝的钱，有苦说不出。[2]

朱祁钰继续施展手段，将吏部尚书王直进位少傅，这等于明

---

[1] 《明史·王文列传》载：改吏部尚书，兼翰林院学士，直文渊阁。二品大臣入阁自文始。

[2] 《明史·高谷列传》载：内阁七人，言论多龃龉。谷清直，持议正。王文由谷荐，数挤谷。

升暗降，夺了王直的实权。一切准备就绪，就等着陈循找到一个契机，作为换太子事件的导火索。

陈循在内阁多年，他知道改立太子这样的大事绝对不能由内阁的官员提出，否则定会被言官反对，导致事情陷入僵局。所以他开始物色一个地方官来干这件事。但那些两榜进士出身的官员，人人都知道其中利害，没有一个敢在这种大事上当出头鸟。几番斟酌后，陈循让广西土司黄玹，以大明地方官的身份上书天子朱祁钰，要求改立太子。①

广西地方土司，一辈子都没去过京师，这个时候让他来为改立太子挑头，显得很滑稽。因为明代广西还处于土司治理阶段，黄玹在当地就是土皇帝，到处横行霸道，刚刚因为一些小事杀了自己弟弟黄冈全家，正急于脱罪。当时锦衣卫千户袁洪正在当地办事，他了解到北京朝堂上皇帝想要改立太子的情况，就教唆黄玹上书，这样一来不但可以保命，还会有重赏。既然难逃一死，不如放手一搏，黄玹赌上了性命，让袁洪以他的名义写了一封奏疏呈送北京。②

陈循一见这份奏疏，大喜过望，立即以内阁名义上呈皇帝。接到这封奏折，朱祁钰如获至宝，兴奋异常。他立即以此为名，找于谦商量改立太子一事，方法与之前"贿赂"陈循类似。

两人一见面，朱祁钰立即按照"惯例"，由兴安向于谦宣

---

① 《明史·王直列传》载：帝欲易太子。未发。会思明土知府黄玹以为请。
② 《明史·诸王列传》。

读追封于谦四代祖先官位的诏书。朱祁钰非常清楚于谦不是可以用银子贿赂的小人，他是一位正人君子，只能用真情感化。尊者赐，不可辞。何况这是给自己祖宗的，于谦坦然接受谢恩。这时，兴安先是开口恭喜于谦光宗耀祖，之后话锋一转，感叹如今皇帝的儿子却不是太子，日后不能像于谦这样把他父亲的事业发扬光大，说到激动处还流下几滴眼泪。

于谦自然明白兴安的这番话，就是在向他明确转述朱祁钰想要改立太子的意愿。随后兴安当面向于谦展示了广西土司黄玹要求改立太子的奏折。陈循、王文这两位内阁大臣已经在上面批注同意。而于谦也并未多言，拿起笔，恭恭敬敬地签上了自己的名字。

因为于谦此时已经没有反对朱祁钰改立太子的理由。自己刚刚受到赏赐，可以光宗耀祖，怎么能让对自己如此信任的皇帝后继无人呢！朱祁钰见于谦如此支持自己，高兴极了，立即又派人把石亨希望给于谦长子于冕加封府军前卫千户世袭职位的奏疏拿了出来，批上一个大大的"可"字，让兴安拿到司礼监找王诚用印后，立即颁发。于谦推辞不掉只能接受。

第二天朝会上，朱祁钰把这封要求改立太子的奏疏传示下去，下令礼部召集文武百官共同商讨。礼部尚书胡濙此时已经拿到了奏疏，当看到了上面赫然写着于谦、高谷、陈循、王文这几个人的名字时，他把疑惑的目光投向内阁头号大臣高谷。高谷立即避开胡濙的目光闪到一边，假装正襟危坐地喝茶。

这下胡濙没办法了。因为这件事从道理上说得过去：朱祁钰镇守北京城，打败了蒙古瓦剌骑兵的围攻，他就是挽救大明江山的一代明主。而朱祁镇带着十几万大军出征，不仅全军覆没，自己还被生擒活捉，让大明陷入一场危机，这便是无可争议的昏君，虽然不能直说，但这是事实，无法改变。而且朱祁钰已经有儿子朱见济，虽然年龄尚小，但他凭借朱祁钰的功绩继承大统，名正言顺。

胡濙再回头看，内阁里的老滑头江渊也签字了，王一宁、萧镃也署了名，这三个人各收了皇帝五十两白银。胡濙此时还不知道内阁集体"受贿"这件机密之事，他只知道内阁已经完全依从了皇帝朱祁钰，再看看朝廷里犹如泰山、北斗的于谦也签了字，礼部已经无能为力。最后他也签了字。①

一见礼部尚书都签了字，被朱祁钰派过来监督签字的兴安立即发言，要求在场的文武官员必须表态，不能首鼠两端，签或者不签必须有个态度。②几个重要大臣里，只剩下王直还没签名。陈循拿起笔让刚刚进封少傅的王直签字。王直并不愿意趟这浑水，他搜肠刮肚找出一个由头，立即问陈循是谁建议改立太子，这么大的事，他怎么才知道。陈循原原本本地把广西思明府土司黄玹的奏疏给王直念了一遍。王直当然知道事情的原委，他也深知这种时候不能随便表态。陈循一见这人死板得很，也没有多

---

① 《明史·王直列传》载：胡濙唯唯，文武诸臣议者九十一人当署名，直有难色。

② 《明史·诸王列传》载：司礼太监兴安厉声曰："此事不可已，即以为不可者，勿署名，无持两端。"群臣皆唯唯署议。

话，拿起笔就帮王直把名字签了上去。①

王直不敢和朱祁钰公开唱反调，于是这个八十岁的老臣大声喊出一句话："此何等大事，乃为一蛮酋所坏，吾辈愧死矣。"②意思就是说，黄竑这种级别的人物怎么能够参与改立太子的大事，你们这些人居心叵测，应当感到羞愧。说完就悻悻地走了出去，从此不再过问朝堂之事。

这时候，以林聪为首的几个七品小官，原本坚决反对改立太子，一见文官的领袖们都已签字，也只能签字表态同意。

文官们署名完成后，陈循立即找到武将们。人都有从众心理，不签便是与皇帝为敌，于是武将之首石亨、都督孙镗、张轨、杨俊（杨洪之子），以及和于谦关系不错的范广等人都签了字。前后一、二品文武官员共九十一人联名上书皇太后，要求废黜朱祁镇长子朱见深，改立朱祁钰的长子朱见济为太子。

孙太后自知大势已定，如今文武大臣全体倒戈，仅凭几个亲戚，不可能再和朱祁钰抗衡了，只能同意。但是她又提出了一个条件，同时封朱祁镇的长子朱见深和他另外两个儿子为王。三个王爵换一个太子，换自己子孙来坐江山，朱祁钰求之不得，立即批准。

景泰三年（公元1452年）五月，景泰帝朱祁钰废皇太子朱见深为沂王，立长子朱见济为皇太子。为了稳固太子的地位，他同时废掉了无子皇后汪氏，改立太子生母杭氏为皇后，这样太子

---

① 《明史·王直列传》载：陈循濡笔强之，乃署，竟易皇太子。
② 《明史·王直列传》。

就是嫡长子,地位无与伦比。按照约定,同时封朱祁镇的另外两个儿子朱见清为荣王、朱见淳为许王,并大赦天下。①

景泰帝朱祁钰多年的心病终于解除,他可以安稳坐天下,不必担心死后被清算。

这里面立下头功的是陈循,他立即被加封太子太傅衔,进位华盖殿大学士。朱祁钰又以太子的名义赏了陈循一笔钱,但他依然觉得不够彰显陈循的功劳,又亲自赐给陈循五十两黄金,作为特别奖励。

朱祁钰也没有忘记于谦。和其他署名的一、二品大员一样,于谦也得到了晋升赏赐:进封太子太傅衔,改发双倍俸禄,赐蟒衣、剑器。和小人得志的陈循不一样,于谦接到朱祁钰赏赐的蟒服、宝剑之后,并未张扬得意,而是单独辟出一间屋子,把这些东西供奉在家中。

朱祁钰见自己老师还是一如既往的低调,觉得有些过意不去。朱祁钰深知,陈循这样的小人虽然可以为讨好自己而卖力,但满朝文武,真正可托付江山大事的只有于谦。当他知道于谦住的地方十分简陋,便决定在西华门外,专门赏给于谦一座宅子,也可方便召见。于谦不敢受这样大的赏赐,连忙以当年霍去病"匈奴未灭,何以家为"的典故为由,坚决推辞。②

---

① 《明史·景泰本纪》。

② 《明史·于谦列传》载:自奉俭约,所居仅蔽风雨。帝赐第西华门,辞曰:"国家多难,臣子何敢自安。"固辞,不允。乃取前后所赐玺书、袍、锭之属,悉加封识,岁时一省视而已。

于谦表示愿像卫青、霍去病、李靖那样,驾长车踏破贺兰山阙,率十万众扫荡敌酋,封狼居胥、燕然勒石,如此方遂大丈夫凌云之志。至于家产财物,自己并不关心。听到这番话,不仅朱祁钰深受感动,就连他身边的兴安也佩服不已。兴安深受于谦品行的影响,竟然在文人修的史书中非常罕见地获得了一个"廉操"的评价!①遍翻二十四史,能得到这样评价的宦官凤毛麟角。

就在所有人都认为景泰朝已经江山稳固的时候,景泰四年(公元1453年)十一月,太子朱见济在宫内夭折,年仅六岁,大明局势再起波折。

第三节 太子夭朝局陡变

有些事情人算不如天算。朱祁钰费尽心机,通过收买陈循、王文,又拉住于谦,胁迫高谷、胡濙、王直,把长子朱见济扶上太子位。可朱见济在太子位上仅一年多的时间,就突然薨逝,死得很突然。

景泰四年(公元1453年)十一月,朱祁钰刚刚选出御史张鹏言当太子讲读,准备教自己六岁的儿子读书,结果四天后,太子就故去。②

---

① 《明史·宦官列传·兴安传》载:安有廉操。

② 《明史·诸王列传》载:十一月,以御史张鹏言,简东官师傅讲读官。越四日,太子薨,谥曰怀献,葬西山。

第七章 夺嫡之争

这事有点蹊跷。

张鹏言为什么会被选为讲读，太子的死和他是否有关系，这些《明史》里面统统没提。因为朱祁钰晚年的下场不好，关于他的事迹并没有完全记载在《明实录》里，所以对于景泰四年太子薨逝这件大事的前因后果，整个正史的记载极不清晰。

要知道四天前，朱祁钰才刚刚为太子选了老师，这证明朱见济至少在四天前身体是没有问题的。暴毙容易让人产生联想。同时在北京的沂王朱见深和朱祁镇在南宫中出生的两个孩子都没事，偏偏朱见济这位景泰帝朱祁钰的独子就这么没了，这事就显得更加奇怪。只能推测这件事十有八九和居住在宫内的孙太后、居住在南宫的朱祁镇，以及负责宫廷宿卫的孙继宗有关系。参考日后英宗复辟的情况，有记录他被虐待的说辞很有可能都是经他授意的，是在为他复辟找借口。真实情况可能恰恰相反，因为孙太后的关系，真正被伤害的人很有可能是皇帝朱祁钰，他的儿子死了竟然都未能记录下原因。

一定有人在此事上做了手脚。

至少朱祁钰就是这样想的，但他还是拿孙太后这帮人毫无办法。如今太子死了，却没有人能够为这件事负责，没有证据就去责问孙太后、朱祁镇，朝臣无法信服。朱祁钰虽然悲愤交加，但是很快冷静下来，他决定暂时不和孙太后等人撕破脸。

朱祁钰只有朱见济这一个儿子，他死了意味着整个景泰朝的根基发生动摇。但朱祁钰毕竟此时才二十六岁，还有机会再育皇子，而且孙太后年纪也大了，只要她一死，朱祁钰就可以彻底夺回宫禁大权,那一切都还有希望。当务之急是不能让太子的位子被别人趁机夺走。

可惜,朱祁钰的心思被孙太后和一众文官看得很明白。太子朱见济丧期一过,就有人奏请复立朱见深为皇太子。

景泰五年(公元1454年)五月,礼部郎中章纶、御史钟同上书请求复立沂王为皇太子。太子朱见济去世才六个月,可以说尸骨未寒,对方就已经急不可耐,揭皇帝的伤疤。在朱祁钰眼里,这两人就是受孙太后、朱祁镇指使的出头鸟。是可忍,孰不可忍!朱祁钰下令,把二人直接投入锦衣卫诏狱审问。①他一开始还想通过这两人把朱祁镇和孙太后牵连进来,进一步掌握主动权。可是跟上次一样,章纶、钟同两人从始至终都不承认受到任何人指使,坚称自己就是为国为民,为大明王朝的江山社稷考虑。

朱祁钰虽为皇帝,却拿这两个小官没办法,只能继续忍着。

景泰六年(公元1455年)二月,朱祁钰的皇后杭氏去世。朱祁钰接连承受丧子、丧妻之痛,一度萎靡。可就在这一年八月,南京大理少卿廖庄又上书请求复立沂王朱见深为皇太子。这帮文官一点都不考虑皇帝的痛苦,甚至要在他的伤口上撒盐。原本脾气温和的朱祁钰怒不可遏,下令把廖庄和之前上书的章纶、钟同一并杖杀,也算为故去的妻儿出了一口恶气。②

---

① 《明史·景泰本纪》载:五月甲子,礼部郎中章纶、御史钟同以请复沂王为皇太子下锦衣卫狱。

② 《明史·景泰本纪》载:八月庚申,南京大理少卿廖庄又请复沂王为皇太子,杖于阙下,并杖章纶、钟同于狱,同卒。

但是问题还是没有解决,心急如焚的朱祁钰之后再也没有新的皇子。没有皇子,朱祁钰在群臣中的支持度立马下降,因为大家都看出来,这位皇帝这几年连丧妻儿,精神和身体都已经大不如从前。只等朱祁钰一死,皇位肯定要回到朱见深或者朱祁镇手里。此时,就连朱祁钰最信任的宦官兴安也开始向孙太后献媚,准备为自己寻求一条后路。那些朝堂上的文官们一直都是墙头草,他们也是看准了当时朝堂的形势才纷纷奏请朱见深复位的。

这时,朱祁钰最倚重的陈循、王文因为惹了众怒,导致朝局进一步失控。

事情的起因是陈循之子陈英和王文之子王伦同时在北京顺天府参加乡试,准备考举人。作为内阁里的第二、第三号人物,这两位父亲为了儿子的功名,串通主考官刘俨、黄谏,徇私舞弊。但此事很快被礼科给事中张宁发现并上奏弹劾二人。

明代科举舞弊可是重罪,严格追究的话,必须杀头。陈循和王文自然是害怕,立即向朱祁钰寻求庇护。在经历了一连串打击之后,朱祁钰心里已经没有那么清晰的是非对错观念,他把所有的事情都和孙太后、朱祁镇联系起来。谁对谁错对朱祁钰来说已经不重要了,重要的是保住自己在内阁里的亲信,不能再随便被他人剪除。于是他又一次选择不再追究陈循和王文。①

这下可算是捅了"马蜂窝",已经晋升都给事中的林聪得知

---

① 《明史·陈循列传》载:循子英及王文子伦应顺天乡试被黜,相与构考官刘俨、黄谏,为给事中张宁等所劾。帝亦不罪。

后，立即再次上书弹劾陈循、王文徇私舞弊，祸乱朝纲。王文也聪明，见对手来势汹汹，自己难以应对，就到朱祁钰身边煽风点火，再提当年林聪在立太子时，迟迟不肯签字的往事。正在气头上的朱祁钰立即下令把林聪下狱，眼见这位景泰朝第一御史就要成为下一个冤魂。

多亏礼部尚书胡濙出手相救。他先是不肯在杀林聪的公文上署名，然后又称病不去办公。作为六朝老臣，按礼制他病了朱祁钰须派人前去探望，此时已经逐渐转向孙太后的兴安代表皇帝前去探视老臣。结果，两位孙太后的支持者在病榻前达成一致，兴安向朱祁钰汇报，胡濙没病，只是听说要杀林聪，内心感到不安，担心朝廷会因此生乱。无奈之下，朱祁钰赦免了林聪，林聪逃过一劫。①

朱祁钰在丧子丧妻的同时，又被"文官党"扣上了包庇奸人、纵容不法的坏名声。此时朝廷已经变得四分五裂，当年对立太子并不积极的胡濙、王直甚至高谷这几个七八十岁的老臣也开始参与进来。朱祁钰眼见朝局向着对自己不利的方向发展，他的心情更是坏到了极点，身体状态也每况愈下。

这个时候，他忽然想到，此时能帮他稳住大局，想出办法的只有于谦了。

于谦在听说朱祁钰要杀章纶、钟同时，也曾秘密上书给朱祁

---

① 《明史·胡濙列传》载：王文恶林聪，文致其罪，欲杀之。濙不肯署，遂称疾，数日不朝。帝使兴安问疾。对曰："老臣本无疾，闻欲杀林聪，殊惊悸耳。"聪由是得释。

钰表示反对,只不过未被采纳。景泰五年(公元1454年)的一天早上,朱祁钰拿着这封奏疏,在偏殿单独和于谦面谈。他想问明白于谦对此事的态度到底是怎样的。

于谦很直接地对朱祁钰表明了自己的态度:站在国家角度来看,章纶、钟同等人的说法"未为无益"。①意思就是他原则上同意复立朱见深为皇太子,理由是对国家有利,而且朱见深也是此时与朱祁钰血缘最接近的人。

朱祁钰听到于谦这样表态,心凉了半截:二人君臣际遇多年,共同挽救大明江山,朱祁钰早就把于谦当成了自己的心腹重臣,当年他不顾言官议论,坚持对于谦委以兵权重任,对于谦可谓言听计从。可现在,于谦的心中都是江山社稷,那他百年之后当怎么办,于谦为什么一点都不考虑呢?

此时在朱祁钰的眼里,于谦的态度就等于对自己的背叛。一向对于谦言听计从的朱祁钰良久未语,最后留下一句:"卿亦为是言耶?"②说完,在兴安的陪伴下走回那已是孤家寡人的后宫。

从皇帝的这句话中,不难听出他此时的失落和失望,面对千军万马毫无惧色的于谦也不禁若有所思,他明白自己已经触动了皇帝最敏感的那根神经。此时掌握大明兵权的于谦对于景泰帝朱祁钰而言,不再是当年那个为扶助自己上位连夜来访,对自己一

---

① 《于谦集·先忠肃公年谱》。

② 《于谦集·先忠肃公年谱》。

心一意的老师，而是走向了相反的方向，是一个最熟悉的陌生人。

在历史上，当大臣遇到皇帝开始怀疑自己的时候，大臣一般选择急流勇退或者妥协。更何况是于谦这种已经执掌兵权近六年，在朝堂上威望、能力都无人能比的大臣。

但是于谦此时还不能走，他还有一个重要的事情没有办完，他正在想办法进一步削弱蒙古瓦剌部，从根本上解决大明帝国北方边患。

第四节　也先死于谦欲退

游牧部落的兴起很大程度上跟出色的领导人有直接关系。当年匈奴崛起，离不开冒顿单于；鲜卑崛起离不开慕容家族的慕容恪、慕容垂；北魏崛起也是因为拓跋珪、拓跋焘的雄才大略；女真部落有了领袖完颜阿骨打，才能破辽灭宋；处在奴隶社会的蒙古诸部有了成吉思汗，才能建立起横跨亚欧大陆的大帝国；瓦剌部的崛起，离不开马哈木、脱欢、也先祖孙三代的经营。同样的道理，一个出色领袖的故去，也会导致草原游牧部落衰落。

送还朱祁镇之后，也先南下作战的目的已经完全达到。景泰三年（公元1452年）也先派人前往大明，恬不知耻地要求继续保持和大明的朝贡贸易。大明文官领袖王直希望能够停止战争，同意双方相互派遣使者，恢复往来。朱祁钰下旨将这个问题发到兵部讨论。

第七章 夺嫡之争

而兵部尚书于谦的态度十分强硬：我受命总督大明军务，行的是古时大司马的职责，只知道作战，至于谈判不是我要关心的事。①于谦话说得硬气，也称了皇帝朱祁钰的心。于是派遣使者前往瓦剌的事情就此搁置。

也先意识到之前在土木堡和北京城下，双方结下的仇太深，很难短时间恢复到以前的状态。既然这样，恢复与大明邦交的事就先放一放，先整治内部。于是也先开始谋划杀掉傀儡大汗脱脱不花的大事。

于谦主持大明兵部事务多年，早就知道太师也先和傀儡大汗脱脱不花的矛盾。于是他和鸿胪寺杨善商议，继续之前厚待脱脱不花使者，冷遇也先使者的策略，进一步离间两人关系。

不久之后，也先果然对脱脱不花下了杀手，还收编了脱脱不花所有的部属、牛羊，同时非常得意地传檄蒙古各部，自立为蒙古大汗。②为了彰显自己的实力足以和大明帝国抗衡，表明自己继承的是大元帝国的皇位，也先还给自己取了个十分唬人的封号——大元田盛（天圣）大可汗，改年号"添元"。③

天无二日，国无二主，瓦剌也先这是要脱离大明，自立门户

---

① 《明史·瓦剌列传》载：三年冬，遣使来贺明年正旦，尚书王直等复请答使报之。下兵部议，兵部尚书于谦言："臣职司马，知战而已，行人事非所敢闻。"诏仍毋遣使。

② 《明史·瓦剌列传》载：也先亦疑其通中国，将谋己，遂治兵相攻。脱脱不花败走，也先追杀之，执其妻子，以其人畜给诸部属；遂乘胜迫胁诸蕃，东及建州、兀良哈，西及赤斤蒙古、哈密。

③ 《明史·瓦剌列传》载：也先自立为可汗，以其次子为太师，来朝，书称大元田盛大可汗，末日添元元年。田盛，犹言天圣也。

了。这种情况下，大明自然和瓦剌再也没有和谈的可能，于谦开始大力备战。他抽调京军新编练团营军中的三万精锐，交给石亨统帅，与孙镗、范广组成机动兵团，在宣府、大同来回巡防，严防对手突袭。紧接着，于谦按照自己的计划，一边重建城池恢复防线，一边修缮运河调集军需，随时准备再战。

谁也没想到，就在大明帝国如临大敌之时，蒙古内部再次发生了内讧，导致强大的蒙古瓦剌部直接退出了历史舞台。

事情要从景泰六年（公元1455年）说起。顺利登上汗位后的也先不再像之前一样野心勃勃，他开始沉溺于声色犬马，逐渐脱离了自己的部众。因为害怕别人效仿他占据太师的位子，威胁自己家族的地位，也先特意把太师的位子留给了自己的二儿子，他认为这是让他的家族取代黄金家族，世代统治蒙古各部的开始。

也先虽然在当时的蒙古各部中算是出类拔萃的领袖，但和成吉思汗比起来，差距可不是一星半点。他重用自己儿子的举动很快引起了蒙古瓦剌部实力派人物阿剌知院的强烈反感。这位阿剌知院跟随也先多年，当也先成为大汗之后，他便开始觊觎太师的位子。可眼见也先把太师这么重要的职位给了自己还没成年的儿子，他多年心血付诸东流，便愤怒不已，决定造反：既然也先可以杀掉脱脱不花，那自己也可以杀掉也先。

于是，阿剌知院带着自己的三万人马突袭了也先牙帐，一举击杀也先，自立为汗。瓦剌部发生内讧，给了原本拥护黄金家族的鞑靼部一个机会。鞑靼首领孛来率军杀死阿剌知院，夺回了故元的玉玺,并脱离瓦剌统治,重新恢复黄金家族对蒙古的统治地位。瓦剌部连续丧失两位重要领导人物,也先的子孙后代们退往哈密一带,日后瓦剌部的后世子孙将建立和大清帝国争斗百年的准噶尔汗国,再次出现在历史中。①

导致瓦剌衰落的根本原因,还是也先彻底和大明决裂的政策。经过几百年的战和,草原民族实际上和中原民族已经逐渐融合,彼此之间相互依存,也先强行打破这种状态,几乎所有人都对此不满意,他的失败是必然的。

景泰六年(公元1455年)三月,也先、阿剌知院先后被杀及瓦剌部西迁的消息传到北京,于谦松了一口气,终于得偿所愿,可以对瓦剌这个宿敌放下戒备。

于谦喜欢研究《易经》,《易经》强调急流勇退。此时,对他而言,官位上已经是从一品大员;对家族,已经荣封四代,光宗耀祖;对大明帝国而言,作为总督军务的兵部尚书,外敌威胁已经因为敌人的内讧而被极大削弱。加之,由于大明内部围绕皇太子废立问题的争斗,自己已经和皇帝朱祁钰疏远,让于谦也感受到了巨大的压力,是时候急流勇退了。已经年近六十的于谦开始寻找机会,希望从政治漩涡中全身而退。

这个结论和《明史·于谦列传》中的记录稍有不同。按照《明史》中的观点,于谦之所以后面会惹上麻烦,和他自己嫉恶

---

① 《明史·瓦剌列传》载:六年,阿剌知院攻也先,发之。鞑靼孛来复杀阿剌,夺也先母妻并其玉玺。也先诸子火儿忽答等徙居干赶河,弟伯都王、侄兀忽纳等往依哈密。

如仇的个性有关。为了证明这个结论,还特地引用了于谦自己的一句话:"此一腔热血,竟洒何地!"①这体现出于谦和周围的浊流格格不入,甚至不惜一死。

可惜,这话虽然很有可能是于谦说的,但情景却和《明史》中所说相差甚远。这段话出自康熙年间,于谦后代于继先编写的《先忠肃公年谱》,比成书于清乾隆年间的《明史》要早。而且根据于继先的描述,于谦说这段话时才二十一岁,刚刚参加科举考试没有上榜,自己给自己卜卦,得出一个结论,他将会"做尚书、做宰相、天杀之"。于谦这才感叹道:"此一腔热血,竟洒何地!"②

虽然《先忠肃公年谱》中的这个故事很有可能是后人附会,但这句话用在这里符合情理,恰恰能说明青少年时代于谦书生意气、挥斥方遒的气概。而《明史》想要用这句话传递出一个信息:于谦后来的下场,他自己的性格要负一定责任。

景泰五年(公元1454年),于谦出面为章纶、钟同请复立朱见深为太子之事说情的时候,他已经在向景泰帝朱祁钰请求告退了。

早在这一年年初,就有御史以当年冬天不下雪为由弹劾于谦,罪名是"时序乖和,雨雪不降"。③当时的人都相信天人感

---

① 《明史·于谦列传》。
② 《于谦集·先忠肃公年谱》。
③ 《于谦集·先忠肃公年谱》。

应一说,天上有灾变,就是和人的失德有关。皇帝不能负责,那当朝权力最大的官员就要负责,于谦首当其冲。

于谦的回应很耐人寻味,他不但没有反驳这些御史的弹劾,反而写了一封《灾异乞罢疏》,主动要求回乡。景泰帝朱祁钰先后四次驳回了他辞职的请求,这才作罢。为了照顾于谦的感受,朱祁钰甚至忍住没当场杀了章纶和钟同,让这两个人在锦衣卫诏狱里又多活了一年。

到了景泰六年(公元1455年),明朝北面的战事已消停,明军在广东、广西清剿土匪的作战也大获全胜。于谦没有借机请赏,反而再次上书景泰帝朱祁钰,以海晏河清、天下太平为由,请求皇帝解除自己的兵权,允许归乡养老。朱祁钰意识到因立皇太子的问题,二人之间有了嫌隙,但于谦始终是他在朝堂上最信得过的人。他决定亲自出手,修复和于谦之间的关系。

一天,朱祁钰派兴安召于谦直入大内。见面后,简单寒暄两句,朱祁钰当面递给于谦一封兵部侍郎王伟弹劾他的奏疏。于谦不明所以,也未细看,便脱下官帽,磕头请罪。朱祁钰立刻上前拉起于谦,对他说了一句非常温暖的话:"吾自知卿,卿勿憾也。"[①]

于谦深受感动,他这才明白朱祁钰找他来不是为了这封奏疏责备他,而是为了要跟他说这八个字。朱祁钰的意思是他深知于谦是一个胸怀江山社稷的人,二人已经联手挽救社稷,希望于谦留下继续做自己的左膀右臂!

---

① 《于谦集·先忠肃公年谱》。

面对皇帝几近讨好的态度，于谦不再辞职，士为知己者死，于谦愿意为大明、为朱祁钰再献上一份力量。正是这句话，让于谦决定不带遗憾地陪朱祁钰走到底。

于谦拿着王伟的弹劾奏疏回到兵部大堂，王伟下堂迎接他，关切地询问于谦今日皇帝约他所为何事。于谦把他带入后堂，笑着把他的奏疏拿出来递给他，淡淡地一句："我如果有做得不对的地方，您可以当面跟我说，只要在理，我怎么敢不听，不必事事麻烦皇帝。"①王伟无言以对。

朱祁钰的做法其实是非常不合理的。要知道大臣敢上书给皇帝，就是知道皇帝会给他保密，即使弹劾不实，也不会随便把弹劾奏疏交给被弹劾对象。朱祁钰明目张胆地袒护于谦，就表示他是皇帝无论如何也不会处罚的人。

于谦的笑实际上不是嘲笑王伟，而是发自内心地感叹朱祁钰对他的知遇之恩。于谦再次把自己的全部身心投入到大明社稷中去。

第五节 帝不豫于谦秉政

景泰七年（公元1456年）初，五十九岁的于谦生病了。景泰帝朱祁钰立即派兴安代表自己前去探视。结果兴安来到于谦家中，竟然没看到于谦的身影，一问才知道，最近一年于谦因为公

---

① 《于谦集·先忠肃公年谱》载：某有不是处，第面言之，为敢不从，何忍至此？

务繁忙,妻子早已亡故,儿女已然成年,家中不需他操劳,就直接把自己的住所搬到了朝房。

果然,兴安在朝房找到得了肺病、咳嗽不止的于谦,作为相识多年的老友,兴安也不禁叹息良久。他在宫中侍奉了一辈子,于谦是唯一一位让他敬佩、感动的大臣。

随即兴安也不再请旨,直接向太医院下令,让太医董宿来给于谦诊治。董宿看过之后开了个方子给兴安,里面的名贵药材在宫中并不难寻,唯独其中要用的竹子,在北京特别难找。不过,这也是相对而言,兴安知道北京城里有一处地方竹林茂密,而且距离不远,那就是大明皇家园林万岁山。于是兴安立即向朱祁钰报告,需要去万岁山取些竹子为于谦治病。

谁也没想到,当朱祁钰看过兴安带回来的药方子,并没有简单地让他去砍几棵竹子了事,而是决定亲自动身前往万岁山。万岁山就是今天北京的景山公园,在故宫北面,距离不算远也不算近。朱祁钰为了显示自己的虔诚,特意步行前往,亲自为于谦砍竹。①

但是朱祁钰还觉得不够,第二天又亲笔书写了一封手诏,特别赐给于谦,准许他不必每天上朝,要注意休息,朝中若有大事自会派人前去与他联络。于谦再次深受感动。

朱祁钰的做法很快就在大臣中传开了。武清侯石亨对于谦受到这样的"殊宠"十分不满。几年前,石亨主动向于谦示好,反

---

① 《于谦集·先忠肃公年谱》。

被于谦教训了一顿,而后他就对于谦耿耿于怀。景泰朝,于谦以一个文官身份总督军务,自己堂堂正一品武官,反而要听一个从一品文官的指挥,石亨一直觉得憋屈。而"文官党"出身的巡抚们,在于谦支持下,权力扩大,导致各地"勋贵派"纷纷向石亨抱怨,不能再像英宗、正统朝那样随心所欲地贪墨。种种积怨导致两人关系越来越疏远。

于是他整日在朱祁钰面前抱怨于谦权力太大,拿走了原来属于"勋贵派"的兵权,还对自己颐指气使,甚至不把皇帝放在眼里。可一番告下来,得到的结果却是朱祁钰颇为严厉的一封谕旨:"谦纯臣也,后有言者罚无赦!"[①]石亨这下连带朱祁钰一起恨上了。

景泰七年(公元1456年)十二月,皇帝朱祁钰也病了。于谦先是和百官在午门外问安,而后又和太医董宿一起被召到朱祁钰病榻之前,亲自交代事情。朱祁钰连续丧失至亲,眼看后继无人,心情极差,但他的病情却并不严重。他还安慰于谦,带百官悉心办事,维持稳定。这可不是一个普通的举动,古时在皇帝病时有探视权,就意味着可以代理皇权,这是景泰帝朱祁钰给予于谦最大的信任。

之后一个多月,景泰帝朱祁钰的病情时好时坏,一直拖到景泰八年(公元1457年)正月。看起来似乎好了很多的朱祁钰为了向祖先祈福,决定亲自前往郊外祭祀。结果当天病情加重,咳

[①] 《于谦集·先忠肃公年谱》。

血不止,甚至完全不能行动。朱祁钰急召跟随他前来参加郊祭大典的石亨来到病榻前,让他代替自己继续进行郊祭大典。

为什么让石亨去不让于谦去呢?主要理由是,当时代替皇帝举行郊祭大典的人需要有爵位,于谦并没有。但有爵位不一定靠得住。石亨看到朱祁钰吐血的情况后,立即就起了异心。他深知一旦朱祁钰归天,无论谁上台,于谦一定会成为托孤的辅政重臣。石亨为首的"勋贵派"将被于谦为首的"文官党"一直压制,永无出头之日。于是他找来同样对于谦不满的张𫐄、曹吉祥,向他们陈述利害,约他们一起迎立太上皇朱祁镇复位,只有这样,石亨为首的"勋贵派"才能重新掌握大权。①

于谦当时并没有太多关注石亨等人的行动,他的注意力集中在朱祁钰的病情上。万一朱祁钰此时归天,而太子位尚未明确,必然会引发混乱。为了避免出现这种情况,于谦决定复立朱见深为太子,稳定政局。

复立朱见深是当时所有人都能接受的一个选择。对于"文官党"而言,可以有拥立之功;对于孙太后和朱祁镇而言,皇位又还给了他们的儿孙,多年来的付出也算没有白费;对"勋贵派"而言,立朱祁镇的儿子也是可以接受的选择。

于是景泰八年(公元1457年)正月初七,于谦再次求见朱祁钰。两人见面,朱祁钰向于谦道歉,只因自己心急,导致病情加重,如今病情还算稳定,只需要好好休养一段时间,如果不出

---

① 《明史·石亨列传》载:亨受命榻前,见帝病甚,遂与张𫐄、曹吉祥等谋迎立上皇。

意外的话，后天初九就可以上朝会见群臣。于谦安慰了朱祁钰一番，就磕头退了出来。

谁也没想到，这竟然是这对君臣的最后一次见面。

回到朝堂的于谦，立即找来所有文官讨论皇嗣大事。当时于谦和其他所有人都准备推荐朱见深复位，可吏部尚书、东阁大学士王文却以不明圣意为借口，拒绝复立朱见深。很快皇宫内外就传出了内阁学士王文和司礼监太监王诚准备拥立襄王世子继承大统的消息。①这明显是个假消息，孙太后还在，虽然她和襄王朱瞻墡的关系好，但和朱祁镇的关系更近。怎么会舍近求远？

不知道王文这个时候不立朱见深是出于什么考虑，但他的这些想法无疑是幼稚的。从宗法制度角度来说，朱祁钰此时一旦归天，他权力的第一顺位继承人就是朱见深，这个谁也改变不了。因为两人血统最为亲近，是亲叔侄。而且从当时政治环境的角度考虑，改立他人的理由根本不成立。

当时整个宫廷被孙太后控制，托孤之任在于谦，军权也在于谦、石亨、曹吉祥三个人手中，内阁还有高谷、胡濙、王直这样的老臣坐镇。无论如何也轮不到王文表态。那么王文这样做的意义是什么？他可能是在赌朱祁钰的病会好转。因为这样一来他就可以凭借在关键时刻依然秉承皇帝旨意的做法，继续得到朱祁钰的信任和重用。

实际上，此时朱祁钰的想法已经不重要了。于谦提出让朱见

---

① 《明史·王文列传》载：景帝不豫，群臣欲乞还沂王东宫。文曰："安知上意谁属？"乃疏请早选元良。以是中外喧传文与中官王诚等谋召取襄世子。

深复位,是当时各方都能接受的结果。于谦认为,只有稳住孙太后和朱祁镇,朱祁钰才能善终,只有这样做才可以保证朱祁钰死后得到一个相对客观的评价。

于是正月十一日,于谦和所有一、二品的文武大员一起来到左顺门,求见皇帝朱祁钰。于谦和群臣一起递上了写着他主张的条陈:"乞早建元良,以安人心。"①这时候又有一个人出来反对——左都御史萧维祯,他想改一个字,把"建"字改成"择"字。于谦认为"建"字有复立的意思,"择"字却是另立的意思,拒绝了萧维祯的提议。但为了有更多见证,于谦紧急派人去请称病在家的太傅王直、礼部尚书胡濙一同前来商议。二人赶到之后,大家意见最终统一,联名上疏请朱祁钰复立朱见深为太子。草拟诏书的人,正是大明历史上连中三元的大才子商辂。商辂立即动笔,陈述复立的理由:

"天下者,太祖太宗之天下,传之于宣宗,陛下宣宗之子,沂王宣宗之孙,以祖父之天下传之于孙,此万古不易之常法。"②

商辂的这段话,基本说清楚了为什么朱祁钰传位给朱见深是当时最好的选择。首先大明天下是太祖朱元璋一刀一枪拼下来的,又经太宗朱棣励精图治、苦心经营,自然就应该在他的血脉中传承。这个传承先到仁宗,再到宣宗。所以皇位在宣宗血脉中传承成为必然。朱祁钰是宣宗朱瞻基的儿子,朱见深是宣宗朱瞻

---

① 《于谦集·先忠肃公年谱》。
② 《于谦集·先忠肃公年谱》。

基的孙子，他们都是朱瞻基的血脉，在这一脉中传承是合理的。这个说法，完全否定了藩王入继大统的可能。因为襄王是仁宗朱高炽的儿子，不是宣宗血脉，自然不能入继大统。一旦这封奏疏被朱祁钰批准，石亨、曹吉祥根本就不可能再有戏唱。

有时候，人算不如天算。

在商辂拟好草稿后，于谦怕奏疏中一些语句可能触动景泰帝朱祁钰敏感的神经，一直在反复修改斟酌文字。这样，一向雷厉风行的于谦突然变得很拖沓，这封奏折一直拖到正月十四日才定稿。按照惯例正月十五日就是元宵灯节，要到正月十七日皇帝才会上朝理政。于谦就把这道奏疏直接存放在礼部尚书姚夔家里，准备十七日由礼部正式上报内阁，奏请朱祁钰同意。①

果然，事情的发展证明于谦的担心和谨慎并不多余。消息刚传到朱祁钰那里，就立即被否决。因为朱祁钰这时候很有可能已经康复。后来"夺门"事发，朱祁钰一个人困居寝宫，近一个月后才死。既然身体情况有所好转，那么改立太子的事自然就可以推迟，毕竟朱祁钰才三十岁，他还是想传位给自己的子嗣。

可这么一来二去，导致参与复立朱见深为太子之事的人越来越多，消息也就自然不能保密。正月十四日前后，石亨等人得到"文官党"准备复立朱见深为太子的消息，决定铤而走险，武力迎回困居南宫的朱祁镇，谋夺"文官党"的拥立之功，保住"勋

---

① 《明史·姚夔列传》载：景帝不豫，尚书胡濙在告，夔强起，偕群臣疏请复太子。不允。明日，夔欲率百官伏阙请，而石亨辈已奉上皇复位，出夔南京礼部。

贵派"的世袭特权。

但石亨只是一个头脑简单的武将，没有策划的能力，他需要为"勋贵派"找一个智囊。石亨找来自己的朋友太常寺卿许彬，向他透露了自己准备迎英宗朱祁镇复位的想法，请他出面谋划。许彬自己没去，反而向石亨推荐了徐有贞①："此不世功也。彬老矣，无能为。徐元玉善奇策，盍与图之。"②

于是石亨带着张軏，按照许彬的建议，连夜前往左副都御史徐有贞府上拜访。

---

① 《明史·许彬列传》：石亨等谋复上皇，以其谋告彬，彬进徐有贞。
② 《明史·徐有贞列传》。

第八章 祸起夺门

景泰八年（公元1457年）正月，武清侯石亨、左副都御史徐有贞、司礼监太监曹吉祥等人利用景泰帝重病之机，拥立明英宗朱祁镇复辟，史称"夺门之变"。英宗朱祁镇复辟标志着于谦政治生命的终结。"夺门"政变当天，于谦被捕下狱。

第一节 阴徐珵密谋于室

徐有贞就是"土木之变"时在朝堂上提议南迁的徐珵。当年因为他自己解读星象，力劝南迁，不仅没能如愿进入内阁，反而因此仕途不顺，甚至一度还成为金英、兴安等宦官的嘲笑对象。

徐珵心有不甘，他当年庶吉士出身，是朝廷上下公认的多才之人，而且他和于谦这样的当朝重臣关系并不差。难道只因为关键时刻表态错误,就导致自己一辈子的努力白费吗?

徐珵态度还是不错的,立即转变立场,坚决站在主战派一边。当瓦剌部打到北京城下的时候,他被委以"行监察御史事"①的职务,前往彰德募兵。要知道徐珵在正统十二年(公元1447年)就已经是从五品侍讲学士,结果到正统十四年(公元1449年)反而变成了一个正八品监察御史,但徐珵也没有计较,反而立即动身去了彰德,认认真真募兵。

北京保卫战结束后,徐珵奉诏回到京城。当他得知那日在左顺门和自己擦肩而过、被自己提点的江渊,已经凭借建言保卫北京,被升为从二品户部侍郎,兼翰林学士入内阁预机务②时,心中更加愤懑。之后,徐珵的职位停滞了好几年,费尽周折才被提拔为从四品侍讲学士。他内心更加不平衡,开始向朝廷里的陈循、于谦这两位同乡,拼命推销自己。

徐珵为了讨好陈循,主动送了他一条一品官才有资格佩戴的玉带,并留下一个预言:"公带将玉矣。"③徐珵这次赌对了,没过几天陈循因立太子之功就被升任为从一品少保。陈循从此把徐珵当神人看待,加上又是同乡,两人关系自然更进一步。陈循开始在朱祁钰面前多次推荐徐珵。为了能够在皇帝那里蒙混过关,他还给徐珵提了个很靠谱的建议——改名。因为徐珵当年提

---

① 《明史·徐有贞列传》。

② 《明史·江渊列传》。

③ 《明史·陈循列传》。

议南迁，景泰帝朱祁钰就在场，他的名字已经被皇帝记住了，可以考虑改个名字。一来转转运，二来皇帝事多，不一定每个人都记得清、对得上。徐珵把陈循的这番话奉为圭臬。

于是徐珵不再有，徐有贞出现了。

陈循还建议徐有贞去走于谦的门路，因为当时整个朝廷对于三品以上文武官员的人事任命，朱祁钰最后都会秘密征求于谦的意见。

这当然没问题，徐有贞本来就跟于谦是经常一起讨论《易经》的好友。于是他找到一个机会，来到于谦官邸拜访。

宾主双方一番寒暄过后，徐有贞直接向于谦提出来自己的请求：希望于谦帮自己求一个从四品国子监祭酒的职位。从品级来看，这和侍讲学士品级相同，最多算是平调。但从地位作用来看，只有公认学问一流的人才配担任国子监祭酒，而且历年科举会试，国子监都负责出题，可以在中榜进士中累积人脉。徐有贞不再幻想景泰朝入阁秉政，只求攒点人脉、养好身体，待改朝换代时东山再起。于谦答应了。毕竟徐有贞只是要求平调，以他的资历和庶吉士出身，也够资格担任这个职务。再加上当年他建议南迁的时候，朝廷上下还没有定论，应该是言者无罪的，所以于谦答应为徐有贞在朱祁钰面前求情。

不过于谦可以不计较徐有贞当年的南迁之议，但朱祁钰却没有忘记。于谦推荐徐有贞时，不料朱祁钰知道他就是当年那个徐珵，朱祁钰直接指出：这就是当年那个还未开战就提议南迁的徐珵，这样的人怎么能让他去管理国子监，岂不是有辱斯文！徐有贞的计划就这样泡了汤。徐有贞不知道皇帝和于谦讨论的内容，他只是觉得自己一个很正常的平调要求都未得到批准，一定是于谦从中作梗，从此和于谦恩断义绝，深怀怨恨。①

等到景泰三年（公元1452年），徐有贞终于等来了一个重新出头的机会。

当时，黄河沙湾决口，阻断山东省内运河已经长达七年之久，此时又正是大明和瓦剌较量的关键时期，双方都在边境陈兵以待。运河是明军南北运输的大动脉，是整个北方驻军补给的关键，必须时刻保持通畅。朝廷急需有人来解决运河淤塞问题。可连续七年都没解决好的事情，肯定是一个烫手的山芋，谁都不敢随便接，也就只有徐有贞这个有翻身执念的人肯接下。

于是在满朝文武的共同举荐下，徐有贞以正四品左佥都御史的名义，前往治河。这是徐有贞东山再起的最后机会，他必须抓住。

果然，徐有贞接到诏命后，立即前往山东兖州府张秋县的黄河决口处实地了解情况。他一到地方就亲力亲为勘测河渠，搞清楚了黄河决口与运河淤塞之间的关系，提出了彻底解决问题的系统性方案。该方案分三步：第一步先修水门闸口，储蓄水源；第二步开挖支河，分流泄洪；第三步疏浚航道，恢复运河。他的这套方案得到了于谦的支持，认为此方案可以从根本上彻底解决黄河决口造成的淤塞问题。内阁陈循也赞同徐有贞的做法，景泰帝朱祁钰批准实行。

---

① 《明史·徐有贞列传》载：谦为言于帝，帝曰："此议南迁徐珵邪？为人倾危，将坏诸生心术。"珵不知谦之荐之也，以为沮己，深怨谦。

就在徐有贞刚准备大干一场时，当年左顺门大出风头、此时已经升任河槽都御史的王竑上书，认为徐有贞的办法太复杂，应该立即堵住黄河决口，这样运河马上就能恢复通行。朱祁钰本来就对徐有贞抱有成见，他也不太懂河道上的事情，一听王竑的说法，马上下诏书命令徐有贞尊令行事。徐有贞坚决否定这种做法，把皇帝的诏书硬驳了回去，并指责王竑不到实地考察，不了解情况，办事急功近利："漕臣但知塞决口为急，不知秋冬虽塞，来春必复决，徒劳无益。臣不敢邀近功。"①

王竑当年在朝堂上敢打死马顺，现在却拿徐有贞没办法。因为这时徐有贞已经赌上了自己整个前途，不管不顾地要把治河这件事办成。加上朝堂上于谦秉持实事求是的态度，对他全力支持，内阁中陈循依据老乡情谊也对他多方帮助，最终朱祁钰同意了徐有贞按既定计划治河。

徐有贞也十分拼命，亲自在工地里监工，指挥几万民夫以张秋为起点修建"广济渠"，连接黄河与沁水，兴建"同源闸"调节水源，为稳固闸口，又修建多重围堰，保持蓄水量。据记载，徐有贞连续干了五百五十五天，即将大功告成时，朱祁钰却等不及了。已经兼任工部尚书的江渊看出了皇帝急切的心情，表示自己愿意率领京营精兵五万人前去"帮助"徐有贞加快进度，保证三个月完工。

徐有贞得知消息，知道江渊这是又想来争功，自己的心血怎

---

① 《明史·徐有贞列传》。

能这样被别人夺去。他立即上书朝廷，以京军往来花费巨大、本地民夫人力足够为由，坚决拒绝江渊带兵前来助工。①于谦和陈循也觉得江渊的做法不妥，加上派兵前往的花费确实巨大，最终朱祁钰决定听徐有贞之言，再给他三个月时间。

三个月后，徐有贞终于大功告成。

景泰七年（公元1456年）秋天，山东境内再发大水，大段河堤都出现问题，只有徐有贞督建的河堤完好如故，满朝对他大为赞赏。事后，徐有贞又受命重新将其余各个河道堤防修好，再奉诏回朝。朱祁钰对徐有贞治河的表现十分满意，终于打破成见，将他升为正三品左副都御史。

连续在地方治水四年的徐有贞可谓成绩斐然，也让他在京城的官场中出了名。因为在那个时代，对能做好治河这件事的人评价极高，就连《明史》中都称赞他"其才皆有过人者"。②刚刚回京的他立即就成为朝廷的焦点人物，关键是他对升官之事有着深度的渴望，这也是许彬向石亨推荐他的理由。

景泰八年（公元1457年）正月十四日，石亨、张軏连夜来到徐有贞家中拜访，当他们将准备趁朱祁钰重病，用武力胁迫拥立南宫朱祁镇复辟的想法和盘托出时，徐有贞十分激动，当即同意入伙。这时候，内阁想要迎立藩王之子入继大统的消息已经在朝廷里广为流传。一旦他们政变成功，就能以内阁曾妄图擅自迎立

---

① 《明史·徐有贞列传》载：京军一出，日费不赀，遇涨则束手坐视，无所施力。今泄口已合，决堤已坚，但用沿河民夫，自足集事。

② 《明史·徐有贞列传》。

外藩的名义，对朝中文臣进行清洗，他长时间被压抑的入阁秉政的欲望，终于又有了实现的机会。

徐有贞处心积虑地为自己即将进行的政变找到了一个借口：太上皇当年被蒙古人抓走，是为了国家。天下并没有对太上皇离心离德，朱祁钰想寻求外藩入继大统，违背祖训，应当坚决反对。①

紧接着徐有贞立即向石亨、张𫐄二人确认，南宫里面朱祁镇是否已经知道他们的谋划。当得到肯定的答复后，徐有贞立即喧宾夺主，站起来向石亨、张𫐄发号施令。第一步，让司礼监曹吉祥入宫禀报孙太后，争取得到太后支持。第二步，张𫐄以边关有紧急军情为由，向五军都督府请求从他亲信的团营部队中抽调三千人进入皇城内作为武力支持。第三步，由掌管皇城守备钥匙的石亨出面，将张𫐄部队从长安门放入皇城。然后徐有贞和两人约定，十六日晚在徐有贞府中再次会面，展开行动。②

好一个简单的谋反计划。

十六日晚，按计划将一切准备妥当的石亨、张𫐄再次来到徐有贞府中，三千军士跟随他们列阵府外。事到临头，徐有贞淡定自若地登高观星象，这晚阴云遮月，不见五指。而徐有贞看着漆黑的天空，满怀信心地吐出两个字："必济"——一定能成功。

---

① 《明史纪事本末·南宫复辟》载：太上皇帝昔者出狩，非以游畋，为国家耳。况天下无离心，今天子置不问，乃纷纷外求何为也。

② 《明史·徐有贞列传》载：令太监曹吉祥入白太后。辛巳夜，诸人复会有贞所。有贞升屋览乾象，亟下曰："时至矣，勿失。"时方有边警，有贞令𫐄诡言备非常，勒兵入大内。亨掌门钥，夜四鼓，开长安门纳之。既入，复闭以遏外兵。

众人闻听此言,更加兴奋。①

紧接着,徐有贞下令全军出发。石亨、张𫐐一点异议都没有。全军来到南宫门外,却遇到了第一个意外:无人接应开门。石亨、张𫐐不知所措。徐有贞主动提醒道:既有三千人,还过不了区区宫墙吗?

石亨、张𫐐这才反应过来,命令士兵拆墙而入。宫中巡视的士兵不明所以,看见石亨领头也不敢多问,就由着这帮人拆。墙塌之后,石亨、张𫐐和手下人突然反应过来,既然要复立皇帝,如今先进去的人便是头功!于是所有人开始争相往里面冲去。

就在众人乱作一团的时候,朱祁镇出现了,他一个人手里拎着一盏灯,幽幽地问众人,这是在做什么?②——看来朱祁镇早有准备,否则这么大动静,以他的性格,断然不敢一个人出来查看。

徐有贞原本以为囚禁朱祁镇的地方必定守备森严,进入南宫很可能会和锦衣卫有一番拼杀,甚至引来京城中巡防的部队。可除了拆墙入内时的混乱,竟然一路顺风顺水。

徐有贞带头下跪,向朱祁镇行三跪九叩大礼,趴在地上恭恭敬敬地报告了此次行动的目的:僭越帝位的朱祁钰病重,内阁如今妄图迎立外藩,我们这帮忠臣请太上皇复位,主持大局。紧接着,徐有贞高呼一声,让手下士兵抬来皇帝专用的銮舆。可石亨、张𫐐两人趴在地上根本不敢抬头,士兵们没他们两人的命令

---

① 《明史·徐有贞列传》载:时天色晦冥,亨、𫐐皆惶惑,谓有贞曰:"事当济否?"有贞大言"必济",趣之行。

② 《明史·徐有贞列传》载:上皇灯下独出问故。

也不听徐有贞指挥。徐有贞急了，立即亲自前去抬銮舆，石亨、张辄这才反应过来，抢着帮忙。

就这样，朱祁镇"稀里糊涂"地被扶上銮舆，在这些人手忙脚乱地把朱祁镇抬出南宫的时候，天上原本被乌云遮住的月亮突然出现在夜空之中。①精通天象的徐有贞连忙向众人解释，这是吉兆。此时被关押数年的朱祁镇借着月光，勉强看清楚了今晚救他的这些人。他询问众人的姓名和官职——这是请赏的好时候，于是石亨、张辄、徐有贞立即一一报上姓名，心里等着成功后的封赏。

就这样，乱哄哄的一群人，从南宫出发一路向紫禁城东南角的东华门奔去。

第二节 争大位英宗复辟

景泰八年（公元1457年）正月十七凌晨，英宗朱祁镇在武清侯石亨、左副都御史徐有贞、都督张辄一干人等簇拥下，从南宫直奔紫禁城东南角东华门而去。

到了东华门下，徐有贞突然发现政变的第二个问题，皇宫怎么进去？要知道紫禁城的城门可不是南宫可以相提并论的，这里不仅城墙宽厚、有六米宽的护城河，还有宿卫部队上万人，就凭

---

① 《明史·徐有贞列传》载：星月忽开朗。

这三千人突入，十分不切实际。

就在所有人一筹莫展的时候，原本坐在銮舆上的英宗朱祁镇不慌不忙地走了下来，对着高大的东华门城楼大喊一句："朕太上皇帝也！"[①]

看到这番场景，石亨和徐有贞二人捏了一把汗，担心朱祁镇招来宫廷中的卫兵，到时候必会死无葬身之地。可让所有人惊讶的事情发生了。随着朱祁镇的一声高呼，东华门竟然打开了！石亨和徐有贞也顾不得多想，立即和众人一起拥着朱祁镇直奔奉天殿而去。石亨、徐有贞等人立即换上朝服，向朱祁镇行礼，山呼万岁！

当天，上朝时间一到，紫禁城各门大开。早已准备在朝会上要求复立朱见深为太子的少保、兵部尚书于谦正带着文武大臣从左顺门进入皇城时，突然发现徐有贞已经在城内等着大家了。

于谦还没来得及开口问话，徐有贞就洋洋得意地向所有人宣布："太上皇帝复位矣！"[②]所有人都愣住了。于谦正要上前一问究竟，就被旁边的锦衣卫直接按住，抓入诏狱。[③]

这就是所谓英宗复位的"夺门之变"。

回看这场政变，简直跟儿戏无异，从计划到实施，不过用了三天时间，参与密谋的没有一个内阁大臣、六部尚书，几乎全

[①]《明史·徐有贞列传》。

[②]《明史·徐有贞列传》。

[③]《明史·于谦列传》载：亨与吉祥、有贞等既迎上皇复位，宣谕朝臣毕，即执谦与大学士王文下狱。

部是"勋贵派"武将。真正起作用的三品以上文官只有徐有贞。而徐有贞的谋划其实漏洞百出,如果南宫有守备、如果东华门不开,他们没有准备任何预案,甚至彼此之间信息都未完全沟通好。不过从结果来看,无论如何英宗复位成功了,那我们不禁要问,到底是谁策划了这次政变呢?

从《明史》的说法来看,石亨是"夺门之变"的主谋。理由很简单,之所以有"夺门之变",就是因为石亨代天子主持祭典时,发现景泰帝朱祁钰病重,他估计皇帝不可能再好起来,为了自己的爵位、俸禄,才起了心思帮太上皇朱祁镇复位。① 而且石亨通过这次政变得到的封赏最大——"夺门之变"成功后,石亨从武清侯晋升忠国公,石亨家里因为"夺门之变"的功劳得到世袭锦衣卫封赏的就有五十多人,此外石亨的部下通过冒名获得封赏的竟有四千人之多。② 史书称朱祁镇对石亨"眷顾特异,言无不从"。③

但仔细看整个"夺门之变"的过程,石亨几乎就没有出过一个主意,完完全全是听从安排、任人摆布的角色。既不是主,又没有谋,充其量不过是当日参加"夺门之变"中官位最高的一个。

---

① 《明史·石亨列传》载:帝将郊,宿斋宫,疾作不能行礼,召亨代。亨受命榻前,见帝病甚,遂与张𫐄、曹吉祥等谋迎立上皇。

② 《明史·石亨列传》载:其弟侄家人冒功锦衣者五十余人,部曲亲故窜名"夺门"籍得官者四千余人。

③ 《明史·石亨列传》。

那么，徐有贞是主谋吗？

很明显他也不是。理由是徐有贞加入此次政变的时间太短。他从山东治河回到北京不过几个月，石亨去找徐有贞是在正月十四，还是由于太常卿许彬的推荐。从石亨等人夜访徐府到"夺门之变"当天夜里，徐有贞加入仅仅几天，虽然徐有贞制定出了政变的计划，但是他并不是这个集团中的核心人物，最多只是临时起意找来的一个高级参谋而已。

至于和石亨、徐有贞一起被视为"夺门三人团"成员之一的司礼监太监曹吉祥，他最多只能起通风报信的作用，更不可能是主谋。

那么这个人会是大明后宫的实际掌控人孙太后吗？也不太可能。因为如果孙太后是主谋的话，那就没有什么必要发起这样的政变，直接以皇太后名义召朱祁镇进宫就可以。要知道朱祁镇被关在南宫的时候，虽然被严加看管，但孙太后就曾经几次前去看望他，根本没有人能够拦得住。①史书上也明确记载，石亨等人密谋政变时，派曹吉祥通知过孙太后，孙太后明确表示同意。所以这件事孙太后是后面知道的，不是主谋。

那么排除了所有不可能的选项之后，"夺门之变"唯一的主谋就是困居南宫多年的明英宗朱祁镇。

某些书中认为"夺门之变"的主谋是石亨、徐有贞、曹吉祥三人，称之为"还乡团"，而且美化朱祁镇的形象。但这无法解

---

① 《明史·后妃列传》载：及还，幽南宫，太后数入省视。

释"夺门之变"这个错漏百出的政变方案是如何最后成功的。特别是整个"夺门之变"最关键的一步——进入皇宫，竟然全凭朱祁镇一声高喊，就能骗过侍卫，随意进入戒备森严的紫禁城，这种说法并不可信。

只有把朱祁镇作为主谋，去回看整个"夺门之变"才会发现所有的一切豁然开朗。

整个密谋应该始于英宗朱祁镇土木堡兵败被抓之后不久。那个时候他还不敢奢望能够活着回到大明，更不敢奢望重登帝位。所以最开始朱祁镇的想法很单纯，只是简单地、绝望地派出了一个心腹，去找离他相对较近的大同镇守太监裴富帮忙筹钱，希望能把自己赎回去。

就在裴富这里，江湖术士仝寅出现了，他的一番说辞，让裴富和当时在大同的石亨上当。当使者把仝寅说朱祁镇会复位的预言转告给困在蒙古瓦剌部的朱祁镇后，朱祁镇把这些话当成了一种心理安慰，复辟的种子就此在心里种下，只等有利的时机生根发芽。

另一边，石亨可能也就是因为听信了术士仝寅的这番鬼话，开始对朱祁镇的事情越来越用心。毕竟朱祁镇之前对"勋贵派"非常不错，赏赐升官之事十分慷慨。石亨认为既然朱祁镇还有复位的可能，那么把他赎回来，肯定比让他留在瓦剌人手里更有益处，所以他出面劝说了于谦，而于谦又说服了朱祁钰，为朱祁镇最终能够从蒙古瓦剌部返回奠定了大局。

朱祁镇回到北京，他和石亨彼此之间的联系开始更加紧密，石亨成为希望朱祁镇复辟的"勋贵派"代表,最先和朱祁镇统一了战线。

在回京路上,朱祁镇结识了两个重要帮手,一个是迎接他回銮的太常寺卿许彬,另一个是说服也先放了自己的鸿胪寺卿杨善。

先说许彬。他在宣府一带迎到太上皇朱祁镇,重临旧地土木堡,许彬为表诚意,特意替朱祁镇写了一篇罪己诏,祭奠亡魂,文章写得声情并茂,真挚感人。由此他得到了朱祁镇的信任,史书的原话是"以此受知上皇"。[①]朱祁镇对许彬的文才和能力非常满意,加上回到朝堂后,朱祁钰又因此疏远了许彬,他也就自然而然地成为朱祁镇麾下的重要谋士之一。而许彬被石亨等人找到,商议复辟一事时,他却"置身事外",向石亨推荐了徐有贞。

石亨找到许彬,也从另一个方面证明了朱祁镇可能就是"夺门之变"的主谋。因为石亨本人和许彬关系并不好,"夺门之变"成功后,"勋贵派"很快和参加政变的"文官党"开始了新的内斗。许彬刚进入内阁,就被石亨排挤出北京城,去南京任礼部右侍郎的闲职。

唯一的解释就只有朱祁镇是主谋,当时石亨是接受朱祁镇的命令才会去请教许彬。而许彬推荐徐有贞,一方面说明他和石亨关系一般,另一方面说明事情未成之时,他想给自己两边下注。

再说杨善。他对朱祁镇可以说有再造之恩。关键是在夺门之变的时候,杨善也参与了密谋,而且日后得到的赏赐比那个表

[①]《明史·许彬列传》。

面上的主谋徐有贞还多。①事后，他得到的是"封奉天翊卫推诚宣力武臣、特进光禄大夫、柱国、兴济伯，岁禄千二百石，赐世券，掌左军都督府事"。②这里面"封奉天翊卫推诚宣力武臣"属于丹书铁券，可以免死，是无上的荣耀；"特进光禄大夫、柱国"这两个勋位一般只有死后才能得；"兴济伯"是爵位，可以世袭，杨善从此成为勋贵；"岁禄千二百石"，比千一百石的徐有贞高。

但杨善具体做了些什么，史书上一个字都没有记载。结合他善辩的特点，以及整个"夺门之变"中大量"勋贵派"武将（如王骥、孙镗等人）卷入，他做的事很有可能就是说服这些平日里就和他交好的"勋贵派"加入政变集团，扩大了朱祁镇的队伍。

当然，仅有这两位的帮助还不够，还需要有人为困居南宫的朱祁镇充当耳目，要和外面沟通消息，及时掌握朝堂的局势。这就需要当年被王振掌握的锦衣卫势力。

史书上明确记载，参与"夺门之变"有两个关键人物，锦衣卫门达和逯杲。③这两个人由曹吉祥推荐给朱祁镇。这样一说，这三个人就有一个共同点，都在王振手下听用。在景泰朝时，因为朱祁钰和于谦对锦衣卫的权力进行限制，他们根本没有享受到当年王振当政时的特权，内心里都对朱祁钰和于谦不满。表现在

---

① 《明史·杨善列传》载：天顺元年（即景泰八年，作者注）正月，亨、吉祥奉上皇复辟。善以预谋。

② 《明史·杨善列传》。

③ 《明史·佞幸列传》。

行动上,就是想尽办法暗中维护朱祁镇。

正因为在锦衣卫中有门达和逯杲,当年锦衣卫卢忠举发朱祁镇要复辟的时候,朱祁镇才能安然度过这一劫。现在回过头去看卢忠一案就会发现朱祁镇当时肯定有所图谋,否则身为太上皇的朱祁镇根本用不着给宦官赏赐那么贵重的东西。此时,门达在锦衣卫中执掌刑罚大权,他一番用心地"用刑"后,阮浪、王瑶最终扛下所有罪名,被处极刑。这事过后,朱祁镇只得静静地在南宫等待时机。

结果朱祁镇却等来了一个天大的坏消息:朱祁钰直接釜底抽薪,改立朱见济为太子。而且在改立太子的诏书上,自己好不容易笼络住的一批人:石亨、许彬、杨善全都署名同意。朱祁镇认为自己可以依靠和利用的,以高谷、胡濙、王直为首的一批正统朝老臣也逐渐淡出权力中枢。眼看大势已定,朱祁镇那颗不平静的心终于没有了波澜。

人算不如天算,皇太子朱见济突然就死了,朝堂上又开始出现复立朱见深的声音。而且随着朱祁钰的身体越来越差,复立太子的希望就越来越大。

更重要的是他的舅舅孙继宗从景泰三年(公元1452年)继承他外公孙忠会昌侯的爵位后,就被孙太后提拔为锦衣卫都指挥佥事,全面负责紫禁城警戒。[①]孙继宗多次和孙太后一起来看望困在南宫中的朱祁镇,他掌握的宿卫大权,是朱祁镇最大的

[①]《明史·外戚列传》。

底牌。

随着景泰帝朱祁钰病重，石亨开始抱有异心，寻求政治投机。当朱祁镇得到了石亨向他通报的朱祁钰已经病重的消息后，他决定铤而走险，寻求复位。

只有最自私的人才会选择这样做。

后人往往根据李贤的解释，把"夺门之变"解释成石亨、徐有贞、曹吉祥三人利用朱祁镇复位，除于谦、掌大权，为自己泄私愤。但这三个人又有谁真正笑到了最后——"夺门之变"真正的受益者唯有英宗朱祁镇一人而已。

应该说是朱祁镇在利用这些人的贪心，实现自己的目的。他虽受到屈辱，但仍对皇位念念不忘，他想要重新证明自己。所以在东华门外，一切尽在掌握中的朱祁镇可以一声大喊就叫开大门。作为夺门之变的主谋，朱祁镇揭开了自己最后的底牌——孙继宗及其四十多个家人早就守在东华门，等着复立头功！① 这一点就连石亨、徐有贞都不知道。

谁是主谋，谁是帮凶，此刻一目了然。

成功复辟的朱祁镇在奉天殿上开始了自己的表演。他第一个对付的人就是于谦，以迎立外藩的罪名将于谦下狱。可就在所有人都在奉天殿或欢欣雀跃或感慨万千的时候，景泰帝朱祁钰却还躺在皇帝寝宫内。

---

① 《明史·外戚列传》载：继宗自言："臣与弟显宗率子、婿、家奴四十三人预夺门功，乞加恩命。"

第三节　困西宫景泰归天

景泰八年（公元1457年）正月十七日"夺门之变"，明英宗朱祁镇复位。这帮人在奉天殿中弹冠相庆之时，困居寝宫的景泰帝朱祁钰竟然被所有人遗忘了。

朱祁钰当时确实身体状况不佳，但正逐渐向好的方向发展。甚至朱祁镇在朝堂上和于谦为首的大臣们见面，说的第一句话就是，我弟弟昨天喝了点粥，身体无恙。①

既然皇帝身体无恙，太上皇朱祁镇从南宫跑到奉天殿来，意欲何为呢？朱祁镇的理由是：听说于谦准备趁着朱祁钰病危之时，迎立外地藩王来继承大统。他作为太上皇和皇帝的兄长，有义务出来主持公道，维护宗法制度。②

朱祁镇毫不避讳，开始对景泰朝大臣进行清算。第一步就是在朝堂之上，将还身穿着朝服的于谦逮捕。

第二步自然是要对景泰朝内阁进行大清洗。最先倒霉的是内阁重臣陈循和王文。

陈循如今没了朱祁钰的护佑，加上立朱见济、废朱见深的时候帮王直代笔的那种迫不及待让所有人印象深刻，所以他第一个被罢免。陈循不光被免官，朱祁镇还下令当堂打了他一百杖。

---

① 《明史纪事本末·南宫复辟》载：上皇临朝，谓诸臣曰："弟昨日食粥，颇无恙。"

② 《明史·于谦列传》载：诬谦等与黄竑构邪议，更立东宫；又与太监王诚、舒良、张永、王勤等谋迎立襄王子。

他是永乐十三年进士,当时至少已经六十多岁了,挨了这顿毒打后,朱祁镇"格外开恩",决定不杀他,将他流放到东北——铁岭卫。①此时,经他推荐而得到朱祁钰认可的徐有贞一直站在一边,一言不发。后来,陈循等到徐有贞、石亨败落,立即上书朱祁镇,一边认罪,一边为自己开脱,一篇妙笔生花的文章终于让自己得到赦免——回到了自己的故乡江苏泰和,一年后死在家中,算是叶落归根。

王文则因之前整个宫中都传闻他和司礼监掌印太监王诚一起约定要立藩王,加上在于谦主持复立朱见深的廷议上提出反对,被石亨等人预先安排好的言官弹劾,直接下狱。他的事后面和于谦一起说。

内阁剩下的几个成员:高谷、萧镃、江渊、商辂——全部革职。

高谷是内阁诸位大臣中结局最好的一个。当有人想要问罪高谷时,朱祁镇亲自出面替高谷辩解,说他在迎接自己回来的时候出过大力气,而且在内阁曾主持讨论过迎驾礼仪问题,是忠于自己的,不需要处分他,只需赏些财帛,让他回家养老。②这段话更进一步证明朱祁镇就是"夺门之变"的主谋——他人虽在南宫之内,却对朝堂上内阁大臣的言行一清二楚,这都是锦衣卫门达和逯杲等经常跟他传递消息的功劳。

---

① 《明史·陈循列传》载:杖循百,戍铁岭卫。

② 《明史·高谷列传》载:英宗谓谷长者,语廷臣曰:"谷在内阁议迎驾及南内事,尝左右朕。其赐金帛袭衣,给驿舟以归。"

回到乡下的高谷为防朱祁镇耳目，闭门谢客。甚至是家人问他景泰、天顺年间朝堂上的事，他也只是笑笑，绝不回答。就这样活到七十岁寿终正寝。

萧鎡和陈循是同乡，又在复立太子的时候说了一句"既退，不可再也"。意思就是说朱见深既然已经从太子位上退下来，就不能再登太子位。英宗朱祁镇一登基，他主动开缺回籍。①

江渊和徐有贞本来是好友，结果当年左顺门问对后，徐有贞五年未升一级，江渊却半年时间升了六级。现在朝堂相见，分外眼红。徐有贞给江渊罗织的罪名是当年广西思明土司黄玹建议改立太子一事，是出自他的密谋，在朱祁镇复辟的时候获得这个罪名，和死罪无异。多亏有人拿出当年黄玹的奏书，发现是广西纸，和京师纸的质地不一样，江渊这才捡回一条命。最后和陈循一起被贬到辽东，没过多久就客死流放地。②

商辂是明代唯一连中三元的大才子，朱祁镇认为商辂是自己选出来的状元，而且曾在太子朱见深东宫任职，即使现在不再起用，也可以留为后用。所以朱祁镇把商辂赶回家休息。等到明宪宗朱见深登基后，商辂重新入阁，成为内阁首辅，一代名臣，史称他秉政数十年，"笔下未曾妄杀一人"。③

内阁被完全清空，但朱祁镇意犹未尽，接下来还要拿六部尚

---

① 《明史·陈循列传附萧鎡列传》。
② 《明史·江渊列传》。
③ 《明史·商辂列传》。

书开刀。除了兵部尚书于谦之外，另外两位文官党领袖礼部尚书胡濙、吏部尚书王直也都被迫退出权力的中心。

胡濙是六朝老臣，本来就是孙太后的亲信，此时年纪已大，看着于谦被抓入狱，他既害怕又惋惜，心里对朱祁镇非常心寒，于谦毕竟是当年拯救大明江山的人，如今已凶多吉少，自己又有什么理由留在这个是非之地呢？于是他决定退休，不再参与朝堂之事。他回到家里，和三个七十多岁的弟弟齐聚一堂，开开心心地活到八十九岁寿终正寝，追封正一品太傅，谥号忠安。①

王直在"夺门之变"当天，目睹朝堂上于谦被抓，本想让礼部尚书姚夔拿出他们拟定的那封复立诏书，以证明于谦无辜。可看到朱祁镇的种种行为后，他明白这样做已经没有任何意义。于是回到家中长叹一声：这份奏疏没来得及呈上去，这是天意啊！也和胡濙一样决定退休回乡，一直活到八十四岁，追封正一品太保，谥号文端。②据说，王直回乡后还曾经跟家人说过这样一番话：若不是杨士奇不让我再进内阁，朱祁镇复辟，我肯定和陈循一样被贬往辽阳去了，那可就没有这闲情逸致和你们在一起饮酒作乐了！③

对文官的清洗告一段落，朱祁镇的报复并没有结束。还有两个武将也受到牵连。一个是宣府总兵杨洪，另一个是大同总兵郭登。想当年在宣府、大同城外，朱祁镇为求活命，曾亲自出面，

---

① 《明史·胡濙列传》。

② 《明史·王直列传》。

③ 《明史·王直列传》载：曩者西杨抑我，令不得共事。然使我在阁，今上复辟，当不免辽阳之行，安得与汝曹为乐哉！

要求两地守将开门投降，想要帮助敌人掠夺大明的城池，祸害大明的百姓，遭到杨洪、郭登的坚决拒绝。"夺门之变"后，朱祁镇终于有了报复的机会。

虽然杨洪已经死了，可是他儿子杨俊还在。杨俊当年在朱祁镇叫门的时候曾出面搭话；也先准备送朱祁镇回来的时候，他又下令不要随便相信；等到朱祁镇被杨善接回，杨俊又公开说这会是祸乱的根源。再加上他和"夺门"功臣张𫐄关系不好，注定了他的结局会十分悲惨。这位为大明立下赫赫战功的大将，被骗到北京，当街杀害。①

朱祁镇当年以皇帝名义让郭登开城门，放弃大同全城百姓来救自己，郭登坚决拒绝。毕竟是亲戚，关系很熟。郭登自然知道这个亲戚的性格。得知杨俊被杀，头脑灵活的郭登立即向朱祁镇主动请求卸去兵权，去南京养老。即便如此，第二年他还是被朱祁镇召回北京，定了死罪。好歹郭登家里世代公侯，在朝廷上下多少有点面子，经过一番打点，才免死，降级为从三品都督佥事。②

武将中和于谦关系最为亲密、一直被提拔重用的范广，在北京保卫战中立下殊功，却和其他"勋贵派"的人难以相处，特别是张𫐄。借此政变的机会，张𫐄诬陷范广和于谦一党，阴谋迎立

---

① 《明史·杨俊列传》载：俊初守永宁、怀来，闻也先欲奉上皇还，密戒将士毋轻纳。既还，又言是将为祸本。及上皇复位，张𫐄与俊不协，言于朝，遂征下诏狱，坐诛。

② 《明史·郭登列传》载：英宗衔之。及复辟，登惧不免，首陈八事，多迎合。寻命掌南京中府事。明年召还。言官劾登结陈汝言获召，鞫实论斩。宥死，降都督佥事。

外藩继承大统，范广下狱被杀。①不过张轨也因害死范广心中不安，整日说范广的鬼魂作祟，无法入睡，一个多月后，张轨惊惧而死，算是遭了报应。

随着朱祁镇的复位，那些曾经作威作福的"勋贵派"在朝堂中再度得势，以石亨父子为首的这些人把朝廷搞得乌烟瘴气。整个"夺门之变"中损失最大的就是"文官党"，几乎全军覆没。除了徐有贞等少数几个人外，几乎所有二三品的文官大员全被撤职、流放甚至被杀。

甚至一些曾经招惹过朱祁镇的小人物也没有被放过。比如，当年那个告发阮浪、王瑶的锦衣卫卢忠，直接被绑缚刑场，施加剐刑。另外，和景泰帝朱祁钰交好的王诚、舒良、张永、王勤等人全部被杀。只有兴安及时投靠孙太后，算是留住了一条命。

朱祁镇寡恩记仇，为了自己的私人恩怨，置国法于不顾，听信谗言，大开杀戒，绝对算得上是昏君。

大臣被随意屠杀，景泰帝朱祁钰却没有死。景泰八年（公元1457年）正月十七日壬午"夺门之变"时，他正安安静静地躺在寝宫里休息。忽听到钟鼓声，朱祁钰很吃惊，朝中虽设钟鼓，但并不常用，常用"鞭鸣"整肃朝班。在明朝，只有极为重大的礼仪才会用到钟鼓，如"登极仪""大朝仪"。朱祁钰知道这宫中要变天了，便问身边人："可是于谦来了？"他不知于谦已被捉拿，可以看出，他问的这句有两重含义，一是"可是于谦带人

---

① 《明史·范广列传》载：党附于谦，谋立外藩，遂下狱论死。

来逼宫"或"可是于谦带人来救驾",身边最亲信的宦官兴安已经投入朱祁镇阵营,只剩下几个低级别宦官告诉他,朱祁镇已经复辟称帝。毫无心理准备的景泰帝朱祁钰突然像当初同意于谦迎回太上皇朱祁镇时说的那两声"从汝、从汝"那样,苦笑着说了两声:"好,好!"①

这前两声"从汝",说得满是无奈。当年的朱祁钰还意气风发,迷恋权位,甚至积极地和陈循、王文谋划如何把自己好不容易守下来的皇位传给自己的子孙。当满朝文武都主张迎回皇兄朱祁镇的时候,他不愿意却又无可奈何。他了解自己这位看似敦厚的哥哥,绝不会安心地让自己独享权力,但既然你们这帮文官都想要标榜自己的道德,那就只能听你们的了!这后两声"好",却满是嘲讽和解脱。如今他丧子丧妻,身体状况也不佳,估计命不久矣。这皇宫大内之中,自己虽为皇帝,但事事要受他人制约,如今帝位旁落,他也没有了别的牵挂,也就没有什么好怕的了。

朱祁钰原本对于谦还有期待,甚至他真的希望于谦能从外藩过继一个子嗣来继承大统。因为对他而言,只有这样一个跟朱祁镇没有直接关系的孩子继承皇位,才能保证景泰一朝不被后世否定。

生前事已定,身后事难宁。人到临死际,最忌生后评。

朱祁钰已经完全被架空,于谦被抓,兴安投降,而他只能目睹一切发生,无能为力。已经大彻大悟的朱祁钰在临死前对权力已经完全放下。不过朱祁镇夺门复辟、倒行逆施的举动,反倒让

---

① 《明史纪事本末·南宫复辟》载:景帝闻钟鼓声,大惊,问左右曰:"于谦耶?"既知为上皇,连声曰:"好,好。"

朱祁钰之前所有的行为完全合理化，两相比较之下，朱祁钰在后人眼中成为明君，朱祁镇则将自己永远钉在了历史的耻辱柱上。

首先，"夺门之变"里面最大的问题其实还是封建社会宗法制中的继承问题。兄终弟及是合理的，弟终兄及的做法闻所未闻。这种情况下朱祁钰一死，皇位应该传给血缘最近的侄子朱见深，这是符合宗法制度的。朱见深上有祖母孙太后支持，下有文官群体拥戴，继位没有问题。也就是说，朱祁镇发动的"夺门之变"实质上是从自己的儿子朱见深手上把皇位抢过来。

其次，朱祁钰上台是在非常时期的非常之举。他和于谦是在朱祁镇把大明几十年积攒下来的十几万精兵良将尽数折损之后上的台。而且他们的行动得到了"文官党"的积极支持，还有孙太后的诏书为凭据，从而得到了当时朝廷内所有文武大臣的一致拥护。"夺门之变"有什么？什么也没有。从头到尾孙太后就根本没有下发任何诏书，承认这次政变的合法性。反倒是朱祁镇自己擅自以皇帝名义杀人。从法理上说，他下的这些诏书根本不合法，因为这时朱祁镇名义上还是太上皇不是皇帝，并没有生杀大权，真正的皇帝还是朱祁钰！直到二月一日那天，朱祁钰才被废为郕王。此举说明朱祁镇不是一个合格的兄长，不是一个爱子的父亲，更不是一位贤能的君王。这种我行我素的做法和当年贸然出兵招致惨败时完全一样。

最后，也是最重要的地方，还是民心所向。景泰帝朱祁钰继承帝位后，积极任用于谦为首的一干忠臣良将，打退蒙古瓦剌进攻，重整北方边防，保住了大明的江山，挽救了亿兆黎民百姓，有大功于社稷。朱祁镇本来就在土木堡一败涂地,被抓后又几次想要卖国保身,重新得势后立即就拿对江山社稷有大功的于谦等人开刀,换上来的一批官员尽是贪赃枉法、心术不正之人,后鞑靼军再度崛起,北方兵连祸结,与他的倒行逆施密不可分。

在人生最后的一个月里,朱祁钰也想明白了这些问题,所以他释然了。朱祁钰终于领悟了于谦在每次经筵讲学中所讲授的《易经》中万物相生相克、互为因果的道理:他当初执着于让自己的子嗣可以永享皇位,施展了许多并不光彩的手段,最终导致被小人乘隙而入,让自己和于谦都仓促地走下历史舞台;现在朱祁镇倒行逆施,不遗余力地清除自己在朝堂上的势力,日后也必然会给自己扣上千古骂名。"夺门"能够得逞于一时,却也成就了景泰帝和于谦这对相知相伴的君臣力挽狂澜、匡扶社稷、拯救黎民的万世之名。

景泰八年(公元1457年)二月十九日,明代宗恭仁康定景皇帝朱祁钰在紫禁城西宫驾崩,享年三十岁。《明史》评价他"笃任贤能,励精政治,强寇深入而宗社乂安,再造之绩良云伟矣"。①

这评价可以说十分中肯,朱祁钰受之无愧。

第四节 忠于谦无辜受审

朱祁镇也知道自己这次复辟必须要有一个合情合理的理由,

---

① 《明史·景泰帝本纪》。

他想从审问于谦、王文入手，只有把他们"迎立外藩"的罪名坐实，才能给自己复辟增添一点合法性。

朱祁镇对于谦的不满最为强烈。在他看来，由于于谦坚决反对议和，导致自己滞留瓦剌，吃了不少苦。但客观来说，这件事还是归咎于朱祁镇自己，毕竟当初出兵之前，于谦也曾劝阻，只是他未采纳，所以，即使大家都知道朱祁镇对于谦的憎恨，且真实的理由也心知肚明，但却难以拿到明面上来讲，那么于谦到底是怎样的罪名呢？

景泰八年（公元1457年）正月十七日，朱祁镇在朝堂上宣布逮捕于谦的罪名有两条：

第一条是景泰三年（公元1452年）的那场改立太子的事变是于谦和广西思明土司黄𤤴串通一气的邪恶阴谋，并最终导致朱见深被废；

第二条是于谦伙同内阁学士王文和司礼监太监王诚等人，预谋迎立襄王朱瞻墡的儿子登基。①

这第一条罪状最早用在和徐有贞有仇的内阁成员——工部尚书江渊身上，后来被"广西纸"和"北京纸"成色不同的说法给否定掉了，现在又拿来直接扣在于谦头上。历朝历代，皇太子的废立都是头等大事，这不仅关系到一大批官员的乌纱帽保不保得住，甚至关系到许多人的性命。如果罪名成立，无疑就是一条死罪。因为已经过去多年，可靠的证据很难找到，那是否有罪的最

---

① 《明史·于谦列传》载：诬谦等与黄𤤴构邪议，更立东宫；又与太监王诚、舒良、张永、王勤等谋迎立襄王子。

终裁决权就掌握在朱祁镇手上,也就是说,于谦是死是活,皆在朱祁镇一念之间。

这第二条罪状也是死罪。因为大明太宗文皇帝朱棣就是藩王夺皇位的代表,所以自那以后,大明逐步形成了一整套对待藩王的方法,对各地藩王加以限制和控制。景泰年间,内阁大臣如果和藩王勾结,就有迎立外藩谋反的可能性。

所以,当王文听说是这个罪名,自然不能听之任之,他立刻为自己辩护。他在朝中任职多年,立即抓住了事情的重点:要迎立藩王入京,必须要有内府的金牌,派出递送公文的邮差也必须要有兵部的马牌,对这两样东西进行核查,就知道有没有迎立藩王一事。

而和他一同下狱被审的于谦却表现得非常平静,只是苦笑摇头。两人都是永乐十九年(公元1421年)进士,但格局和见识差别很大,于谦一眼就看出来,这不过是朱祁镇、石亨等人想杀自己找的借口,此时辩护根本就没有任何意义——欲加之罪,何患无辞。

果然,被选出来负责审判于谦、王文的就是右都御史萧惟祯。就在前几天,他还和于谦一起商讨让朱见深复位的草诏用"择"字还是"建"字。这个时候萧惟祯已经被吓破了胆,生怕于谦、王文二人鱼死网破,把自己的事情供出来,于是拼命想把于谦、王文的罪名尽快坐实。①

----

① 《明史·于谦列传》载:都御史萧惟祯定谳。坐以谋逆,处极刑。

有怕受牵连的，也有坚持正道的。当时负责管理马牌的是兵部车驾司主事沈敬，他就是这样一个硬骨头。王文提出的反驳理由确实成立，需要前去取证。石亨等人召见沈敬，开门见山地直接要求他以马牌之事诬陷于谦、王文。沈敬正色凛然，坚决地回答：兵部马牌没有动过。这就意味着王文反驳有理，于谦和王文迎立外藩罪名不成立。石亨作为一个战将对于如何解决法律问题并不内行，但对于解决不配合的人非常内行。于是沈敬首先被解决，他被以知道于谦、王文要谋反而不报的罪名，被判斩首。后来在刑部、大理寺的干预下，才改为流放铁岭。①

可解决了沈敬，问题依然在那里。于谦和王文迎立外藩的罪名依然不成立。结果，石亨折腾了一圈最后给两人定了一个莫须有的罪名："虽无实迹，其意则有。"②

多年任职都御史的王文始终不肯认罪画押，他知道这个字一签，自己和全家的命就完了。关键时刻，徐有贞出面。徐有贞的办法也很简单，一个字打！打到王文承认为止。徐有贞把石亨的"虽无实迹，其意则有"浓缩成"意欲"二字，再加上一顿又一顿的毒打，王文屈服了。他在供词上签字画押，最后自己被杀，全家流放。③

相较被捕后十分激动的王文，于谦则特别平静。他甚至还笑

---

① 《明史·王文列传》载：逮车驾主事沈敬按问，无迹。廷臣遂坐谦、文召敬谋未定，与谦同斩于市，诸子悉戍边。敬亦坐知谋反故纵，减死，戍铁岭。

② 《于谦集·先忠肃公年谱》。

③ 《于谦集·先忠肃公年谱》。

着对王文解释说:"亨等意耳,辩何益?"①因为于谦明白真正要杀自己的就是朱祁镇,石亨、徐有贞只是奉命行事,所以任何辩驳都没有意义。于谦面对审判,只有一笑了之,既不为自己辩护,也不否认任何罪名,甚至对石亨要求他在伪造的供词上签字画押也不拒绝。看着这两人始终只是淡然一笑。

这淡然的一笑,既是对自己的生死看淡,也是对朱祁镇、石亨、徐有贞之辈的鄙视。

朱祁镇心里始终记得,当年王振陷害于谦时,襄王朱瞻墡就出面为于谦求过情。所以他认为于谦谋反是情理中的事,因为早年和襄王交好,甚至可以让襄王为他出面求情,现在于谦趁着景泰帝朱祁钰病重,决定报恩,利用职权迎接襄王之子以入继的名义继承大统是大有可能的。

景泰八年(公元1457年)正月二十二日,眼看于谦、王文已经签字画押,大功告成的徐有贞决定事不宜迟,立即上报朱祁镇,拟将于谦当天斩杀,以免夜长梦多。

此时朱祁镇本人倒是犹豫了。

朱祁镇虽然自私,但是也明白人心所向。他很清楚于谦在当时朝廷中的地位,在民间百姓中的影响。自己刚刚复位,就要出手杀一个对大明帝国的江山社稷有再造之功的人、一个保护百姓免受战火的英雄,日后民间舆论会怎么评价自己,史书上会怎么写自己,这都是显而易见的。

---

① 《明史·于谦列传》。

看着前来劝自己尽快下令处死于谦的徐有贞、石亨和身边的曹吉祥，朱祁镇很清楚这三个人都和于谦有过节：徐有贞当年提议南迁，后来又觉得于谦阻碍自己升官，因此对于谦有恨意；石亨因为当年推荐于谦儿子于冕世袭职位，反而被于谦责骂，因此对于谦很不满；曹吉祥是王振余党，想杀于谦为王振报仇。所以这三个人合起来，想借皇帝之手杀于谦。

朱祁镇自然知道于谦对他朱氏江山问心无愧，为了自己的私欲杀掉他，这是要留下千古骂名的，所以当看到于谦罪名的表章时，朱祁镇非常犹豫，竟然说道："于谦实有功。"①——他实在想不到究竟以怎样的名义处死于谦，才显得名正言顺。这大概就是事实的力量吧！面对没有人能够否认的事实，即使最无耻的构陷者，也不能抹去于谦保卫国家社稷的擎天之功！

在朱祁镇犹豫的这个时候，只要有一个正义之人站出来，在朱祁镇面前试探着说一句好话，大概就能把于谦从死罪改为陈循一样的流放。可惜现在站在朱祁镇面前的不是高谷、王直、胡濙这些人，他们虽然和于谦政见不合，但是也明白孰对孰错，也知道公义何在。而现在在朱祁镇身边的是徐有贞，他冷冷地站到朱祁镇面前，幽幽地说了一句："不杀于谦，此举为无名。"②

一些历史观点认为，正是这句话点醒了朱祁镇，让他做出了杀于谦的错误决策。其实哪有那么一回事。徐有贞这句话，最多

---

① 《明史·于谦列传》载：英宗尚犹豫曰："于谦实有功。"
② 《明史·于谦列传》。

第八章 祸起夺门

就是替朱祁镇找到了他自己心里一直在琢磨的理由。

徐有贞这句话应该怎么理解呢？从字面上看，简单理解就是于谦的罪名是迎立外藩，朱祁镇发动政变，只有杀了于谦才能让一切说得通。那意味着"夺门之变"的实质，就是于谦迎立外藩的"邪恶阴谋"被太上皇朱祁镇粉碎，朱祁镇是为了主持正义，维护宗法制度才必须杀于谦。

如果真的这样理解那就太片面了。

朱祁镇要否定的绝不仅仅是一个于谦迎立外藩的"邪恶阴谋"，他急需否定的是整个景泰朝的合法性，证明自己的正统性。只有杀了于谦这个当年第一个站出来夜访皇宫、力劝朱祁钰继位的首功之臣，才能证明景泰朝是朱祁钰篡权而来，也只有这样才能合法地将自己再次推上皇位。

否则，朱祁镇将面临一个十分尴尬的问题——他没有理由从朱祁钰手里夺回皇位，这才是最关键的。因为此时皇位的继承人只能是他的儿子朱见深，无论如何他都不能再续大统。既然已经粉碎了于谦未遂的"政变"，那应当还政于还健在的景泰帝朱祁钰。即便是景泰帝朱祁钰二月驾崩，朱祁镇凭什么再次登基呢？既然如此，朱祁镇的合法性就只有用于谦的性命来证明。

只有完全否定朱祁钰帝位的合法性，再杀掉于谦，他才能以"拨乱反正"的名义登基，夺门政变才师出有名。所以，朱祁镇并不是上了徐有贞的当，误杀于谦，他是为自己能够重新登基，为了能够扫除朝廷上下乃至整个大明对他的非议，而杀的于谦。

朱祁镇接受石亨建议，发起"夺门之变"前或许就已经计算清楚了这一步——事成之后，若想再登皇位，既然不能杀掉朱祁钰，只有杀掉于谦，才是他能够名正言顺重新登基的唯一理由。在至高无上的皇位面前，再大的功劳都会成为过眼云烟，不值一提。至于为什么要等到徐有贞说这句话，纯粹就是因为朱祁镇的自私和不想为杀于谦负责任吧！

第九章 少保蒙难

景泰八年（公元1457年）正月，朱祁镇复辟，徐有贞等人以"意欲"迎立藩王之罪害死于谦。正月二十二日，曾经保卫大明江山，为帝国续命的大明少保、兵部尚书于谦在他曾经浴血奋战的北京城被杀害，天下冤之。

第一节 黑云压城城欲摧

景泰八年（公元1457年）正月二十二日午时三刻，于谦在京城百姓的瞩目下，面色平常，从容就义。于谦被杀那一天，风云变色、草木含悲、阴霾四起。此后几年，事变主谋徐有贞、石亨、曹吉祥全都惨淡收场，可谓天理昭昭。据说于谦曾留下过一首辞世诗：

成之与败久相依,岂肯容人辩是非。
奸党只知谗得计,忠臣却视死如归。
先天预定皆由数,突地加来尽是机。
忍过一时三刻苦,芳名包管古今稀。

文采如何已经无人过多关注,据说这是当时于谦自己口述的,没有文字流传下来,所以很多地方字句、韵脚都有些问题,以至于《于谦集》都没有收录这首诗。①

但是这首诗把于谦临死前的心境说得很明白。第一句讲成败相依,这是《易经》中的观点,也符合于谦的学识经历,他已经看淡成败,释然面对自己的结局。

第二句清楚地说明了自己被杀的原因是朱祁镇不肯听他辩驳。再稍微引申一下可以算作临死前对朱祁镇的批评——偏听偏信、任意妄为的皇帝,那就是不合格的皇帝。大唐名相魏徵曾给唐太宗建议——"兼听则明、偏信则暗"。如果再痛快一点,就可以直接把这句话看成于谦是在责备朱祁镇是个只信谗言的昏君。所以他死时,并没有像他一生的标杆文天祥那样,向着皇帝所在的方向行跪拜之礼。这句也可能是于谦后人为他编诗集时,不把这首诗收录进去的原因之一。

第三、第四句对仗不对,可能是当时听到这首诗的人后来转抄时出了问题。不过诗里的意思非常清楚,这些陷害于谦的奸人

---

① 《于谦集·先肃愍公行状》载:公遇害时,神色不变,口占辞世诗一首,真所谓从容就义者也。

虽然得逞一时，但于谦却和文天祥一样从心底蔑视这些奸人，一样视死如归。

第五句和第六句又联系到他早年给自己卜的卦——位极人臣，却不能善终。也讲了些《易经》里面生死有命、成败在天的道理，用来解释自己为什么视死如归。

最关键的是最后两句话。于谦自己很清楚，朱祁镇此时杀了他，也等于成全了他，朱祁镇倒行逆施自可猖狂一时，而悠悠青史上，于谦的名字必将永垂不朽。

于谦死后十多天，他的学生、知己——景泰帝朱祁钰也在寝宫中病逝。朱祁镇依然不愿就此放过他，为了突出自己的权力，贬低朱祁钰的功绩，朱祁镇把他贬为亲王，废弃了朱祁钰生前为自己修建的陵墓，还给了他一个恶谥——"戾"。①这个字有犯罪的意思，现代汉语中已经非常少见了，关于这个字，我们可以想到的词有"暴戾""戾气"之类，"戾"在谥法里的意思是"不悔前过"，属于恶谥中的"顶部"。但朱祁钰究竟犯了什么罪？根本没有罪名。代宗朱祁钰监国时，有朱祁镇自己留下的诏书，朱祁钰是在国家面临大难、敌军兵临城下时继位，持有孙太后下的诏书，都有非常明确的合法性，绝不能算篡位。

朱祁钰和于谦这对大明帝国为数不多相知相成的君臣，生前共同匡扶大明，双双被载入史册，大书特书。

但朱祁镇至少猜对了一件事：于谦在他呕心沥血守护一生的

---

① 《明史·景泰本纪》载：癸丑，王薨于西宫，年三十。谥曰戾。毁所营寿陵，以亲王礼葬西山，给武成中卫军二百户守护。

北京被冤杀后,各方反应可以用一个词来概括——人神共愤。

古人迷信天象,于谦自己也喜好研学《易经》,在他被杀之前,上天似乎就已给出预兆。曾经被于谦举荐接替自己巡抚河南、山西,后又在景泰年间改任浙江巡抚的孙原贞就曾奏报:前一年整个浙江遭受大旱灾,在于谦的家乡杭州,一直水量充沛的西湖竟然干涸,甚至土地都裂开了。孙原贞看到这番反常的景象后,不禁发出感叹:杭州这个地方之所以出人才,就是山川锦绣的缘故,而今湖干地裂,莫不是预示着杭州籍的名人要遭受厄运吗?①

这些预兆,如果按照当时盛行的天人感应的理论来解释,那就是上天对当前人间的现状不满,对皇帝的行为不满。满城的黑云、干涸的西湖都是上天愤怒的证据。当然,关于天象的事情都是迷信,只是后人希望把于谦的冤死烘托得更为壮烈。

首先埋怨朱祁镇的人,就是孙太后。对于朱祁镇复辟这件事,孙太后和他的外戚们都是支持者,但对杀于谦的事情,孙太后是始料未及的,也是从没想过的。孙太后毕竟和于谦一起经历了北京保卫战,目睹了于谦运筹帷幄、保家卫国的整个过程,可以说是于谦为奄奄一息的大明续上了生命,为他们这些皇亲国戚免受类似"靖康之难"的屈辱提供了保障,她心中对于谦是认可的,对于谦是存有感激之情的。人生当中没有那么多必须置之死地的仇敌,特别是于谦这种百年难得的好官,更应当保全。无故

---

① 《于谦集·先肃愍公行状》载:七年,杭郡湖水竭土裂,人皆惊异,尚书孙原贞方镇守两浙,间语人曰:"人材之生,钟山川之秀,今日之兆,哲人其萎乎?"盖指公也。

杀害，只会让世人觉得这宫中尽是妖魔鬼怪，竟容不下一个忠臣，孙太后懂这个道理。

因为朱祁镇杀于谦的整个过程非常快。正月二十二日早上，徐有贞把于谦、王文的结案报告拿给他，中午于谦就被害。孙太后这边还没得到要处死于谦的消息，于谦就已经被杀了。等她听到于谦被杀的消息后，久居皇宫中大半辈子的孙太后彻底崩溃。她命人把朱祁镇叫来，厉声责问道：于谦是对社稷有大功劳的功臣，你既与他不和，大可以不用，可以像高谷、王直、胡濙那样，将他撤职，发回原籍颐养天年，没必要杀了他啊！①

或许是出于对于谦的愧疚，据说此后孙太后到死也没跟朱祁镇讲过话。

朝堂上的文官们态度也十分鲜明。

景泰朝的"文官党"核心成员被尽数清洗，这些和于谦共事多年的老臣们，虽然出于自保的考虑，不能救下于谦的性命，但他们对朱祁镇不合作的态度，已经说明他们认可于谦的功绩，认可于谦的为人。

高官们对朱祁镇此番举动的不满集中在道义和法理上，而基层官员和底层民众对于谦之死持有的却是一份非常朴素的感情。老百姓眼中看到的是那个两袖清风朝天子，一骑单车巡晋豫，为民请命的巡抚于谦；他们看到的是与敌人一刀一枪拼杀，保卫大明江山社稷的兵部尚书于谦；他们看到的是日夜忧劳国事，精心

---

① 《于谦集·先肃愍公行状》载：太后语帝曰："于谦曾有功于国家，不用当放归田里，何必置之死地？"

筹划边防的少保于谦。百姓的眼睛是雪亮的，百姓的思想是朴素的，他们怎能不尊重于谦、不爱戴于谦？

在于谦被害的当天，锦衣卫就奉命前去查抄于谦在北京的府邸。这帮经常查抄大臣府邸的官差，刚打开于谦家门就发现这里不但十分简陋，而且似乎都没有怎么住过人。原来景泰八年（公元1457年）一月前后，景泰帝朱祁钰身体非常不好，于谦害怕他的这个学生有个三长两短，更是随时在朝房候旨，基本上不再回家居住。①他们不相信，如此深受皇帝倚赖、一人之下万人之上的于谦，竟然连一处与身份相符的住宅都没有，更别说金银财宝了。他们把于谦家里翻了个底朝天，终究一无所获。就在所有人万分失落的时候，他们突然发现正堂中有一处小房间，锁得特别严实。一群饿狼不由分说砸开了锁，可现实却让所有人都失望了，里面没有一文钱，只有当年朱祁钰赐给他的蟒袍、宝剑，被恭恭敬敬地摆在架子上。②

一千二百多年前，蜀汉丞相诸葛亮在临死之前上书后主刘禅，对自己死后的财产做过交代："若臣死之日，不使内有余帛，外有赢财，以负陛下。"③这番临终前的话语感人至深。此后一千二百年间，能够做到这样的宰相可谓凤毛麟角，于谦就是其中一个。

---

① 《于谦集·先肃愍公行状》载：公以王事多艰，穷年不归私邸，居止朝房。

② 《明史·于谦列传》载：及籍没，家无余资，独正室镴钥甚固。启视，则上赐蟒衣、剑器也。

③ 《诸葛亮集》。

第九章 少保蒙难

钱穆先生曾经说过，只要有一个诸葛亮，三国这段历史就可以光耀千秋；景泰朝有一个于谦，也可以使这个时代万古流芳。更何况景泰帝朱祁钰和于谦一起携手力保大明江山，为社稷续命两百年。毫无疑问，于谦的清廉、公正、爱国，足可以媲美诸葛亮、岳飞、文天祥，而且从结果上看，于谦的成就更要超过三位前辈先贤——他保住了大明。

当时，参与政变的大太监曹吉祥手下有个叫朵儿的蒙古籍明军指挥，于谦被害时他是负责维持法场秩序的官差之一。于谦死后，他按照蒙古人的礼仪，在于谦遇难的地方，以酒酹地，痛哭祭奠于谦。曹吉祥是杀于谦的监斩官，看到此情景，盛怒之下抓起身边的铁鞭抽打朵儿。但是朵儿不为所动，第二天还是去同一个地方，继续酹酒祭奠于谦，以示哀思。①

公道自在人心，即便是敌人，只要良知尚存，都知道于谦是冤死的，于谦是值得被世人尊重的。于谦的同乡，都督同知陈逵收殓了于谦的尸身，按照朝廷制度，在第二年将遗体送葬于于谦故乡杭州。②

据说，朱祁镇本人在被太后教训过后，也对杀于谦深感后悔，甚至有可能落下了几滴后悔的眼泪，但也仅限于此。这边于谦和景泰帝朱祁钰尸骨未寒，那边帮他重登大位的徐有贞、石

---

① 《明史·于谦列传》载：指挥朵儿者，本出曹吉祥部下，以酒酹谦死所，恸哭。吉祥怒，抶之。明日复酹奠如故。

② 《明史·于谦列传》载：都督同知陈逵感谦忠义，收遗骸殡之。逾年，归葬杭州。逵，六合人。

亨、曹吉祥在等着分享胜利果实，首先就必须把已经全面清盘的大明内阁再次重组起来。

第二节 有贞败天理昭昭

朱祁镇原来当皇帝的时候，对于内阁的控制是通过王振来完成。现在没有了王振，加上经过政变一事，他不再想把权力分散出去，不希望再出现任何威胁自己皇位的人，那么他要怎么解决内阁的问题呢？

他决定使用根基尚浅的徐有贞。[①]随着于谦、王文身死，陈循、江渊被贬，高谷退出朝堂，徐有贞终于实现了自己的人生目标。当整个景泰朝的内阁老臣几乎都被他和石亨清洗过后，资格、功劳都已经完全合格的徐有贞自然要入阁秉政。

徐有贞固然有庶吉士出身、有能力（治过运河）、有功劳（夺门之变），不过根基太浅，他加入朱祁镇阵营的时间还不足一月。徐有贞自己也知道，不光要死心塌地地跟着朱祁镇，还要拼命讨好石亨等人。

当时石亨被所有人视为夺门政变的首功之人。因为石亨是此次政变中最高级别的官员和"勋贵派"的新领袖，在"夺门之变"后进封为忠国公。本来就把"勋贵派"视为自己统治基础的

---

① 《明史·徐有贞列传》载：内阁诸臣斥遂略尽。陈循素有德于有贞，亦弗救也。事权尽归有贞，中外咸侧目。

朱祁镇,对石亨有求必应,石亨一时间权倾朝野,只手遮天。①

为了自己的前途,徐有贞立即前往石亨府上拜访,希望可以和石亨一样获得一个世袭爵位。在明朝,世袭爵位公、侯、伯必须立战功才可能封赏。徐有贞出身科举,原本是"文官党"的一员,读书人一般不屑于去讨要世职。当年于谦带领明军取得北京保卫战的胜利,石亨想要讨好他,主动为他讨要世职,于谦坚决拒绝,也是有这样的考虑。是否有世职,已经成为在朝堂中属于"勋贵派"还是"文官党"的重要标志。

徐有贞求封实际上就是想向石亨表示,自己已经彻底倒向"勋贵派"一边,一方面可以撇清自己和"文官党"的关系,另一方面也可以得到实际利益。他恬不知耻地跟石亨说:"愿得冠侧注而从兄后。"②这句话可谓一箭双雕,一是想给自己求得世职,二是表明自己一定追随在石亨后面,甘心当"勋贵派"的走狗。

一个坚决不受,一个万般求取,于谦和徐有贞两人在道德水准上的差距,一目了然。

不过这次并没有遂徐有贞的愿。朱祁镇并不准备给徐有贞世职。理由很简单,他刚刚加入自己的阵营,就索要世袭爵位,操之过急,难免会让他和自己遭到非议,还需要时间考虑。更重要的是,在南宫蜗居了七年之久的朱祁镇,已经学会了权力制衡之

---

① 《明史·石亨列传》载:上皇既复辟,以亨首功,进爵忠国公。眷顾特异,言无不从。

② 《明史纪事本末》。

术,他要保持朝堂中"文官党"和"勋贵派"之间的平衡。徐有贞是他心目中"文官党"的新领袖,如果领袖都投靠"勋贵派"了,那朝堂之上哪还有平衡,日后"勋贵派"领袖石亨岂不是可以和皇帝平起平坐,必定会威胁到自己的统治。

朱祁镇回复石亨,让徐有贞继续为大明、为自己效力,日后肯定加封。徐有贞依旧贼心不死,他再次请石亨继续为自己争取,朱祁镇不得不同意,于是他得到了武功伯的封号、一千一百石的世袭俸禄和世袭锦衣卫职位。①

当时"夺门之变"后,以这样的方式得官的人有四千多人。其中比较知名的有陈汝言、萧瑢、张用瀚、郝璜、龙文、朱铨。这些原来景泰朝的郎中、员外郎,通过走石亨的门路,直接晋升为各部尚书、侍郎。

但是,石亨为徐有贞等人求官这个举动,对朱祁镇来说,十分犯忌讳。

因为皇帝最大的权力有三个:其一,任免、罢黜官员的行政权;其二,招募、指挥军队的军事权;其三,掌握天下财赋税收的权力。如今看来,石亨已经和他一样,对官员的提升任用拥有了话语权。而现在的情况是,皇帝任免官员的行政权被一个掌管军队的武将把持,且他还通过贪污受贿占有巨额财富,这样下

---

① 《明史纪事本末·南宫复辟》载:三月,封直内阁兵部尚书徐有贞为武功伯,兼华盖殿大学士,掌文渊阁事。初,于谦之狱,中外咸侧目有贞,而有贞意殊自得,请于石亨曰:"愿得冠侧注而从兄后。"石亨为言之上,上曰:"为我语有贞,但夷力,不患不封也。"居旬日,亨复言,上乃下诏封之。岁支禄一千一百石,子孙世锦衣指挥使,赐貂蝉冠玉带。

去，有没有谋反心思已不重要，但他肯定有谋反的能力，他必定会被皇帝视为眼中钉。

所以，朱祁镇尽管同意了石亨所有的请求，可是他心里并不痛快。

徐有贞有十分敏锐的洞察力，他很快察觉到了这一点。加上他本来和石亨、曹吉祥两人相处得并不愉快：在徐有贞眼里，"夺门之变"的所有计策都是自己出的，石亨、曹吉祥二人无关紧要，他才是第一功臣。于是徐有贞开始想趁机和这两人划清界限。于是他开始培植自己的势力，把李贤引进内阁。

李贤，河南邓县人，宣德八年（公元1433年）进士，正统年间，在吏部历任考功司、文选司郎中。①当年朱祁镇带兵出征，兵败土木堡的时候，李贤就在皇帝身边伴驾，在一片混乱中，他十分幸运地逃了回来。这样李贤就和朱祁镇有了共同经历。景泰朝时，李贤表现得十分低调，一直踏实做事，历任兵部、户部、吏部侍郎，也逐渐有了自己的名声。

徐有贞认为李贤和他一样，对长时间不能入阁秉政有执念，又和于谦没有关系，所以他推荐了李贤，朱祁镇也因他伴驾出征土木堡的经历而同意了徐有贞的提议。于是，李贤被任命为翰林学士，入值文渊阁，很快又被提升为吏部尚书，成为天顺朝文官中的第二号人物。

但是李贤明显和徐有贞不一样。此时正遇山东闹饥荒，要求朝

---

① 《明史·李贤列传》载：迁考功郎中，改文选。

廷赈灾的文书传到内阁。救灾历来就是国家大事，大明帝国此时立国已经接近百年，对于救灾有一套完整的流程，于是很快户部就把核算出所需的银两数目报于内阁，内阁需要进行一番正式讨论。

眼见户部提出要拿一百万两白银赈灾，内阁头号大臣徐有贞结合自己在山东一带治理运河的丰富经验，指出大明帝国官吏贪腐严重，朝廷拨下去的救灾款肯定会被官员们层层盘剥，只有少部分会用于赈灾。所以他认为，赈灾款不需要太多，只需要卡住赈灾官员贪腐的口子，制定出一套赈灾细则即可。这样一来大明朝廷既少花了钱、又整治了贪官，给朱祁镇挣了面子。这个办法看起来非常不错。

李贤却认为当务之急是赈灾，至于借机反腐纯属南辕北辙。再者，徐有贞和石亨推举上来的一众官员腐败更为严重，徐有贞的建议无非是想提前分赃，好让自己从赈灾款中分得一杯羹。于是李贤用了另一个角度来说服朱祁镇：赈灾的根本目的是要救人，为了怕官员贪污减少拨款，那就会饿死饥民，甚至激起民变，是因噎废食、因小失大的选择。在这种情况下不但不应该消减户部提交的预算，还要增加数目，以示朝廷对灾民的关切。①结果李贤的提议被朱祁镇接受了。

通过这件事，朱祁镇发现了李贤和徐有贞的区别。

"文官党"领袖于谦的位子徐有贞无法接替。徐有贞本身就

---

① 《明史·李贤列传》载：山东饥，发帑振不足，召有贞及贤议，有贞谓颁振多中饱。贤曰："虑中饱而不贷，坐视民死，是因噎废食也。"遂命增银。

是被石亨一手提拔起来的，加上杀于谦时，他态度十分坚决，甚至被认为是他的一句话而左右了皇帝的决定，所以"文官党"这边对他深恶痛绝，不能指望他再整合如今已如一盘散沙的"文官党"。

但李贤可以，理由有以下几个：

第一，李贤不会受到道德上的批评，特别是没有杀于谦的道德负担。这样李贤更容易获得"文官党"的认可。

第二，李贤土木堡的经历非常被朱祁镇认可，而且他在吏部任职多年，在朝中的根基比常年混迹山东河道一带的徐有贞深得多。

第三，最重要的是李贤不是石亨推荐的人。

当时志得意满的徐有贞完全没有意识到，李贤才是朱祁镇更中意的人选。

而随着于谦倒下，石亨开始独揽大权，但他也因此为自己埋下了不少隐患。比如石亨推荐的兵部尚书陈汝言，上任一年之后就因为贪污被查办，抄家的时候查获近万两赃银。[①]朱祁镇甚至不禁对身边人发出感慨：于谦八年兵部尚书，而不贪一文，陈汝言一年之任，就如此胆大妄为，他在对比于谦和陈汝言的同时，自然也会对比朱祁钰和自己。朱祁镇已经开始警觉，石亨等人的所作所为会给自己带来恶名。有一天，他在朝会后特意将徐有贞留了下来，跟他单独谈话，考虑如何处理石亨及其背后的"勋贵派"。徐有贞本来就是个投机分子，当他从朱祁镇口中听到对石

[①] 《明史·于谦列传》载：谦既死，而亨党陈汝言代为兵部尚书。未一年败，赃累巨万。

亨的不满，就立即忘记了石亨为他争取世职的恩情，指示手下言官杨瑄收集证据，用于弹劾他的同党和恩人石亨。①

石亨自然是经不起查的。杨瑄不费吹灰之力，就查清了石亨侵占民田的实际证据，立即上奏弹劾。朱祁镇也立即嘉奖了杨瑄，同时申饬了石亨。

石亨本来就心胸狭窄，就此和徐有贞变成了死敌。朱祁镇成了最大的赢家，既警告了日益跋扈的石亨，又重新在朝堂上立起了自己的威望。

石亨见徐有贞针对自己，也展开反击。他联合司礼监掌印太监曹吉祥，在朱祁镇身边安插了自己的眼线。当徐有贞和朱祁镇单独交谈的时候，这些眼线会立即把话传给石亨、曹吉祥。然后两人再通过这些眼线，故意将事情泄露给朱祁镇。这一下朱祁镇被吓到了，这话只跟徐有贞说过，怎么如今这些宦官都知道了呢？曹吉祥的手下立即回话，是徐有贞泄密。②

君不密丧其国，臣不密丧其身。在朱祁镇心中，不懂得保守秘密的徐有贞不能被信任。石亨、曹吉祥趁势反击，两人相约来到朱祁镇面前，一见到皇帝就哭诉内阁想要置他们于死地，重新像景泰朝那样独揽大权，请朱祁镇为他们做主。这下正说中朱祁镇的心结，本就讨厌"文官党"的他立即下令把徐有贞、李贤一

---

① 《明史·徐有贞列传》载：有贞既得志，则思自异于曹、石。窥帝于二人不能无厌色，乃稍稍裁之，且微言其贪横状，帝亦为之动。

② 《明史·徐有贞列传》载：吉祥令小竖窃听得之，故泄之帝。帝惊问曰："安所受此语？"对曰："受之有贞，某日语某事，外间无弗闻。"帝自是疏有贞。

并关进牢里。

徐有贞瞬间又回到了起点,被贬到广东任参政。但石亨不愿善罢甘休,继续捕风捉影地罗织徐有贞的罪状。先是找人匿名状告徐有贞对皇帝颇有怨言,后又让锦衣卫把徐有贞从德州给抓回了诏狱。

但这些罪名还不至于判死罪,于是石亨继续找。最终他在徐有贞给自己写的丹书铁券中找出四个字"缵禹成功"。本来这四个字是徐有贞自夸的话,"缵"指的是西汉开国功臣丞相萧何,他受封缵侯,"禹"指的是东汉开国功臣司徒邓禹,他自比两汉开国功臣,自诩宰相之才。可石亨不懂这些典故,硬解释成徐有贞想要效仿大禹禅让,准备谋反。①

这可正是天理昭昭。当年徐有贞诬陷于谦谋反,找不到证据,最后以"意欲"的说法定罪,还不到一年时间,自己被石亨以类似的说法定为谋反。刑部据此理由,在石亨授意下,立即把徐有贞定为死罪。

可朱祁镇这次没有杀徐有贞,他考虑到"文官党"已经被重创,在短短半年多时间里领袖接连被杀、被贬,如果再杀徐有贞,朝局平衡将被彻底打破,石亨将更加难以制约。

天顺元年也就是景泰八年(公元1457年)七月,徐有贞被赶出内阁,回乡为民。他实际主持朝政才不过半年。徐有贞之后

---

① 《明史·徐有贞列传》载:亨、吉祥虑有贞见释,言于帝曰:"有贞自撰武功伯券辞云'缵禹成功',又自择封邑武功。禹受禅为帝,武功者曹操始封也,有贞志图非望。"

多次上书希望能够复起，但他促成冤杀于谦自绝于"文官党"，背叛石亨自绝于"勋贵派"，又因被陷害不知保密而见弃于皇家，朝廷中已经没有人再想见到他，最后郁郁而终，在成化年间去世，生卒年无人关心。

徐有贞消失了，李贤却借此成为内阁头号人物，他还要继续跟石亨斗下去。

第三节　石亨亡全族覆灭

贬徐有贞、升李贤，朱祁镇再次改变了大明朝廷的权力结构，实际上是从徐有贞手上拿回了人事权，因为李贤对大明帝国的人事安排只有执行权，甚至没有建议权。

另一方面，石亨获得了和"文官党"交锋的又一次胜利。眼见所有和自己作对的人，于谦也好，徐有贞也罢，都被轻易扫平，石亨的欲望已经难以控制。

人的欲望无非是体现在衣食住行这些方面。石亨对"住"这方面很在意，他的宅邸十分奢华，甚至到了逾制的程度。据说有一天，朱祁镇和恭顺侯吴瑾一起登上翔凤楼。吴瑾就是当年在鹞儿岭战死的恭顺侯吴克忠、吴克勤的弟弟，他对石亨一系列做法十分不满，特别是无辜诬杀于谦这件事。

正当两人登上翔凤楼凭栏远眺的时候，朱祁镇突然看见一处富丽堂皇的府邸，故意问吴瑾这是谁家的府邸。吴瑾心里自然清楚是石亨的府邸，可他的心思也不简单，他故意刺激朱祁镇：这等规模，定是一座王府。眼见朱祁镇冷冷否定，吴瑾又追问了一句：既不是王府，还有谁敢建这种违制僭越的府邸呢？朱祁镇没有接话，只是默默点了点头。①

石亨的命运就此注定了。

从这件事看来，朱祁镇绝对不简单。一般人理解的独裁者都是发号施令，吆五喝六的人物。朱祁镇和他们不一样，他从来不自己出主意、下命令，他所有的主意都是别人出的。"土木之变"是王振出的主意，"夺门之变"是徐有贞、石亨一帮人出的主意，杀于谦是徐有贞的主意，贬徐有贞是石亨、曹吉祥的主意。表面上看，仿佛朱祁镇毫无主见，任由他人摆布。

这才是更高级的独裁。他不需要自己亲自下达命令，只是让手下去揣摩他的心思，揣摩对了就加以奖励，揣摩错了要么完全无视、要么弃之不用。这样一来他既可以实现自己的目标，又不用负任何责任和骂名，实在是高明！

之前，朱祁镇默许徐有贞发动御史杨瑄等人弹劾石亨，在一旁的李贤也同样发现了皇帝对石亨的不满。可是面对石亨、曹吉祥两股强大的势力，朱祁镇又担心了，于是贬徐有贞，关押李贤。但朱祁镇对两人处理方式不一样：事后李贤立马官复原职，依然在内阁秉政；徐有贞则永无出头之日。而石亨对李贤接替徐

---

① 《明史·石亨列传》载：帝登翔凤楼见之，问谁所居。恭顺侯吴瑾谬对曰："此必王府。"帝曰："非也。"瑾曰："非王府，谁敢僭逾者此？"帝领之。

有贞根本就不在意，且李贤又不欠石亨什么人情，这样的人放在内阁，朱祁镇才安心。

石亨武将出身，他不懂得喜怒不形于色的道理，经常当面给朱祁镇脸色，甚至对他发脾气。当时按照规矩，武将不能随意出入宫廷，可石亨不管这些，经常跳过内阁，直接找朱祁镇解决问题。李贤便由此给朱祁镇找出一个可以不见石亨的理由：文官朝拜有一定的制度，武将不经过宣召，也不得随时出入内宫。①朱祁镇很满意，看来他没有看错人，李贤是一个可以帮他出主意消灭石亨的人。

不过，此时此刻朱祁镇还是只能先忍着，毕竟石亨掌握军队，如果将他逼反，自己就真危险了。

于是他召来李贤，继续问他和徐有贞一样的问题：如今朝廷上的官员都先去拜石亨，再来拜我，对于石亨这样的擅权干政的人，要怎么处理呢？②有徐有贞的例子在前，李贤不敢跟朱祁镇掏心掏肺，他的回答模棱两可。

见李贤这种反应，朱祁镇又说了一句更重的话："向尝不用其言，乃怫然见辞色。"③——如今石亨太过跋扈，如果不听从他的建议，他便会脸色阴沉。李贤听懂了，朱祁镇确实有心除掉石亨，但他仍有顾虑，还是简单地回话，请朱祁镇不要操之过

---

① 《明史·石亨列传》载：遂敕左顺门，非宣召毋得纳总兵官。亨自此稀燕见。
② 《明史·石亨列传》载：此辈干政，四方奏事者先至其门，为之奈何？
③ 《明史·石亨列传》。

急，要慢慢削弱石亨的权力。

李贤看似无关紧要的话，朱祁镇听进去了。他先以贪赃枉法的罪名，法办了石亨推荐的兵部尚书陈汝言，把兵部尚书的位子从石亨手里夺了回来。这一步很重要，因为按照大明帝国的制度，只有兵部才有调兵权，石亨负责的五军都督府只负责士兵训练。

兵部尚书位子一丢，石亨似乎也预见到自己的处境，开始收敛。但朱祁镇还是动手了。

天顺三年（公元1459年），石亨的儿子石彪准备为自己谋求大同镇总兵之职，指示手下官员上书内阁，这在石彪看来，就是水到渠成的事情，可这次朱祁镇立即抓住机会，开始了对石亨的清算。他下令将石彪下狱，锦衣卫心领神会，对石彪严刑拷问。重刑之下，又供出了一个更严重的罪名——欺压藩王。石彪之前出兵大同击退鞑靼部的零星骚扰，被兵部议功加封。战后石彪和大同镇的藩王代王一起喝酒庆功。酒席上，酒醉的代王为表示感激，竟然当场给石彪下跪。本来朱祁镇可以用酒后失仪的罪名，点到为止，可这次朱祁镇已经坚定了扳倒石亨的主意。[①]

于是石彪立即被定为死罪，石亨也被论罪下狱，没过几天就死在了牢里。他的下场比于谦更惨，全族被杀。至于被杀的真实原因，就是石彪希望掌握大同兵权，犯了朱祁镇的忌讳——怕他们父子俩内外合谋、篡位夺权。[②]

---

① 《明史·石亨列传》载：法司再鞫彪，言彪初为大同游击，以代王增禄为己功，王至跪谢。自是数款彪，出歌妓行酒。彪凌侮亲王，罪亦当死。

② 《明史·石亨列传》载：谋镇大同，与亨表里握兵柄，为帝所疑。遂及于祸。

这样一来原先合谋"夺门之变"的徐有贞、石亨、曹吉祥三个人就剩下留在宫中的曹吉祥了。他眼见同伙接连被杀，还能坐得住吗？

第四节　曹钦反天雷滚滚

石亨全家被杀后，朱祁镇又找到了李贤。这次聊的事情很重要——"夺门之变"。之所以和李贤聊这个事，是因为这里面就涉及朱祁镇复辟的合法性问题。

谈话之前，朱祁镇拿到了他的叔叔襄王朱瞻墡两次上书孙太后辞让皇位的公文，而后又和叔叔进行了一次会谈。在孙太后的帮助下，襄王向朱祁镇解释，自己从来都没有觊觎皇位，也没有为自己的孩子谋求过皇位。[①]朱祁镇非常满意，叔侄二人开心话别。

可转念一想，既然藩王夺位的问题不存在，那"夺门之变"的合法性也就不存在，自己杀于谦的理由也被证伪。这样一来，朱祁镇必须重新解释"夺门之变"，否则他皇位的合法性就有问题。

所以，朱祁镇迫切需要李贤给自己出谋划策，找到合理的说法。李贤很快就理解了朱祁镇的意思，立即给出自己的解释：

---

① 《明史·诸王列传》载：久之，从官中得瞻墡所上二书，而襄国金符固在太后阁中。乃赐书召瞻墡，比二书于《金縢》。

首先夺门的说法就有问题。"夺"字意味着整个皇位的传承系统存在争议，李贤建议朱祁镇改一个说法，把"夺门"改成"迎驾"。理由是皇位原本就是朱祁镇的，不存在夺的问题。

接下来，李贤又帮朱祁镇重新解释了石亨等人的罪过。"夺门之变"只是石亨等人想要争夺权力的做法，朱祁镇只是被他们利用而已。朱祁镇从主谋变成了被挟持的对象，他就没有了自己发动"夺门之变"的动机和能力。①

李贤接着对当时局势进行了分析。他认为当时朱祁钰重病，一旦驾崩，那些宣德、正统年间的老臣高谷、胡濙、王直甚至于谦都会主张迎立朱祁镇。这样一来，就根本不可能有后面杀于谦的事情，所以问题都出在石亨这帮"奸臣"身上，朱祁镇只是被蒙蔽、迫不得已而已。②

朱祁镇听到李贤这番话连声称赞。因为李贤的解释让他摆脱了两项罪名。第一项就是"夺门之后"枉杀于谦的罪名。按照李贤的说法，这都是徐有贞、石亨他们为了自己上位而捏造的假案，朱祁镇只是一时糊涂，上了奸人的当。第二项就是贬徐有贞、杀石亨的罪名，因为他们不再是复辟的功臣，而是欺君罔上的叛逆。李贤的说法立住脚，朱祁镇的名声就可以彻底洗白。后

---

① 《明史·李贤列传》载："迎驾"则可，"夺门"岂可示后？天位乃陛下固有，"夺"即非顺。且尔时幸而成功，万一事机先露，亨等不足惜，不审置陛下何地！

② 《明史·李贤列传》载：若郕王果不起，群臣表请陛下复位，安用扰攘为？此辈又安所得邀升赏，招权纳贿安自起？老成者旧依然在职，何至有杀戮降黜之事致干天象？

世史书中果然大都采用李贤的说法，把朱祁镇归类为奸人蒙蔽的平庸之君。

因为"土木之变"的罪责太大。原本在此之前，整个大明帝国呈现一片海晏河清的状态。结果这一败，把三代积攒下来的名臣元勋、军械辎重、精兵猛将折损殆尽。大明帝国对蒙古势力从此由战略进攻转入战略防御。

朱祁镇只有把自己归入平庸之君行列，才能把战败的责任抛出去。"土木之变"就可以解释为朱祁镇一时失察，受到王振挑唆，导致惨败。"土木之变"的惨败就可以名正言顺归咎于王振，朱祁镇也就罪减一等。以后入太庙，见祖宗似乎也可以问心无愧了。

石亨死后，朱祁镇下令禁止再讨论"夺门之变"，试图人为把这场政变从历史中抹掉。同时，又把朝堂中所有石亨举荐的官员清洗得一干二净，大明王朝中枢官员在三年之内换了两波，这样自顾不暇的朝廷怎能有作为呢？原本这件事也就这样结束了，可朱祁镇和李贤都错误估计了一个人——曹吉祥。

曹吉祥是想要自己上位当皇帝的，并且很可能是整个中国历史上为数不多真想要谋杀皇帝而自立的宦官。随着两位政变的同伙被杀，"夺门之变"被禁止讨论，曹吉祥心中的不安不断增长。于是曹吉祥和侄子曹钦开始召集手下的蒙古雇佣骑兵，整日宴饮作乐，散尽千金，以收买人心。①

---

① 《明史·宦官列传》载：吉祥不自安，渐蓄异谋，日犒诸达官，金钱、縠帛恣所取。

这些雇佣骑兵也特别喜欢和适应北京城里花天酒地的生活，害怕曹吉祥一旦失势就会被赶出这个安乐窝，甚至有可能摊上杀身之祸。于是他们之间形成了一个被捆绑在一起的共同利益集团，随时准备为曹吉祥效力。

天顺五年（公元1461年）七月，曹钦手下犯法，被言官弹劾。朱祁镇下令锦衣卫指挥使逯杲前去审问，并把谕旨下发给所有大臣讨论。这一下曹钦紧张了——这和之前石亨被抓时的过程几乎一样。曹吉祥、曹钦决定先下手为强，起兵谋反，进宫杀朱祁镇。①

这是曹吉祥唯一可以活命的机会。只有杀了朱祁镇，再趁乱带着这帮蒙古雇佣骑兵想办法逃到关外去，才可以度过此劫。他比所有人都了解朱祁镇的为人和想法，这个事事都要找"替死鬼"的皇帝，已经容不得自己了。

参与过"夺门之变"的曹吉祥亲眼见识过徐有贞当年观天象而说服众人的煽动性，所以他也请了钦天监太常少卿汤序来为他卜卦。但汤序为曹吉祥选的日子正好是怀宁侯孙镗领命准备出兵西征的日子，当晚他就住在朝房里，这个曾经和曹吉祥一起参与"夺门之变"的朋友成为最终挫败他阴谋的关键人物。

曹吉祥和曹钦的计划依旧特别简单，就在这一天夜里，曹钦集结所有的蒙古雇佣骑兵出动，曹吉祥在宫内接应。而后控制整

---

① 《明史·宦官列传》载：天顺五年七月，钦私掠家人曹福来，为言官所劾。帝令锦衣指挥逯杲按之，降敕遍谕群臣。钦惊曰："前降敕，遂捕石将军。今复尔，殆矣。"谋遂决。

个皇宫和皇帝朱祁镇。当天，曹钦在行动前，再次宴请将士。可就在饭桌上，一个叫马亮的蒙古人保持了一份清醒，他认为曹吉祥的计划无异于在让他们送死，于是偷偷跑了出来去宫中报信。当天晚上在朝房当值的除了怀宁侯孙镗，还有恭顺侯吴瑾。①

吴瑾接到马亮报信后，一面让孙镗立即去长安门投书报警，一面自己转身去了东安门报警。另一边曹钦酒至正酣，也发现马亮不见了，他担心事情败露，便结束宴会，提早带着蒙古雇佣军起兵造反。

一场非常随意的政变开始了。

曹钦本来应该在第一时间冲向皇城，结果他却为泄私愤，带着人马直扑锦衣卫指挥使逯杲官邸，将其杀害。又带着人直扑朝房，结果正好撞见前往东安门的吴瑾，吴瑾当场被杀。

在一片混乱中，曹钦手下闯进朝房，砍伤了当时在里面值班的内阁首辅李贤，就在此时，曹钦赶到现场，看见李贤受伤，连忙让人给他治疗，同时把锦衣卫指挥使逯杲的脑袋扔给了李贤，并要求李贤给他写一份赦免诏书，为了震慑李贤，他又杀死了同在当值的都御史寇深。②

李贤看着满身酒气的曹钦，立即答应了所有要求——只有这样才能暂时稳定住曹钦的情绪。

---

① 《明史·宦官列传》载：谋定，钦召诸达官夜饮。是夜，镗及恭顺侯吴瑾俱宿朝房。达官马亮恐事败，逸出，走告瑾。

② 《明史·宦官列传》载：钦知亮逸，中夜驰往逯杲家，杀杲，斫伤李贤于东朝房。以杲头示贤曰："杲激我也。"又杀都御史寇深于西朝房。

此时此刻，孙镗已顺利到达长安门，并且通过门缝把写有"曹钦反"字样的木片投入宫中。朱祁镇得到消息，没有丝毫犹豫，马上下令宫中戒严，负责宿卫的孙继宗立即抓捕了在宫里准备接应的曹吉祥等一干内奸。而后宫城内各门紧闭，不许任何人入内。同时传令京城、皇城各门紧闭戒严，无诏书命令，不得开启。

在投书宫城之后，孙镗也没闲着。他本来就准备第二天点兵出发去西北。于是他带着两个儿子，以刑部有囚犯越狱的名义，从营里带出了两千精兵，在东安门一带集结，准备和曹钦正面交锋。①

其实，宫内曹吉祥被抓就意味着曹钦败局已定。因为他那两千人没有攻城的重装备，不可能攻破皇城。只要拖到白天，曹钦这点人马立刻就会被击败。到了黎明时分，可能是酒精的作用逐渐消退，曹钦慢慢清醒过来：他连杀锦衣卫指挥使、都御史等几个朝廷大员，想回头已经来不及了。于是曹钦立即集合所有人马，不惜一切代价向东安门攻来。

迎头正撞上严阵以待的孙镗。

要说曹钦麾下的蒙古雇佣骑兵还是强悍，竟然在明知没有胜算的情况下依然把孙镗的军阵冲得七零八落。曹钦率领蒙古雇佣兵冲破孙镗临时设置的阵线后，一举杀到东安门前。可没了曹吉

---

① 《明史·孙镗列传》载：镗仓猝复走宣武街，急遣二子辅、轵呼征西将士，绐之曰："刑部囚反狱，获者重赏。"众稍聚至二千人，始语之故。时已黎明，遂击钦。

祥的内应，曹钦打不开东安门。眼看再僵持下去必然全军覆没，曹钦下令放火，指望烧开城门，杀进宫城。只有这样才有一丝活命的希望。可孙继宗看见宫城门着火，立即下令在门内也放火，用火把宫门给堵住，曹钦还是没办法攻进去。

与此同时，孙镗带着两个儿子从后面杀了过来。没办法，只好拼命了。一边曹钦的两个兄弟被孙镗砍杀；另一边曹钦杀死了孙镗的儿子孙轵。双方就这样一直打到天亮时分。曹钦眼见破门无望，再次转向安定门一带，企图利用皇宫每天早上例行倒马桶的时机冲进去。等到曹钦赶到安定门，发现每天按时开启的安定门今天没开。

曹钦绝望了。

人在绝望的时候总是想回家的，于是曹钦杀回自己家中，这时天上恰似于谦被害当日般黑云密布、天雷滚滚、大雨如注。孙镗带着越来越多的平叛军趁着雨势，杀入曹钦家，曹钦投井自杀，后全族被诛。①曹吉祥的下场更惨，被施以磔刑，也就是俗称的"千刀万剐"。

至此，文官势力、勋贵势力和宦官势力中，参与过"夺门之变"的主要人物全被清洗干净。

随着天顺六年（公元1462年）九月，孙太后薨逝，参与过"夺门之变"的主要人员就只剩下朱祁镇一人，可他即将面对的事情更为棘手。

---

① 《明史·宦官列传》载：奔归家，拒战。会大雨如注，镗督诸军大呼入，钦投井死。遂杀铎，尽屠其家。越三日，磔吉祥于市。

第五节　英宗悔边患累累

朱祁镇终于将朝内的事情处理妥善之后，突然发现他此时又要面对"老朋友"——蒙古诸部。

蒙古瓦剌部自从也先死后已经没有了当年的威风。虽然朱祁镇复辟之后，曾经试图重新联合瓦剌部一起攻击鞑靼，可是几次出使，都没有获得明确结果。

鞑靼在瓦剌西迁后也发生了变化。杀死阿剌知院的鞑靼首领孛来向大明请求立脱脱不花之子麻儿可儿为蒙古大汗，号称"小王子"。此后，原本被黄金家族控制的鞑靼部又一次兴起。[1]

可是孛来和麻儿可儿之间的关系本质上跟也先与脱脱不花的关系没什么区别，都是实权人物和傀儡的关系。这样两人又开始新一轮争权。后麻儿可儿被杀，孛来改立马可古尔吉思为大汗，对大明还是称"小王子"。之后鞑靼部也开始各自为政，大家都用"小王子"的名义和大明进行封贡贸易。所以史书上直到明武宗朱厚照时期都用"小王子"这个称呼来代指蒙古鞑靼部首脑，实际上这个"小王子"到底是谁，已经搞不清楚。[2]

回到朱祁镇复辟后的天顺年间，蒙古鞑靼骑兵在大明九边来

---

[1] 《明史·鞑靼列传》载：鞑靼部长孛来复攻破阿剌，求脱脱不花子麻儿可儿立之，号小王子。阿剌死，而孛来与其属毛里孩等皆雄视部中，于是鞑靼复炽。

[2] 《明史·鞑靼列传》载：时麻儿可儿复与孛来相仇杀。麻儿可儿死，众共立马可古儿吉思，亦号小王子。自是，鞑靼部长益各专擅。小王子稀通中国，传世次，多莫可考。

往侵扰，明军疲于应付。朱祁镇想起自己曾和恭顺侯吴瑾在一起讨论边关情况时，吴瑾就很不客气地向皇帝指出：如果于谦在的话，鞑靼骑兵就不会这么嚣张了，朱祁镇没法反驳。①

于谦死后，根本没有人可以主持当时整个大明朝廷边境线上的防务。九边之中重要的城防堡垒没有进行修缮，军士们的盔甲武器也没有得到补充，士兵们的操练也处于闲散的状态。②无力应对蒙古骑兵，造成这个状况的根本原因就是朱祁镇冤杀于谦，又不能迅速整顿好内政，让敌人有机可乘。

天顺八年（公元1462年）正月，朱祁镇病倒在紫禁城内。虽然此时朱祁镇只有三十八岁，但他自觉命不久矣，紧急召见了自己信任的内阁首辅李贤，决定向他托付后事。临死之前，朱祁镇已经不信任任何人，包括太子朱见深。他甚至听信谗言准备换太子。所以在李贤赶来见自己的时候，他突然问了李贤一句："然则必传位太子乎？"意思是想换太子。可李贤并不认可这种必定会招来祸乱的做法，立即表示反对，称："宗社幸甚。"③李贤表明了"文官党"的立场——只有让太子顺利继位，才能实现权力平安过渡，保存宗庙。

---

① 《明史·于谦列传》载：俄有边警，帝忧形于色。恭顺侯吴瑾侍，进曰："使于谦在，当不令寇至此。"帝为默然。

② 《明史·鞑靼列传》载：而我边关守臣，因循怠慢，城堡不修，甲仗不利，军士不操习，甚至富者纳月钱而安闲，贫者迫饥寒而逃窜。边备废弛，缓急何恃？

③ 《明史·李贤列传》载：帝曰：然则必传位太子乎？贤又顿首曰："宗社幸甚。"帝起，立召太子至。贤扶太子令谢。

朱祁镇临死之前突然要换太子，根本上还是因为害怕已经长大的朱见深会为于谦平反，从而否定天顺朝的合法性。因为此时天下人都已经知道，当年于谦已经让商辂拟好了准备复立朱见深为太子的诏书。朱祁镇的皇位本质上是从他儿子朱见深手上抢来的，现在过了七年之后才还给儿子，那这个从小被宫女万氏一手养大的太子朱见深会不会推翻自己之前的努力，他没把握。

但李贤为首的"文官党"早就想为于谦平反了，因为这对整个文官集团来说意义重大——他们可以利用于谦在朝廷、在民间的巨大声望，通过替他平反重新掌握舆论的制高点，从而彻底控制整个朝局，永远把"勋贵派"踢出朝廷决策层。

要想为于谦平反，就必须先保住太子朱见深的地位，所以一贯能够深刻领会朱祁镇意图的李贤这次没有理会他。就在两人僵持之间，太子朱见深也赶到了朱祁镇的寝宫。他一见到朱祁镇，就痛哭不已，朱祁镇也动了真感情，不再提另立太子之事。

正月庚午，朱祁镇驾崩，死后获得明英宗的庙号。"英"这个庙号本来有着聪明智慧、年少得志的意思。但是宋英宗赵曙、元英宗硕德八剌都是少年登基，中年去世，所以这个谥号逐渐有了些不吉利的意思。朱祁镇之后，"英"由美谥变为恶谥。李贤为首的"文官党"拥立太子朱见深继位，即明宪宗，改元成化。李贤也被加封为少保，成为真正意义上的内阁首辅。[①]而从成化朝之后，"文官党"如愿掌控朝局，"勋贵派"自石亨之后，再

---

① 《明史·李贤列传》载：伟哉宰相才也。

也没有人能够和"文官党"一较高低。成化年间，五十九岁的李贤去世。

宪宗朱见深继位之后，立即按照"文官党"的设想，为于谦平反。成化二年（公元1466年）朱见深命人为于谦写下祭文，甚至直接指出朱祁镇实际上已经知道于谦是被冤枉的："卿以俊伟之才，历事先朝，茂著劳绩。当国家之多难，保社稷以无虞，惟公道而自持，为权奸之所害。在先帝已知其枉，而朕心实怜其忠。"①有学者认为这封诏书是在朱祁镇死之前拟好的，而后由宪宗朱见深颁布。但笔者认为，一个临死之前为了自己身后的名声而准备换太子的皇帝，不可能给于谦平反。

朱见深这封诏书算是为朱祁镇争得了好名声，成为朱祁镇一辈子为数不多的亮点。一般来说，按照儒家传统规矩，需守制三年，不能随意更改前朝的制度，更不用说否定朱祁镇断下的案子。可宪宗朱见深却反其道而行之，他和李贤一起以先帝朱祁镇的名义，直接为于谦平反，那就不是改制度，而是遵奉先帝的遗愿。

所以真正为于谦平反的，就是他当年试图推上太子之位的明宪宗朱见深。但也正是因为于谦被平反，"文官党"在朝堂中的势力一下子膨胀起来，之后的成化、弘治、正德接连几朝中，以于谦开启文官统兵的先例，军权逐渐转移到科举出身的军事文官手上，"勋贵派"彻底沦为负责打仗的战争机器。

---

① 《明宪宗谕祭文》，出自《于谦集》，中国文史出版社，2000。

没有"勋贵派"制约的"文官党",逐渐掌握了大明帝国真正的话语权。为了限制文官集团的膨胀,大明帝国的皇帝开始培养太监势力,利用司礼监批红的权力,取代已经彻底没落的"勋贵派"军权,以此制衡文官集团。

　　无论后世变得如何,于谦终究成了"文官党"心目中有担当、正义、清廉的象征,并转变为这个集团的精神图腾。

第十章 热血千秋

明宪宗成化初年，于谦冤案终得平反昭雪。此后历经明孝宗弘治年间和明神宗万历年间两次发文旌表，建庙立祠，得以流芳千古。于谦后人得到朝廷加封，福荫子孙；他热血千秋的历史故事也升华为中华民族精神的重要组成部分。大明"文官党"彻底打败了明朝初年掌握兵权的"勋贵派"，军事文官登上历史舞台。

第一节 葬西湖热血千秋

成化二年（公元1466年），于谦平反昭雪。明宪宗朱见深派人宣读祭文：

卿以俊伟之器，经济之才，历事先朝，茂著劳绩。当国家之多难，保社稷以无虞，惟公道而自持，为权奸之所害。在先帝已知其枉,而朕心实怜其忠,故复卿子官,遣行人谕祭。呜呼!哀其死而表其生,一顺乎天理;厄于前而伸于后,允惬乎人心。用昭百世之名,式慰九泉之意,灵爽如在,尚其鉴之。①

这篇被《忠肃集》收录的祭文和《明史·于谦列传》中的祭文有些区别。关键区别在"惟公道而自持,为权奸之所害"一句,到了《明史》中被改为"惟公道之独持,为权奸所并嫉"。这两句话非常相似,但意思完全不一样。

《忠肃集》收录的祭文实际上把于谦被害的责任推给了于谦自己和所谓的"权奸":他以为自己坚持公道,结果被那些"权奸"——石亨、徐有贞、曹吉祥等人给害死。丝毫没有提到朱祁镇的责任。其实这还是朱见深在为自己的父亲开脱,和后面"先帝已知其枉"可以连得上——于谦是被人陷害,才谈得上冤枉。

《明史》把"自持"改为"独持",这句话把于谦从自视清高变成了"众人皆醉我独醒,满座皆浊我独清"的高明和孤独,一下子把于谦和众人区分开来,凸显了于谦卓尔不群的能力和正义凛然的气质。后面把"害"字改成了"嫉"字,暗示了于谦是死于朱祁镇之手。因为"权奸"只是嫉妒他,他们确实说了不少于谦的坏话,但真正能决定于谦生死的还是朱祁镇。不过这就和后面"先帝已知其枉"有些矛盾,因为这就等于说朱祁镇害死了于谦,后面又感到后悔了。

---

① 《忠肃集·明宪宗谕祭文》。

所以从上下文结合来看，《忠肃集》里面明宪宗谕祭文更像是真实的。但《明史》里面的改动却也令人拍案叫绝。简单几个字的变化，实质上揭露了事情的真相，反映出撰史者的态度。回到这篇明宪宗的祭文本身，还只是简单代表朱祁镇对杀于谦一事表示认错，还没有负起责任，更没谈到"赔偿"问题。

这样的表态"文官党"自然不会服气。他们希望更进一步，通过抬高于谦的历史地位，为"文官党"树立一个可以克制皇权的精神图腾。一旦皇帝犯错，这个图腾就能让皇权屈服——皇帝也会犯错，犯了错就要认，认了就要改。那谁能指出皇帝犯错呢？自然就是文化功底深厚的文官们了。他们个个读过圣贤书，以帝师自诩，自于谦以后，大明帝国敢面责皇帝的文官层出不穷，皇帝也对这些文官颇为忌惮。

明孝宗皇帝朱祐樘上台后的弘治二年（公元1489年），文官们提出要给于谦加封荣誉称号。朱祐樘同意了，于谦便获得了第二篇祭文：

朕惟功大者褒典宜隆，行伟者扬名必远。惟显忠于既往，斯励节于方来。古今攸同，岂容缓也。故少保兵部尚书于谦，气禀刚明，才优经济，兼资文武，茂著声猷。当皇祖北狩之时，正国步难危之日，乃能殚竭心膂，保障家邦，选将练兵，摧锋破敌，中外赖以宁谧，人心为之晏然。回銮有期，论功应赏，不幸为权奸所构，乃陨其身，舆论咸冤。恤恩已锡，兹复赠特进光禄大夫、柱国太傅，谥肃愍，命有司立祠致祭，用昭钦崇之义。呜呼！执羁靮，守社稷，劳盖均焉；表忠直，愧回邪，理则明矣。①

这篇祭文等于朱祁镇的孙辈代表祖父给于谦赔罪,并送上了赔偿——死后赐官。一般大明二品大员死后基本都可以再追升半级,还可以获得朝廷给的一份祭文。明孝宗将于谦由从一品少保提为正一品太傅,这是常规做法,胡濙、王直、高谷都享受过这个待遇。但前面的特进光禄大夫、柱国就是殊礼。这实际是两个荣誉职位,授予正一品文官的荣誉职位——特进光禄大夫;又授予武将如开国功臣徐达、常遇春、李文忠等人的荣誉职位——柱国,这两个官职说明了于谦"才兼文武"的特点,还算得上诚恳。

但这个"肃愍"谥号有些争议。"肃"字按照谥法来讲,是执心决断的意思,形容于谦为人正派、严肃得让人害怕。"愍"字按照谥法来讲,既可以当作平谥,又可以当作恶谥。作为平谥,"愍"字和怜悯的"悯"意思一样,都有同情、可怜的意思,经常用在被冤杀后平反的官员身上,它表达的是怜悯:在国遭忧曰愍,在国逢艰曰愍,在国逢难曰愍,危身奉上曰愍。作为恶谥,它表达的是黩武伤民:祸乱方作曰愍,使民悲伤曰愍,使民折伤曰愍。但无论如何,这不是一个美谥。

"肃愍"这两个字合在一起最多只能算是平谥——清楚说明了于谦的性格和遭遇。也就是说,大明朝廷对于谦为大明社稷,尤其是为边防事务呕心沥血一生的态度可能是否定的,最多是怀有同情,但并没有体现感激之情。给于谦"肃愍"的谥

---

① 《明孝宗赠官谕祭文》,出自《于谦集》,中国文史出版社,2000。

号也是事实,既没有突出于谦的贡献,也没有进一步承认错误,实际上也没有彻底给他平反,最多表达了孝宗朱祐樘对他的同情和怜悯。

到了万历十八年,明神宗朱翊钧为了稳固自己的地位,顺应当时"文官党"的要求,把于谦的谥号由"肃愍"改为"忠肃",并第三次派人前往于谦墓前宣读祭文,相对于前两篇而言,明神宗这篇祭文文采最好,也最诚恳:

惟卿钟灵间气,著望先朝,属多难以驰驱,矢孤忠于版荡。社稷是守,力摧城下之要盟;樽俎不惊,坐镇道傍之流议。返皇舆于万里,维国祚以再安。赤手扶天,不及介推之禄;丹心炳日,宁甘武穆之冤。此恤典所以浡加,而公论犹为未惬。爰颁谕祭,载易嘉名。贲华表于重,表清风于百世。卿灵不昧,尚克祗承。①

这篇祭文一出,于谦的谥号改为"忠肃",他和朱祁镇之间的角色在大明官方这里有了说法:既然于谦是忠,那妄杀于谦的朱祁镇就是昏。况且谕旨中用了当年宋高宗赵构以莫须有的罪名诬杀岳飞岳武穆的典故,不禁让人把宋高宗这个向敌国自称臣的皇帝和朱祁镇这个想要替敌人叫开大明城门的皇帝联系在一起。

这下于谦和朱祁镇的位子被神宗朱翊钧给拨正了。

正是因为有了神宗朱翊钧的这个官方说法的支持,民间才开始大量出现歌颂于谦的文学作品。前文提到的钱塘文人孙商亮所

---

① 《明神宗赐谥忠肃谕祭文》,出自《于谦集》,中国文史出版社,2000。

著章回体小说《于少保萃忠全传》就出自万历年间。作者对于谦的深厚感情,代表了当时绝大多数百姓对这位保家卫国民族英雄的尊敬。

这些文学作品不仅记载了一代代大明皇帝对于谦的加封,也代表着一世世大明百姓对于谦的怀念。或许这千言万语,可以凝炼为杭州于谦墓前旌功坊上的四个大字——"热血千秋"。

第二节 广加恩后嗣绵延

于谦被害时,他的长子于冕也被株连,被流放龙门。①这个故事在20世纪90年代被香港导演徐克搬上银幕,成就了新派武侠电影代表作《新龙门客栈》。整个电影的主线是以曹吉祥为原型的东厂宦官曹少卿追杀被自己害死的忠臣子女,最终主人公周淮安历经千辛万苦,将这位以于谦为原型的忠臣的子女送到关外安全地带,并斩杀叛贼曹少卿。

虽然真实的历史上并没有这事,但是故事编得漂亮,导演拍得精彩。不过电影最大的一个问题,就是龙门这个地方到底是不是在充满西北风情的地方?其实龙门不在西北,而在今天山西省河津市龙门县,地处黄河边,并没有那种大漠黄沙的凄凉。但仍有一种宿命昭昭的意味:于冕出生那年,刚好赶上于谦中进士被

---

① 《明史·于谦列传》载:冕,字景瞻,廕授副千户,坐戍龙门。谦冤既雪,并复冕官。

任命为山西道御史，他的名字就是为了纪念于谦得官加冕一事。如今于谦被害，于冕被贬到山西龙门，当时的人都把这看成是一种轮回。不过公道自在人心，于谦在山西巡抚多年，为民办下许多实事，备受尊崇，于冕被贬至此，并没有遭太多罪。

过了近十年之后，成化年间于谦终于得到平反，于冕重新被恩荫为千户武官。不过他还是不愿意当武官，向吏部请求改任文官。因为没有进士出身，只被任命为兵部员外郎。几年后，他被派到南京应天府做应天府尹。于谦的世袭职位也被转为世袭杭州卫副千户。

于冕就在这个位子一直任职到退休，他有六女而无一子，于是于谦的世袭职位传给了于冕同族过继的儿子于允忠；于谦重孙于一芳世袭杭州卫副千户，后因为功劳被授予世袭指挥同知官职。此后嘉靖年间，东南沿海倭寇为患，于一芳长子于岳死于抗倭战斗中，次子于嵩承袭了家族指挥同知的职务。于谦家族的后辈也就在杭州一直世袭这个职位，直到大明灭亡。

相对而言，于谦的女婿朱骥比于冕更有作为。

都说女儿是爹的小棉袄，于谦当然也非常爱这个女儿。女儿璚英在于谦三十二岁时出生，在于谦四十七岁时嫁给朱骥，于谦心生思念而作《忆璚英》：

璚英一别已三年，梦里常看在膝前。
婉娩性情端可爱，娇痴态度亦堪怜。
诵诗未解知音节，索果惟应破俸钱。

白发双亲在堂上,关心为尔更凄然。①

这是于谦为数不多的几首记述亲人的诗,从诗中的"爱""怜"两个字来看,于谦是非常在意这个女儿的。

朱骥字尚德,世袭锦衣卫正千户,也是一个职位不高的"勋贵派"。当年他求亲时,于谦出于对"勋贵派"本能的厌恶,不是很满意。多亏了媒人兵部主事吴宁的反复劝说,朱骥才得以成为于谦的乘龙快婿。②后来于谦被捕入狱,最后几天也得到了女婿的多方照顾,少吃了不少苦头,最后为于谦收尸的也是朱骥。

于谦被害后,朱骥作为于谦女婿,自然也受到了牵连,被贬到辽东威远堡。成化年间,于谦被平反,朱骥也回到北京继续担任锦衣卫指挥使,而且根据他在辽东戍边的经验,掌握了辽东地区少数民族的重要情报,推动了成化年间东北重要军事行动——"成化犁庭"。

这一年建州女真开始崛起,朱骥想起当年于谦对这种快速崛起的外族人的警惕,他提醒宪宗朱见深,不能让当年瓦剌部崛起的事情发生在建州女真身上。朱见深采纳了他的建议,派兵攻击建州女真,朱骥为随军参谋。这一仗的具体情况已经不太清楚,大概可以确定的是努尔哈赤的五世祖董山死在明军这次围剿中,而且因为此战属于防患于未然,所以战争的过程仿佛犁地一般顺

---

① 《于谦集·于忠肃公年谱》。

② 《明史·吴宁列传》载:宁方介有识鉴。尝为谦择婿,得千户朱骥。谦疑之,宁曰:"公他日当得其力。"谦被刑,骥果归其丧,葬之。骥自有传。

利,所以史称"成化犁庭"。

之后,朱骥的地位开始不断上升。成化十四年九月,朱骥升锦衣卫指挥同知;成化十九年二月,太监怀恩传奉圣旨,升锦衣卫指挥使朱骥为都指挥佥事。成化二十年十二月辛巳,太监覃昌传奉圣旨,升锦衣卫都指挥佥事朱骥为都指挥同知卫。成化二十二年三月,太监覃昌传奉圣旨,朱骥督率官军缉事有劳,升都指挥使,仍掌卫事。①

但有意思的是,《明史·于谦列传》中明确写明了"骥自有传"②,但在《明史》中竟然找不到他的传记。这是为什么呢?理由很简单,《明史》为清人所纂修,其中免不了要对原有材料进行删改,而删改的标准当中,有一条按照明清史专家孟森先生的说法就是:"凡明文武诸臣,曾为督抚镇巡等官者,皆削其在辽之事迹,或其人生平大见长之处在辽,则削其人不为传。"③

这句话翻译过来就是清王朝把所有大明在辽东有活动记录的官员传记,全都进行了删改。但是整个《明史》篇幅过大,很多人的传记虽然被整个删掉,但因为和别人的传记相互存有关联,依然会出现在别人传记中留下了类似于"骥自有传"的说法,却找不到相关传记的尴尬情况。所以,对于《明史》这部书,既要

---

① 《大明宪宗纯皇帝实录》。
② 《明史·于谦列传》。
③ 孟森:《明史编纂考》,中华书局,1968年版,第51页。

承认它是良史,又要看清楚这实际上确实也是一部被清朝统治者大幅删改过的史书。

于谦女婿朱骥一脉,就此在北京扎下了根,也一直传位到大明灭亡,才消失在历史的长河中。

无论如何,于谦的子孙后嗣绵延,也算是对他一生辛劳为民、一世匡扶社稷的最好回报。

第三节 继奉祀万古流芳

于谦虽然早已去世,但他的事迹和精神依然被历朝历代的广大百姓所推崇,百姓们早已自发为他建庙立祠,几百年来祭祀不断。这些祠堂中有三处最为知名,分别是北京于谦祠、开封于谦祠和杭州于谦祠。

北京于谦祠是大明官方认可的一处祭祀祠堂。这个祠堂位于今天北京市东城区西裱褙胡同23号。这里原本就是于谦在北京的宅邸,明成化二年(公元1466年),宪宗朱见深下诏追认于谦的功绩,恢复他生前少保兼兵部尚书的官职,就将这里改为"忠节祠"。后来孝宗朱祐樘加封于谦"特进光禄大夫、柱国",御赐"肃愍"谥号,这座公祠又被改称为"于肃愍公祠"。万历十八年(公元1590年),神宗朱翊钧时,将于谦改谥为"忠肃",制作一块门匾上书"于忠肃公祠"。

这座由于谦府邸改建的公祠坐北朝南,东侧建有一座两层小楼,名为"奎光楼",其中上层称"魁星阁",上悬木匾"热血千秋"。正房内供奉于谦塑像。

这样一直延续到大明王朝灭亡。

公元1644年,清军入关,北京于谦公祠中的于谦像被毁,祠堂也被废弃。直到二百多年后的清光绪年间,于谦公祠才得以重建。公元1890年前后,义和团把于谦视为保佑人民的真神之一,在于谦公祠设立神坛,欲请于忠肃公在天之灵再度庇佑北京百姓。可见在老百姓心目中,虽然历经数百年改朝换代,于谦热血千秋的事迹依然鼓舞着大家。1976年,于谦公祠中的魁星阁在地震中被波及震毁,小楼亦被拆除。如今,于谦公祠已经得到修葺,被列为北京市重点保护文物。

开封于谦祠旧址在大明开封马军衙桥西,该祠堂已经毁于战火,地址已不可考,仅留有明代才子李梦阳写的一篇《于公祠重修记》,大致记载了这座祠堂的具体情况。

按照李梦阳先生的记载,这座祠堂的建立完全是河南老百姓力争的结果。宪宗年间朱见深为于谦平反,当时的河南老百姓都希望为于谦建立祠堂——"乃梁父老则又咸涕泣,相率私起祠故廨旁祀公。"[①]可是朱见深没有答应,理由很简单,已经在北京给于谦建立公祠,又允许于谦的家人在杭州老家建了祠堂,而开封既不是于谦的故乡,又不是大明首都,在此修祠堂根本没有必要。

---

① 《于谦集·于公祠重修记》。

到了孝宗时代，于谦被加封，河南老百姓又开始请求为他立祠堂以彰显功绩，这次终于被批准，开封于谦祠被建了起来。到了正德十年（公元1515年），这座祠堂已经废弃，变成一座废庙。奉命视察的监察御史张淮颇为伤感，上表朝廷请求重修开封于谦祠。武宗朱厚照立即批准，开封于谦祠堂得以重建。

李梦阳的文章中有几句很动感情的话："予观今人论肃愍公事，未尝不酸鼻流涕焉，盖伤为臣不易云。"[①]所有官员在谈论于谦的时候都不免伤感，位极人臣，又忠心为国，仍蒙冤被杀，伴君真如伴虎啊！在谈到于谦被杀的原因时，李梦阳也写出了自己的看法："公飏言曰：'岂不闻社稷为重，君为轻！'斯言也，事以之成疑，以之生者舆且太子之易、南宫之锢，二者有能为公恕者否邪？"[②]

当然，现在最知名的于谦祠，还是在杭州西湖畔，这里同时还有于谦故居和于谦墓。

杭州是于谦的故乡，他的家就位于今天杭州市清河坊祠堂巷41号。成化二年（公元1466年），于谦在杭州老家的宅邸就被改建为"怜忠祠"，于谦幼年生活的弄巷也改名为祠堂巷。现在杭州已经将于谦故居"忠肃堂""思贤庭"，统一修缮为于谦生平事迹陈列馆，其中有旗杆石、造像碑等明代文物，成为杭州市文物保护单位、杭州市爱国主义教育基地。

---

① 《于公祠重修记》，出自《于谦集》，中国文史出版社，2000。
② 《于公祠重修记》，出自《于谦集》，中国文史出版社，2000。

杭州于谦祠和于谦墓都在今天杭州市三台山麓西湖乌龟潭畔，始建于明弘治二年（公元1489年），孝宗朱祐樘为表彰于谦保卫北京、挽救社稷的功劳，赐谥"肃愍"，并在墓旁建旌功祠。此后很长一段时间，大明官方在这里设置春秋两次祭祀活动，于谦墓与于谦祠形成祠墓合一的格局。于谦墓墓道前有一座明式牌坊，上书"热血千秋"四个大字。两旁肃立的石翁仲、石兽为今人仿制。于谦墓墓碑上书"大明少保兼兵部尚书赠太傅谥忠肃于公墓"，为1982年修复于谦墓时重新镌刻，碑下浮雕缠枝牡丹基座和墓前的石供桌，均为明代文物。于谦祠历经战火，屡毁屡建。自1991年5月起，先后经四次修缮。1998年，于谦诞辰600周年之际，于谦祠重新对外开放，于谦墓和于谦祠再次成为西湖一道亮丽的风景。2002年，后人又在于谦墓右侧前添置了一处庙廊，专门用来陈列于谦诗词作品及后人的缅怀诗作，共十七块碑刻。2006年，于谦墓作为明清古墓葬，被国务院批准列入第六批全国重点文物保护单位名单。

这里最著名的一首诗就是袁枚的那首《谒岳王墓》：

江山也要伟人扶，神化丹青即画图。
赖有岳于双少保，人间始觉重西湖。

此生能与岳武穆相提并论，想必于谦也能含笑九泉。

第四节　内阁强盛世隐忧

最后一部分，有必要把于谦对整个明代历史的影响做个简单总结。

故事开始的时候，已经向大家分析了当时大明朝廷的内部分为两派：以世袭武将为主的"勋贵派"和以科举文官为主的"文官党"。在朱元璋时代，这两派力量是完全分开的：大明军队将官由五军都督府世袭武官担任，士兵也被纳入特定户籍，世代为兵。这些统军武官就是"勋贵派"。大明处理政务的官员由科举出身的进士、举人担任，他们任职不固定，依附于皇权。这些地方、中央大大小小的官员就是"文官党"。

朱元璋对"勋贵派"武将的态度总体来说还算不错，除了杀了过于跋扈的蓝玉等人以外，他的嫡系徐达、常遇春、李文忠、汤和都是善终且爵位流传后世。相反朱元璋对"文官党"这边的态度十分严苛。当年在朱元璋军中号称诸葛亮再世的青田先生刘基，大明建国后很快失势，不久忧惧而死；被朱元璋称为"再世萧何"的李善长，虽然被赐了丹书铁券，也被以谋反罪名夷灭三族。其他类似宋濂、胡惟庸这样的文官，更是不计其数被杀被贬。

到了朱元璋的孙子朱允炆的时代，问题就暴露出来了。"勋贵派"可以世袭爵位却不能世袭先人们勇猛作战的能力，比如李文忠和他的儿子李景隆。前者可以统帅几万人马，在大漠中击败十多万曾经纵横欧亚大陆的蒙古骑兵；后者统帅五十万大军，竟然兵败郑家坝，让朱棣打得一败涂地。但是"文官党"的官员选拔，要经历层层考试，能力得到了保障。所以朱允炆时代的兵部尚书齐泰，就相当于明军的总参谋长，可以指挥李景隆行动。

朱棣靖难成功，以方孝孺、齐泰、黄子澄为首的支持建文帝朱允炆的"文官党"核心成员全部被杀，方孝孺还被屠灭十族。可见从朱元璋到朱棣，"文官党"一直都处于弱势地位，相反"勋贵派"的地位却十分稳定。

仁宗朱高炽和宣宗朱瞻基时代，"勋贵派"头号人物张辅虽然退居二线，但兵权依然握在"勋贵派"另一位领袖朱勇手中。等于大明的兵权依然在"勋贵派"内部传承，文官们根本不能指挥大明军队。

英宗朱祁镇继位后，情况又有了变化。一方面，"勋贵派"开始出现新鲜血液，比如宣府总兵杨洪和出生"文官党"的兵部尚书王骥，这些人不属于高层勋贵，但凭借自己的能力在战争中脱颖而出，名盛一时。另一方面，"文官党"手中的重要工具——内阁的权力进一步膨胀。内阁的文官逐渐开始从朱棣时代的年轻伴读，变成朱祁镇时代的内阁"三杨"。

英宗朱祁镇为了限制内阁权力，一方面运用各种方法加以打压，一方面重用宦官，以"批红权"制衡内阁的"票拟权"，还对"勋贵派"加以重用。但这种局面在"土木之变"中彻底结束。朱祁镇本人被俘，以王振为首的宦官势力几乎被连根拨起，"勋贵派"的头面人物，尽皆死于战场。大明王朝只剩下"文官党"才能挽救危亡。

于谦就是在这种情况下挺身而出，成为大明第一位能够独立指挥"勋贵派"武将作战的文官。北京保卫战时,于谦一面安抚"勋贵派"中的二流人物石亨等,实现最大范围内的团结;一面坚定反抗,亲自披挂上阵,指挥明军抗击外来者,保住了大明江山社稷。

北京保卫战胜利后,于谦改造团营,废除五军都督府职权,实际上将"勋贵派"与大明军权剥离,重新把军队调动的权力收回兵部和内阁。这就引起了"勋贵派"的不满。

石亨本来想要以世袭爵位拉拢于谦,让他和王骥一样从"文官党"领袖变为"勋贵派"头目,被拒绝后遂与于谦势不两立。最终这些"勋贵派"联合朱祁镇推翻了代宗朱祁钰的统治,成功复辟,又陷害于谦,重新夺回了失去的权力。

此时"勋贵派"已经没有了开国时气吞万里如虎的气概,也没有了靖难时长驱直入过江的勇气,已经蜕变成一群贪图享乐的无能之辈。结果大明历史上最后一位执掌中枢权力的"勋贵派"领袖石亨被朱祁镇除掉后,这派势力从此一蹶不振。

扳倒"勋贵派"的正是"文官党"的领袖李贤。此后内阁的力量开始不断膨胀,李贤之后,彭时、商辂、谢迁、李东阳到杨廷和,个个都是执掌朝政的大员。大明皇帝在内阁首辅面前已经不能完全拥有话语权和决定权。

所以经过宪宗朱见深、孝宗朱祐樘成化、弘治两朝后,"文官党"实际成了明朝政治舞台上的主导力量。虽然朱见深曾经重用西厂宦官汪直,想扳倒文官,可并没有取得成功。他的儿子孝宗朱祐樘则直接接受了"文官党"执政的现状,重用文官中声望很高的王肃、马文生、刘大夏等人，开创了"弘治中兴"的局面。这时的大明"文官党"在朝堂内已经毫无对手，必然滋生出腐败，他们逐渐兼并田产，成为巨富。

到了武宗朱厚照时代，虽然和文官们斗得不亦乐乎，但朱厚照在军事上的能力还是比朱祁镇高明不少。朱厚照在庆州之战中，仅用数万兵力就一举打败了鞑靼"小王子"，这样一来，兵权实际上又回到了皇帝手里。可惜这位皇帝英年早逝，又无子嗣，皇位的继承权直接被内阁首辅杨廷和抓在手里，他迎立了世宗朱厚熜，改年号为嘉靖。

世宗朱厚熜也想从"文官党"手中夺回权力，他没有学朱厚照另外培养宦官集团，而是努力对"文官党"内部进行分化。从议礼之争时代的张璁，到后来"夏言严嵩迭用事"，再到徐阶斗严嵩。朱厚熜将已经一家独大的"文官党"硬生生分成了"贪官"和"清流"两派，彼此势同水火，势不两立。最后嘉靖帝朱厚熜也引火烧身，被大明帝国最有名的清官海瑞评价为"嘉靖嘉靖，家家皆尽"。

穆宗朱载垕时，文官集团内斗越演越烈，高拱成为大明帝国朝堂上的实际领导人。后张居正通过宦官冯保联络李太后，在穆宗朱载垕死后，立即扳倒高拱，成为大明帝国最威风的一代首辅，自称："吾非相，乃摄也。"①

神宗朱翊钧亲政前期实行了一系列改革，挽救了江河日下的

---

① 《明史·张居正列传》。

明朝，但都是在张居正的主导下进行的。张居正之后"文官党"再也没有出现领袖，变成一盘散沙。朱翊钧也开始荒废朝政，申时行、王锡爵、沈一贯等内阁首辅走马灯一样出场又离开，整个万历年间官场一片混乱。文官党彻底分裂为"东林党""浙党""齐党"和"楚党"等派系。

明光宗朱常洛登基不足三个月就驾崩，甚至连一本属于自己的本纪都没有。他的儿子明熹宗朱由校又走了武宗朱厚照的老路，用宦官来制约"文官党"，这次上台的魏忠贤却用了嘉靖帝朱厚熜的办法，利用"文官党"内部的分裂，把"浙党""齐党"和"楚党"整合成"阉党"，彻底消灭"东林党"，自己成为"九千岁"。

几年后，朱由校驾崩，他的弟弟庄烈愍皇帝朱由检继位。这位大明帝国的末代皇帝，既没有利用宦官组织起一派完全归属自己的力量，又没有能力把朝廷中的"文官党"势力加以整合，整个崇祯朝内政外交毫无方略，最后关外皇太极、关内李自成一起发难，大明帝国也就落下了帷幕。

由此看来，于谦所处的时代，正是"文官党"从弱势走向强势的上升期，"土木之变"又是"文官党"和"勋贵派"力量此消彼长的转折点，于谦在这个时候挺身而出，拯救大明江山社稷，自己也成为大明"文官党"心目中永远的精神图腾。

从整个明朝历史发展趋势来看，"文官党"代表的庶族地主阶级就是帝国制度最好的统治集团，于谦的出现带有历史的必然性。从正统、景泰、天顺三朝的历史过程来看，于谦的出现又带有历史的偶然性，因为"土木之变"本身就是历史偶然性的写照。

也许，于谦在历史大势面前没有想得如此复杂，他只是在实现自己的理想，包括他少年时对文天祥的崇拜，青年时对成为"救时宰相"的渴望，中年时对巡抚晋豫的担当，危难时挺身而出的决心。

如果，于谦看今天的我们，或许他会给我们念一首写给儿子于冕的诗《示冕》：

阿冕今年已十三，耳边垂发绿鬖鬖。
好亲灯火研经史，勤向庭闱奉旨甘。
衔命年年巡塞北，思亲夜夜梦江南。
题诗寄汝非无意，莫负青春取自惭。①

---

① 《于谦集·示冕》。